Erlebnis Essen

Ursula Heinzelmann

Erlebnis Essen

Vom Duft der Erdbeere
und der Würze
des Teltower Rübchens

Fotos von Vuk D. Karadžić

Scherz

www.fischerverlage.de

Erschienen bei Scherz,
ein Verlag der
S. Fischer Verlag GmbH,
Frankfurt am Main 2006
Gesamtherstellung: Ebner & Spiegel, Ulm
Printed in Germany

ISBN-13: 978-3-502-15013-8
ISBN-10: 3-502-15013-3

Inhalt

Erdbeer-Erlebnis in Echtzeit

Ein wunderbarer Duft steigt mir in die Nase, intensiv fruchtig und doch nicht aufdringlich. Gleichzeitig leuchtet mir dichtes, gesättigtes Karminrot entgegen, von kleinen gelben Pünktchen noch betont. Schließlich greife ich zu: voller Saft zergehen mir diese Früchte förmlich im Mund und sind doch alles andere als matschig. Sie schmecken so köstlich, dass mir jede Beschreibung mit Worten unzureichend erscheint und ich nur vor Wonne wohlig seufzen kann . . .

Es ist Mitte Juni, vor mir auf dem Küchentisch stehen acht Körbchen mit verschiedenen Sorten Erdbeeren. Thuriga, Honeoye, Garriguette, Vina Zanta – alle sind sie wunderbar, aber die Mara des Bois schlichtweg überwältigend! Die mittelgroßen Früchte erinnern im Aroma an Walderdbeeren, wirken dabei aber saftiger, lebhafter. Erdbeerhimmel im Hier und Jetzt – ich kann gar nicht mehr aufhören und muss mich zwingen, meinem Mann zumindest ein paar Anstandsfrüchte übrig zu lassen.

Ein Freund hat mir diese Erdbeerwonnen heute früh vorbeigebracht. Er war aber keineswegs in einem exklusiven Feinkostgeschäft in München oder Paris, wie nun vielleicht manche vermuten würden, sondern auf einem Obsthof bei Frankfurt. Tatjana und Andreas Schneider sind wahre Obstenthusiasten, immer auf der Suche nach noch aromatischeren Sorten, die sich aber gleichzeitig auch wirtschaftlich bewähren müssen. Was ich bei ihnen in Niedererlenbach an Obst erlebt habe – sie bauen nicht nur Erdbeeren, sondern auch Kirschen, Johannisbeeren, Äpfel, Birnen und Quitten an – das ist für mich das Gegenteil der „Virtual Reality“, mit der ich nur allzu häufig in den Regalen konfrontiert bin. Optisch große Vielfalt aus aller Herren Länder, doch Geschmack? Aroma? Leider Fehlanzeige.

Manche meinen, es sei snobistisch und erfordere zuviel Zeit und Geld, von dem, was wir essen, mehr zu erwarten, als was uns in den großen Lebensmittelketten aus den Hallen riesiger Industriekonzerne angeboten wird. Dem muss ich entschieden widersprechen. Einerseits empfinde ich einkaufen, kochen, essen nicht als Notwendigkeit, sondern auch als Erlebnis und kreative Freizeitgestaltung. Andererseits erscheint es mir weder nostalgisch noch elitär, etwa nach „richtigen" Erdbeeren zu suchen. Erdbeeren, die nach Erdbeeren duften und wie Erdbeeren schmecken, findet man ab Mitte Mai auf Höfen wie dem der Schneiders, auf dem Wochenmarkt oder an einem Stand am Straßenrand, man muss nur Augen, Nase und Ohren aufsperren.

Natürlich gibt es auch ein Öko-Argument, Erdbeeren aus der Umgebung zu kaufen: Sind sie zum Beispiel aus Israel eingeflogen worden, haben sie 3100 Kilometer hinter sich und damit laut aid, dem Infodienst für Verbraucherschutz, Ernährung und Landwirtschaft, 1,3 l Kerosin pro Kilogramm verbrannt – was finanziell nur möglich ist, weil Fluggesellschaften keine Mineralölsteuer zahlen und nicht für Umweltschäden aufkommen müssen. Dass Duft, Aroma, Geschmack der roten Früchte bei weiten Transportwegen zwangsläufig buchstäblich auf der Strecke bleiben, ist aber ein viel näher liegender Grund.

Zugegeben, gegenwärtig ist Echtzeit beim Essen – weder aufs Optische begrenzt noch künstlich übersteigert – in Deutschland ein eher zartes Pflänzchen. Durch die Technisierung und Globalisierung der letzten Jahrzehnte ist die Erde, in der es wächst, für die meisten von uns ein weit entfernter, unbekannter Ort. Doch nur allzu oft liegt er gleich vor unserer Haustür, und je mehr von uns danach in ihrer unmittelbaren, näheren und nahen Umgebung mit der gleichen Begeisterung suchen, mit der sie Olivenöl aus Italien oder Spanien „entdecken", desto schneller wird das Pflänzchen zur prächtigen Pflanze heranwachsen.

Die Menschen, die sich seiner annehmen, indem sie Erdbeerfelder pflegen, Schweine züchten oder Käse machen – ob sie sich dabei Ökos, Handwerker oder Traumtänzer nennen, finde ich übrigens vollkommen nebensächlich –, sind keine heldenhaften Übermenschen. Sie sind so, wie sie Dieter Karadžić auf seinen Bildern zeigt: eigentlich „ganz normal". Aber sie machen das, womit sie sich beschäftigen, mit großer Sorgfalt, Hingabe, Begeisterung. So entsteht zusammen mit den Spuren menschlicher Hände und Gedanken Vielfalt und Charakter.

Ich habe sie besucht, meist mit der Bahn, dem Fahrrad oder zu Fuß, weil ich die Umgebung, in der jemand einen Schinken räuchert, Butter macht oder Apfelsaft keltert, ebenso interessant und wichtig finde wie den Menschen selbst und den Gegenstand seiner Bemühungen. Betrachte ich die kulinarische Landkarte, die ich in diesem Buch ausbreite, dann fällt natürlich ins Auge, dass sich so manches davon in und um Berlin gruppiert, wo ich lebe. Das hat nichts mit der egozentrischen Eitelkeit der Hauptstädterin zu tun, sondern zeigt vielmehr, wie sich jeder sein eigenes kulinarisches Netzwerk aufbauen kann.

„Meine" Adressen sind alles andere als Diktat mit Ausschließlichkeitsanspruch, sondern ganz das Gegenteil: Sie sind Beispiele und sollen dazu anregen, nach entsprechenden Menschen und Produkten in der eigenen Nachbarschaft zu suchen – es gibt sie! Nur selten sind komplizierte Reisepläne nötig, um seinen täglichen Einkauf zu tätigen. Fängt man erst einmal an, nach duftenden Erdbeeren, kräftigem Brot und frisch gestochenem Spargel zu suchen, werden sich bald Wege und Möglichkeiten ergeben, wird man die Menschen dahinter kennen lernen, statt anonyme Ware aus dem Regal zu kaufen.

Nachdem ich mich an den frischen Früchten der Erdbeerwonne auf meinem Küchentisch sattgegessen habe, überlege ich, was ich mit den übrig gebliebenen noch anstellen könnte. Vielleicht zuerst heute Mittag mit Akazienhonig zu frischen kleinen Ziegenkäsen. Oder heute Abend auf dem Balkon als Bowle, aber in moderner Form: mit ein paar Tropfen Erdbeerlikör und gutem Rosé-Sekt. Und dann als Dessert mit Minze in Riesling-Gelée, zu einem fruchtigen Moselriesling . . .

Auch wenn ich in einem meiner früheren Leben Köchin gelernt habe, sind die Rezepte in diesem Buch nicht in einer chromglänzenden Perfekt-Küche mit Hilfe einer ganzen Brigade entstanden. Ganz im Gegenteil, zu meiner vollkommen normalen Haushaltsküche am Hackeschen Markt gehört nicht einmal eine Geschirrspülmaschine. Wir, das ist außer mir mein Mann. Er stammt aus London, schreibt seit Jahrzehnten über Wein und muss als mein Kaninchen herhalten, wenn die „Versuchsküche" auf Hochtouren läuft. Manchmal revoltiert er ein bisschen, wenn es zum Beispiel drei Tage hintereinander Rhabarber in x Variationen gibt oder 20 Sorten Butter verkostet werden wollen. Aber jedes Rezept in diesem Buch ist gekocht, gegessen und an unserem Esstisch für gut befunden worden.

Allerdings ist Kochen keine exakte Wissenschaft, und letztendlich ist ein Rezept nur eine ungefähre Anleitung, die sowohl von der Tagesform der Zutaten im Kochtopf als auch der Person, die davor steht, in ihrem Ausgang entscheidend beeinflusst wird. Je mehr man im Zweifelsfall nach eigenem Gutdünken verfährt und je weniger Angst man dabei hat, desto stimmiger und „echter“ wird das Ergebnis ausfallen. In einem Punkt reagiere ich jedoch allergisch: nämlich auf die Einstellung „zum Kochen tut's das schon“ – das ist am falschen Ende gespart. Kochen und backen sind keine magischen Verwandlungen, bei denen aus minderwertigen Zutaten großartige Ergebnisse werden.

Mein Mann ist nicht der einzige, der sich im Umfeld unserer Küche mit Wein beschäftigt. In einem früheren Leben war ich Weinkellnerin, restaurantdeutsch: Sommelière, und habe mit dem Studium dieser Materie unter anderem ein ausgesprochen vergnügliches, spannendes Jahr in Heidelberg auf der Hotelfachschule zugebracht. Wein und Essen sind für mich eine natürliche Einheit, so dass mir zu vielen Rezepten ganz spontan ein bestimmter Tropfen einfällt – was nicht heißen soll, dass es nicht viele andere Möglichkeiten gäbe.

Beim Wein ist der Bezug zwischen Endprodukt und Mensch den meisten von uns viel bewusster als bei den „festen“ Nahrungsmitteln, und mit der Echtzeit sieht es hier schon deutlich besser aus. Aus den Trauben, die in deutschen Weinbergen wachsen, entstehen seit Ende der 1980er Jahre durch die Arbeit engagierter Winzer wieder tolle Weine. Das ist allerdings kein Grund, nur deutsche Weine zu trinken, solch ein übertriebener Patriotismus wäre verbohrt und engstirnig. Bei uns kommt alles ins Glas, was gut ist und Charakter hat: Riesling von der Mosel genauso wie portugiesischer Rotwein aus dem Douro-Tal, Gewürztraminer aus Südtirol, Falerner aus Kampanien in Italien oder Pinot Noir vom Russian River Valley in Kalifornien.

Desgleichen haben in meiner Küche auch Koriander und Chili, Parmesan und Olivenöl ihren Platz. Ich empfinde sie nicht als Störfaktor irgendwelcher kulinarischen Traditionen, sondern als Bereicherung. Tradition ist nichts fest in Stein Gemeißeltes, sondern entsteht ständig neu aus Innovationen, die sich im Alltag bewährt haben. Tomaten und Rhabarber, die uns heute so selbstverständlich erscheinen, waren einst solche Neuankömmlinge, und das vor gar nicht so langer Zeit. Doch davon später mehr – jetzt muss ich mich den Erdbeeren auf meinem Küchentisch widmen.

Die Seele des Brotes

Petit pain obscure, obskures kleines Brot, steht auf dem Schild vor den von zwei Seiten über einem Lorbeerblatt aufgerollten Weizenbrötchen, die mich an griechische Götter und Tempel erinnern. Die dreieckigen Paolinhos daneben mit Mais und einem Hauch Anis verweisen auf Portugal und die urigen krustigen Vinschgauer Roggenfladen auf Südtirol – als ich nach meiner morgendlichen Joggingrunde den kleinen, leuchtend gelb ausgekleideten Brotstand auf dem neuen Wochenmarkt am Hackeschen Markt zum ersten Mal begutachte, überwiegt zunächst einmal Misstrauen. Wieder ein „moderner" trendbesessener Bäcker? Dann sehe ich die als „Ostschrippe" bezeichneten Doppelbrötchen, das viereckige Schwarzkornbrot, bodenständig und trutzigschief, nach einem mecklenburgischen Rezept mit Rübensirup, den Ringenwalder Rundling, ein schlichtes Roggenbauernbrot ohne jeglichen Schnickschnack. Und ich entdecke hinter dem Stand einen alten Bekannten: Peter Klann habe ich vor Jahren in der Nähe von Angermünde besucht. Damals betrieb er eine sehr exklusive kleine Ölmühle und ließ mich einige erstaunliche Sachen probieren. Vor allem sein beeindruckend aromatisches Erdnussöl – im Gegensatz zu den hochgradig verarbeiteten, in erster Linie französischen Billigprodukten eine neue Dimension an Erdnussgeschmack – und das feinnussige, elegante Mohnöl liegen mir immer noch auf der Zunge. Er hatte mir zwar erzählt, wie wichtig das Thema Brot für ihn sei, aber dann haben wir uns aus den Augen verloren.

Jetzt bin ich natürlich neugierig, doch am Stand drängen sich die Kunden, und er hat wenig Zeit. Wir verabreden uns für nächste Woche auf einen Kaffee – „heute Nachmittag bin ich nicht mehr zu gebrauchen, ich habe die ganze Nacht gebacken", sagt er. Ich kaufe Brötchen fürs Frühstück – was ich schon seit Jahren nicht mehr getan habe, weil es hier im Umkreis einfach keine guten zu geben scheint – und mehr als genug Brot. Das ganze Wochenende schwelgen wir in Kohlenhydraten, die selbst einen eingeschworenen Atkins-Anhänger in Versuchung brächten. Endlich wieder ein Lichtblick im endlosen Grau der seelenlos-pappigen Langeweile des deutschen Standardbackwerks der Gegenwart!

Als ich dann ein paar Tage später mit Klann und seiner Frau Susan bei Cappuccino und Tee sitze, gilt eine meiner ersten Fragen den nächtlichen Arbeitszeiten, nachdem er mir geschildert hat, dass ihm nur seine Frau und tagsüber sein Vater helfen. Das scheint aber für ihn gar kein Problem zu sein: „Es ist eine ganz besondere Atmosphäre nachts, da kommen einem ganz andere Gedanken." Der kräftig gebaute Endvierziger hat das nicht immer so gesehen – als Sohn eines Bäckers wollte er ursprünglich auf keinen Fall selber vor dem Ofen stehen und zog stattdessen als Roadie durch Holland. Doch Anfang der 1980er überkam ihn die Sehnsucht nach „etwas Anständigem, nach Handarbeit" – und er lernte bei Heinz Weichardt, in Berlins erster Vollkornbäckerei, das Brotbacken. „Es gab da immer interessante Leute, ein Meister war Chinese, ein anderer Kollege aus Madras", erzählt er mit leiser, unaufgeregter Stimme und wirkt trotz nächtlicher Back-Session ruhig und ausgeruht. „Wir waren alle auf dem Esoterik-Trip, und Brotbacken – feucht, warm, dunkel – ist neben aller Arbeit eben auch eine zutiefst sinnliche Erfahrung." Damals hat er gelernt, den Backprozess nicht zu dominieren, sondern sich ganz „hineinzufinden": „du musst dich selbst eingeben, aus den Händen heraus mit der Seele arbeiten, dann bekommst du auch ein Stück von dir selbst zurück. Brot ist elementar: Feuer, Wasser, Luft, Erde." Das hört sich zwar spannend, aber auch ziemlich mystisch an, und ich bin froh, dass mich die Ergebnisse der Klannschen Seelenarbeit am Wochenende bereits ganz unvoreingenommen überzeugt haben.

Nach seiner Zeit bei Weichardt hat Peter Klann an einer Reihe anderer Öfen gestanden – und bald gemerkt, dass das Brotbacken sich für ihn nicht zum bloßen Job reduzieren ließ. Über Umwege kam er in der Uckermark zum Öl und schließlich wieder zum Backen. Heute nennt er Brot endgültig sein „Seelenthema" – „Brot ist Mittelpunkt unserer Kultur" – und steht dreibis viermal wöchentlich mitten in der Nacht zum Backen auf. Verkauft werden Ringenwalder, Schwarzkorn und Doppelschrippen aus dem abgelagerten Mehl der Bohlsener Mühle in der Lüneburger Heide – „das ist ein richtiger

Peter Klann

Profi, der macht fantastisches Mehl" – vor allem auf Berliner Märkten und mittlerweile auch direkt neben dem Holzofen in der SoLuna-Backstube am Südstern in Kreuzberg. Seine Kunden reichen von der feinschmeckerbewussten gehobenen Mittelschicht bis hin zu alten Leutchen, die es sich finanziell kaum leisten können, die gängige Brotqualität aber nicht mehr ertragen. Kaum einem von ihnen geht es bei den Brotlaiben und Brötchen, die sie in schlichtes weißes Papier gewickelt nach Hause tragen, um Philosophie, sondern um Geschmack und Authentizität. Darum, dass jemand einen Ofen mit Buchenscheiten heizt, ihn ausräumt, wenn er nach mehreren Stunden die richtige Temperatur erreicht hat – „Brot bäckt über die Bodentemperatur, sonst gibt's Backfehler". Dass jemand sagt: „Wir haben Zeit" und damit meint, wie er mit Mehl und Teig und Brot umgeht – „besonders bei Roggenbrot ist das wichtig, vielen aber zu teuer und zu aufwendig, meinen Vater musste ich da auch erst wieder von runterholen". Dass jemand zugibt, an der theoretischen, technischen Seite des ganzen Vorgangs nicht sonderlich interessiert zu sein und als Betrieb so klein wie möglich bleiben zu wollen – „sonst werden zu viele Dinge wichtig, die nichts mehr mit dem Brot zu tun haben. Meine Aufgabe ist es, den Leuten das zu geben, was sie selbst nicht mehr zustande bringen, ihrer Sehnsucht nach authentischen Lebensmitteln entgegenzukommen."

Dieser letzte Satz geht mir noch lange im Kopf herum. Authentisch. Echt. Glaubwürdig. Natürlich entscheidet jeder selbst, wo er die Grenze dafür zieht, und es gibt eine Reihe von deutschen Bäckern, die wirklich gutes Brot backen, ohne so offensichtliche Lebenskünstler wie Peter Klann zu sein. Eines scheint mir jedoch auf der Hand zu liegen: dass viele von uns bewusst oder unbewusst neben Geschmack und Bekömmlichkeit hinter dem Produkt das Persönliche, den Menschen suchen.

Als die germanischen Vandalen vor rund 1500 Jahren in Rom einfielen, ernährten sie sich noch hauptsächlich von Grütze, während ihnen die Römer mit ihren großen professionellen Bäckereien unzählige „Brotjahre" voraus waren. In Babylon gab es bereits um 4000 v. Chr. primitive Öfen. Laut ägyptischer Sage schuf der Gott Osiris die Landwirtschaft, und seine Frau Isis machte Brot aus Gerste und Weizen. 1991 wurde nahe den Pyramiden eine große Bäckerei aus der Zeit der Pharaonen entdeckt, die das tägliche Brot für über 15 000 Arbeiter produziert haben soll. Die Griechen übernahmen das Brotbacken von den Ägyptern und verfeinerten die Technologie noch weiter. Die ersten professionellen Bäcker in Rom waren griechische Sklaven, am Ende des römischen Reiches genoss der Beruf Beamtenstatus und wurde obligatorisch vom Vater auf den Sohn vererbt, so unentbehrlich war die Brotversorgung der Bevölkerung geworden. Nachdem zuerst Getreide verteilt worden war, hatten die Cäsaren nämlich erkannt, dass das „Convenience Food" Brot zusammen mit Massen-Unterhaltung – Spiele! – besser geeignet war, um das Volk ruhig zu halten.

Mit den Grütze essenden „Barbaren" setzte europaweit eine Rückentwicklung in Landwirtschaft und Lebensmittelerzeugung ein, das Wissen um Getreideanbau, Mahlen und Backen überlebte nur in großen Klöstern. In Frankreich taucht der Beruf des Bäckers erst 1260 mit einer königlichen Charta wieder auf, und mit dem Zunftwesen, den Lehr- und Wanderjahren der Gesellen von Meister zu Meister, verbreitete sich die Brotkultur allmählich wieder.

Von englischen und amerikanischen Freunden höre ich oft bewundernde Worte über die deutsche Brotkultur. Es stimmt, an jeder Ecke lockt hier Ofenfrisches in unendlichen Variationen – zu manchmal lächerlich niedrigen Preisen. Brot ist uns zur Selbstverständlichkeit geworden, und wenn ich in pessimistischer Stimmung bin, dann scheint es mir, als seien wir wieder beim undifferenzierten, passiven Konsum der alten Römer angelangt; überall seelenlose Brot-Langeweile und absurd-perverse Fernsehshows. Dann betrachte ich es als Zeichen unserer Dekadenz, dass mir der Seniorchef einer deutschlandweit präsenten Großbäckerei zwar lang und breit am Telefon erklärt, für seine 500 Filialen nach den Originalrezepten seines Großvaters zu backen, das Brot handauszuheben und nur mit besten Zutaten zu arbeiten, ich bei Brot und Brötchen dieses „Brotpapstes" – wie er sich selbst bezeichnet – aber ebenso wenig Begeisterung empfinde wie bei einem seiner ähnlich omnipräsenten Kollegen. Dann sehe ich, wie nicht nur in Berlin ein Bäcker nach dem anderen dichtmacht und dafür ein Backshop nach dem anderen seine „ofenfrischen“ Waren anbietet, in Backfabriken zentral gefertigt und fertig oder angebacken an Franchise- bzw. Partnershops geliefert – oder auch gleich als gefrorene Teiglinge aus Billiglohnländern eingekauft.

Doch kleiner ist auch nur selten besser. Unabhängige Einzelunternehmen nach klassischem Vorbild – vorne Laden, hinten Backstube – bieten keine Qualitätsgarantie. Das Kürbiskernbrot schmeckt hier oft ebenso aufgeblasen, die Schrippen gleichermaßen fade. Fitnessbrot und Kornspitz entspringen weder Seele noch Elementen, sondern den Einheitsbackmischungen großer Backmittelfirmen. Viele unserer Bäcker scheinen heute weder Zeit noch Selbstvertrauen zu haben; Backmischungen und Backmittel sind der bequeme Weg, versprechen als „Fortschritt“ ein großes Repertoire, Zeitersparnis, Arbeitserleichterung und Einheitsqualität. Die Verbraucherzentrale Schleswig-Holstein bringt es auf den Punkt: „Es handelt sich nicht um eine echte, sondern nur um eine scheinbare Sortenvielfalt, bei der oft der Anschein der Naturnähe erweckt wird.“ Die auch von der Bäcker-Innung vielgerühmte deutsche Brotvielfalt beruht leider oft auf dem Zusatz von Malzprodukten zur Farbgebung, aufgestreuten Körnern und dem Zusatz von Säuerungsmitteln statt des langwierigen Natursauers.

Back to the roots: etymologisch bezeichnet Brot ursprünglich das Gegorene, im Gegensatz zum ungesäuerten Fladenbrot. Das kann mit Bierhefe, Weinhefe oder Sauerteig geschehen. Letzterer ist besonders wichtig bei Roggenbrot. Beim Roggen, der im Norden Deutschlands aufgrund anderer Böden und Klimaverhältnisse traditionell weit verbreitet an die Stelle des Weizens tritt, geschieht im Gegensatz zum Weizen die Lockerung nicht über das Kneten und damit Aufbauen eines Gerüsts von wasserunlöslichem Klebereiweiß, sondern durch das Quellen von Polysacchariden, begünstigt und gefördert durch die Säuerung. Sauerteig entsteht durch die spontane Gärung eines Ansatzes von Mehl und Wasser. Er reift vom Anstell- über den Grund- zum Vollsauer, wobei sich Milch- und Essigsäurebakterien bilden, die den Teig lockern, für geschmackliche Komplexität sorgen und die Bekömmlichkeit steigern. Dazu ist vor allem Zeit, Ruhe und Sorgfalt wichtig.

Eines meiner schönsten Broterlebnisse der letzten Zeit spiegelt genau

Mucke und Heinz Weichardt

dies wieder. Auf einer Tour durch Franken besuchten wir vor allem unbekannte Winzer, weitab der „Haupt-Weinstraßen“. Da mag zwar einerseits nicht immer alles perfekt sein, ist andererseits aber auch noch nicht im Erfolg erstarrt – Tradition ist hier lebendig und schlägt die notwendige Brücke zwischen Vergangenheit und Zukunft, statt zum Museum verdammt zu sein.

Beim Winzerhof Stahl in Auernhofen in Tauberfranken stellte Gudrun Stahl uns selbstgebackenes Brot auf den Tisch, das durch seine geradlinige, schnörkellose und doch ausdrucksvolle Art bestach. Später schrieb sie mir dazu: „Ich backe jeden Donnerstag Brot für uns, unsere Gäste und Hofkunden. Mit der Verarbeitung meines Brotteiges verfahre ich so, wie es schon die Bäuerinnen vor 100 Jahren zu tun pflegten. Ich verwende Roggenmehl Typ 1150, Salz, Wasser und je nach Brotart Kräuter, Nüsse, Gewürze. Es wird bei jedem Backgang ein kleiner Teil Teig zurückbehalten und in der darauffolgenden Woche wieder mit warmem Wasser und Roggenmehl vermischt. Durch lange Gärzeiten säuert der Teig durch und ‚geht‘. Früher sind die Frauen mitten in der Nacht aufgestanden und haben ihren Teig geknetet. Ich habe es leichter. Eine Teigknetmaschine knetet mir am Abend vor dem Backtag den Teig. Unser Brot wird in einem Holzbackofen gebacken. Vor ca. 15 Jahren haben wir uns einen solchen Ofen gebaut. Ich backe reines Roggenbrot. Dieses Brot bleibt viel länger frisch und besonders abgelagertes Brot schmeckt mit Butter und frischen Kräutern aus unserem Garten besonders gut . . .“ Elitäre Nostalgie? Oder Rückbesinnung auf Substanz statt „schwammartig lockerem Brot“, wie es der Gastrosoph Karl Friedrich von Rumohr schon 1822 in seinem „Geist der Kochkunst“ anprangert?

Der Broteinkauf des Nicht-Selbst-Backenden will heute strategisch geplant sein, Seelenbäcker muss man aufspüren – längst nicht bei jedem, der mit Handarbeit und Natursauerteig wirbt, überzeugt der Biss in Brot und Brötchen. Auf Heinz Weichardt bin ich nicht erst durch Peter Klann gestoßen. Es mag schwärmerisch klingen, aber die Weichardt-Mohnhörnchen waren die ersten seit Jahrzehnten, die – obgleich aus Vollkornmehl – so intensiv und fein schmeckten, wie ich es aus Kindertagen in Erinnerung hatte. Sie haben ihren Preis, doch der leuchtet ein; nicht ohne Grund waren Brötchen früher fürs Wochenende reservierter Luxus.

Heinz Weichardts Vollkornbäckerei, die er 1976 als erste Berlins zusammen mit seiner Frau Mucke gegründet hat, wirkt nicht nur durch das helle Holz an den Wänden einladend und freundlich, hier herrscht auch eine richtiggehend familiäre Atmosphäre. Wenn man in dem Laden in der Wilmersdorfer Mehlitzstraße steht, schweift der Blick direkt in die angrenzende Backstube. Eigentlich ist der gesprächige 62-Jährige leidenschaftlicher Konditor – davon zeugt nicht nur seine großartig leichte Schokosahne-Torte. Auf der Suche nach einem alternativen Lebensstil und besserer Ernährung sind die beiden über die Anthroposophie jedoch beim Brotbacken gelandet. „Unsere Zeit macht viele so unzufrieden, weil sie das Gefühl haben, nicht frei handeln zu können, selbst die Initiative ergreifen zu können", sagt Weichardt. „Ordentliches Brot mit richtig Substanz ist wichtig, denn Willenskraft kommt aus dem Bauch!" Wille und Energie strahlt der Urberliner in der Tat aus.

Sein Getreide kauft er bei einem Demeter-Gut in Schleswig-Holstein, Sack für Sack wird es in den Raum mit dem großen Schaufenster gleich neben dem Laden getragen. Langsam rieseln die Körner durch die Holztrichter auf die drei Mühlsteine, die aus Findlingen aus den Sextener Dolomiten entstanden sind. „Es sind so viele kleine Faktoren, die Weichardt-Brot ausmachen", bemerkt der Bäcker, „auch die Mineralien der Steine gelangen durch den Abrieb in homöopathischen Kleinstmengen ins Mehl." Das gleichmäßige Klappern der drei Mühlen, der umhüllende Duft des Getreides – ich merke, wie ich innerlich ruhiger werde, je länger ich hier stehe. „Selbstvertrauen ist wichtig", höre ich ihn sagen und fühle mich ganz direkt angesprochen, „die innere Sicherheit, dass man es auch ohne die ganzen Hilfsmittel schafft." „Wir versuchen, jedes Jahr in die Schweiz nach Dornach zur landwirtschaftlichen Tagung der biodynamisch wirtschaftenden Landwirte zu fahren", erzählt Mucke Weichardt, „wenn man die Menschen erlebt, die sich da aus aller Welt versammeln, das gibt Hoffnung!" Man mag über Anthroposophie und Homöopathie, Rudolf Steiner und die biodynamische Landwirtschaft denken, wie man will – davon mehr im übernächsten Kapitel – aber wenn sich diese Gedanken in solchem Brot ausdrücken, dann kann ich sie nur als wertvolle Bereicherung empfinden.

Mir scheint, als seien „Alternative" wie die Weichardts und andere Vollkorn- und Ökobäcker in gewisser Hinsicht die Retter der deutschen Brotkultur, als habe sich die große Masse der Brothersteller hoffnungslos verirrt. Damit meine ich nicht, dass Ökobrot automatisch besser sein muss als „normales". Aber der vermeintliche „Sonderweg" und die Produktionsrichtlinien, die damit verbunden sind, liegen meist wesentlich näher bei der traditionellen Brotherstellung.

Die Hofpfisterei in München zeigt auf eindrucksvolle Weise, dass dies auch im großen Stil möglich ist. Über 800 Mitarbeiter, 150 Filialen und ein Jahresumsatz von über 50 Millionen Euro: alles andere als ein kleiner Bäcker. Dass die Geschichte der Hofpfisterei bis 1331 zurückgeht, der Begriff Pfister sich vom lateinischen *pistor* für Bäcker herleitet und mit dem Betrieb ursprünglich die Brotversorgung des bayerischen Hofes sichergestellt werden sollte, ist interessant, aber nicht entscheidend für die Qualität des heutigen Pfisterbrots. Das wird auch heute längst nicht mehr in den historischen Gebäuden beim Alten Hof gebacken, sondern in der Kreittmayrstraße nördlich vom Hauptbahnhof.

Ausschlaggebend erscheint mir vielmehr, dass Siegfried Stocker, der die Hofpfisterei seit 1970 leitet, sich als Ziel gesetzt hat, „das Grundnahrungsmittel Brot für seine Kunden so natürlich als nur irgend möglich zu backen". Er verbindet ökologische Richtlinien mit modernem Unternehmertum. Das Ökomehl stammt zum größten Teil aus Bayern und wird in der zur Hofpfisterei gehörenden Meyermühle in Landshut gemahlen. Als Ausgleich für Schadstoffemissionen erhält die Hofpfisterei gut 140 Hektar Regenwald in Bolivien und Kolumbien, und ein Lärmbeauftragter bemüht sich um verträgliches Miteinander von Backbetrieb und Nachbarn. Dennoch braucht man sich als Kunde nicht im Geringsten für diese Sorge um „die Gesamtheit der Beziehungen zwischen den Lebewesen eines Lebensraumes, der Stoffkreisläufe und Konsumentenketten" – wie Ökologie in meinem Lexikon definiert ist – zu interessieren: das Hofpfisterbrot überzeugt ganz unabhängig von der

Umweltverträglichkeit allein durch den Geschmack. Handwerkliche Bäckerkunst steckt in den großen runden Laiben mit der duftenden Kruste, ob als dunkles Bauernbrot oder Schwabenlaib, Haus- oder Dinkel-Grünkern-Vollkornbrot.

Weit über Deutschlands Grenzen hinaus lässt sich ein Trend zurück zum „beseelten" Brot erkennen. Peter Klann nennt Lionel Poilâne in Paris als Quelle der Inspiration. Wie die Münchner Hofpfisterei hat dieser leider viel zu früh verstorbene Star der internationalen Brotszene gezeigt, dass Qualität auch in großem Umfang möglich ist. Er hat das Konzept der *rétro-innovation* und *manufacture* entwickelt; handgeformtes Sauerteigbrot aus traditionellen Holzbacköfen, aber von denen viele. Und siehe da, es gibt genug Menschen, die dies so schätzen, dass sie den erforderlichen Preis dafür zu zahlen bereit sind.

In London gibt es nicht nur eine Poilâne-Filiale, sondern auch eine ganze Reihe von „Alternativ"-Bäckereien, wie etwa den Deutschen Dan Schickentanz von „degustibus". Er praktiziert in England, wo das Durchschnittsbrot ungetoastet eher Schaumstoff gleicht, seit Jahren erfolgreich Brotkultur und bezeichnet sich als *artisan baker*. Ein Brotparadies, das ich mir statt der x-ten Kamps- oder Heberer-Filiale in möglichst direkter Nachbarschaft wünschen würde, ist auch die Zweigstelle des französischen *Boulanger* „Paul" am Covent Garden. So köstliche Ficelles, Flûtes und Boules findet man auch in Frankreich nur selten. Sie werden direkt vor Ort geknetet, geformt und gebacken, und die Backstube ist von dem schicken Tearoom nur durch eine Glasscheibe getrennt. In den USA eröffnen Starköche wie Thomas Keller von der „French Laundry" im Napa Valley der Low-Carb-Welle zum Trotz ihre eigenen Bäckereien. Extrem in ihrer Konsequenz – sehr kalifornisch! – sind Fanatiker wie „Wild Flour Bread" im kalifornischen Freestone. Sie kneten ihr Brot ausschließlich mit der Hand, und ihre warm-lebendige Backstuben-Scheune ist das Gegenteil seelenloser neuzeitlicher Backshops.

Auch wer nicht das Glück hat, die „echte" Ware von einem Bäcker wie Peter Klann allwöchentlich gewissermaßen vor die Haustür geliefert zu bekommen – mit etwas Geduld und Selbstorganisation kommt man der Brotseele auf die Spur. Es mag Puristen und Mystiker schockieren, aber ich friere Brot oft und ohne Bedenken ein. Und bin im übrigen ganz hoffnungsvoll: selbst der „Brotpapst" schließt nämlich seinen halbstündigen Vortrag am Telefon mit Worten, die mich aufhorchen lassen. Wenn er heute nochmal anfangen könnte, 20 oder 30 Jahre jünger, sagt er, dann würde er Bäckerläden bauen, in denen die Kunden beim Brotmachen zuschauen können - und dabei scheint er keinesfalls die vollautomatische Variante des Backens im Sinn zu haben.

Die Farbe der Butter

Ein üppiger, geradezu süßer Duft, warm und intensiv wie die erste Frühlingssonne, und dann doch kühle, glatte Seidigkeit, die auf der Zunge schmilzt. Blumig und würzig zugleich, sehr komplex und doch alles andere als schwer – ich bin süchtig nach dieser Butter, sie gehört zur essentiellen Grundausstattung meines Kühlschranks. Ich könnte sie – ach was, ich esse sie so, wie ich Käse esse: pur, ohne alles, in kleinen Stückchen . . . es ist eines meiner großen Geschmacksvergnügen, diese kleinen Stückchen Butterhimmel, die auch den einfachsten Rezepten ganz erstaunliche Eleganz verleihen. Die Wonne wird nur durch einen Umstand getrübt: das ovale, mit einer Blume verzierte, fein hellgelbe Stück Butter vor mir hat rund 1500 Kilometer hinter sich. Der Lyoner Spitzenaffineur Janier kauft seine holzfassgeschlagene Rohmilchbutter in den Deux-Sèvres ein, den grünen Weiden östlich von La Rochelle, und glücklicherweise finden jede Woche ein paar Päckchen davon den Weg nach Berlin.

Eigentlich sollte solche Butterwonne auch von näher gelegenen Weiden kommen, etwa aus Holstein oder dem Allgäu. „Holsteinische, holländische und schweizerische Butter verdienen den Vorzug," schreibt Gastrosoph Karl von Rumohr 1822 in seinem „Geist der Kochkunst". Auch Paul Jacob Marperger, Mitglied der Königlich-Preußischen Societät der Wissenschaften, erwähnt in seinem 1716 erschienenen „Küch- und Keller-Dictionarium" ausdrücklich die „Holsteinische sogenannte Hof-Butter".

Ich habe danach gesucht, ich suche immerfort danach. Denn schließlich gab es bis vor wenigen Jahren auch beim deutschen Käse nur wenig Individualität, Charakter oder regionale Qualität. Dort vollzieht sich inzwischen eine deutliche Wende (von der im nächsten Kapitel die Rede sein wird). Gilt dies vielleicht längst auch für die Butter? Immer wieder löchere ich Kollegen, Bekannte, Freunde nach Butter-Tipps, kaufe hier ein Päckchen, dort eine Schachtel. Teil meiner Suche war vor einiger Zeit auch ein großangelegter Butter-Selbstversuch mit beinahe dreißig verschiedenen weithin erhältlichen

Marken, darunter einigen ausländischen Referenzmustern. Um dieser geballten Masse an Milchfett auf meinem Küchentisch gerecht zu werden, bedurfte es neben einem stabilen Magen auch einer theoretischen Grundlage. Was ist Butter? Was ist gute Butter?

Nüchtern gesehen ist Butter eine Wasser-in-Fett-Emulsion. Sie entsteht, indem die verstreuten, mikroskopischen kleinen Fetttröpfchen der Fett-in-Wasser-Emulsion Milch bzw. Sahne durch Schlagen oder Schütteln beschädigt werden. So wird ihr Fett freigesetzt, das dann zu immer größeren Klumpen zusammenklebt und schließlich abgesiebt und zu Butter verknetet wird. Dabei entsteht als Nebenprodukt die fettarme, eiweißreiche Buttermilch. Traditionell schmeckt sie leicht säuerlich, weil die Sahne, die man von der in großen Schalen aufgestellten Milch abschöpfte und auf den Höfen aus mehreren Melkgängen sammelte, vor den Zeiten großer Kühlkammern durch die natürlichen Milchsäurebakterien „reifte". Dadurch wurde sie im Aroma komplexer und ließ sich auch besser buttern. Süßrahmbutter aus nicht gereifter „frischer" Sahne wurde erst im Laufe des 19. Jahrhunderts durch Kühlsysteme und mechanische Sahneseparatoren im großen Stil möglich.

Eigentlich – in einer idealen Welt – wird der Charakter der Butter am stärksten durch das Ausgangsprodukt Milch geprägt. Ähnlich wie beim Wein wird deren Qualität durch die Rasse der Kuh – entsprechend der Rebsorte – und die Weidelandschaft bestimmt – den Weinberg. Geologische und klimatische Faktoren ergeben eine bestimmte Flora auf der Weide. Dazu kommen die Traditionen und Gewohnheiten der Verarbeitenden: Bäuerin, Molkereimeister, Winzer. Säurebetonte Rieslingtrauben an der Mosel bringen andere Weine hervor als üppige Grauburgundertrauben im Kaiserstuhl. Alpenmilch schmeckt in Butterform anders als Milch aus dem nördlich-maritimen Klima Schleswig-Holsteins. Milchqualität wird ebenso wenig ausschließlich vom Fettgehalt bestimmt wie die Weinqualität durch den Zuckergehalt der Trauben bzw. den Alkoholgehalt. Galileo hat gesagt, Wein sei in Wasser aufgelöstes Sonnenlicht, und so könnte man auch Butter als Sonnenenergie sehen, die durch die Gräser der Weide und die Mägen der Kuh auf unser Brot, in den Kuchen oder aufs Gemüse gelangt.

Niedersächsischer Butterkuchen vom Blech

Reichlich „gute Butter" war in dem Butterkuchen, den meine Großmutter in der Lüneburger Heide vom Bäcker holte, wahlweise entweder mit Zuckerguss oder Zucker und gehobelten Mandeln bestreut. Er wurde in Viertelblech-Platten verkauft, in rosa-weiß gestreiftes Papier zu einem duftenden Paket verpackt und zu Hause in lange Streifen geschnitten. Er machte seinem Namen alle Ehre, war durchzogen vom Butterduft und -geschmack, ohne vor Fett zu triefen.

500 g Mehl	in eine Schüssel sieben, in die Mitte eine Vertiefung drücken
20 g Hefe	hineinbröckeln, 3 El von
0,3 l lauwarmer Milch	und
1 Prise Zucker	zur Hefe in die Mulde geben und leicht verrühren, mit einem Tuch abdecken, 10 min an einem warmen Ort gehen lassen
70 g Zucker	
60 g weiche Butter in Würfeln	
1 Prise Meersalz	auf den Mehlrand setzen und mit dem Hefeansatz und der restlichen Milch zu einem weichen, glatten Teig verkneten; wieder abdecken und zu doppeltem Volumen aufgehen lassen. Dann nochmals durchkneten und auf einem gefetteten Backblech gleichmäßig ausrollen, mit den Fingerknöcheln Vertiefungen eindrücken
120 g Butterflöckchen	darauf verteilen
60 g Zucker	nach Belieben auch Mandelblättchen darüber streuen; nochmals deutlich aufgehen lassen, im vorgeheizten Ofen bei 180°C ca. 25 min goldbraun backen.

Die Butterfarbe ist an sich jahreszeiten-, das heißt futterabhängig, weil sie von der Zusammensetzung des Milchfetts bestimmt wird. Winterbutter ist auch bei bester Heufütterung blasser und fester, Sommerbutter – Grasbutter – ist gelber, geschmeidiger und aromatischer. Bereits seit Ende des 19. Jahrhunderts gefällt sich die Butterwelt jedoch immer öfter in ewigem Sommer, wird Winterbutter mit (gesundheitlich vollkommen unbedenklichem) Beta-Carotin gefärbt, weil „der Verbraucher“ Blässe angeblich nicht akzeptiert.

Auch auf meinem Küchentisch herrschte bei der Verkostung Anfang Mai nahezu einheitliches Pastellgelb, nur die italienische Occelli-Butter bekannte sich in vornehmer Blässe dazu, dass der Sommer in den Bergen des Piemont noch auf sich warten ließ. Riechend suchte ich nach der Kraft der Sonne – mir stieg alles von neutral über frisch-sahnig bis unangenehm käsig und karamellig in die Nase. Ich suchte nach den winzigen Wassertröpfchen, die von der handwerklichen Herstellung der Butter zeugen und sie für mich zu einem geschmackslebendigen Nahrungsmittel mit einer Geschichte machen – Fehlanzeige. Und das setzte sich beim Verkosten so fort.

Gewiss, es gab Gutes. Unaufdringlich, zurückhaltend, aber angenehm schmeckten vor allem die Rogge-Butter aus dem Münsterland und die Feinste Auslese von Bayernland, noch eleganter die Occelli. Sehr geradlinig, frisch, mit einem Hauch von Kräutern die (Süßrahm-)Bio-Alpenbutter von Meggle. Doch wo war der Charakter, die Ausdrucksstärke? Kräftiger Buttergeschmack fand sich vor allem bei der Rohmilchbutter „Beurre cru" von Isigny-Ste-Mère aus der Normandie sowie der fassgeschlagenen Biobutter aus demselben Haus.

In Frankreich hält man nicht viel von „diskretem" Butteraroma, und für Christian Janier, den Mann hinter meiner Lieblingsbutter, ist es selbstverständlich, dass wirklich gute Butter nur von den besten Weiden kommen kann, vor allem aus der Charente und der Normandie. Knapp zehn Prozent sind zudem „beurre cru", also aus unbehandelter, roher Milch – während Rohmilchbutter in Deutschland als äußerst suspekt gilt. Die Handelsklassen „Deutsche Molkereibutter" und „Deutsche Markenbutter", offizielles Butterqualitätscredo unserer normbesessenen Gesellschaft, sind ihr verwehrt. Ausschließlich als Landbutter darf sie von „landwirtschaftlichen Erzeugerbetrieben" direkt „in den Verkehr gebracht werden". „Aus Rohmilch hergestellte Erzeugnisse sind infolge der kleinbetrieblichen Herstellungsweise und der Verwendung von Rohmilch oft stark keimbelastet", warnt die CMA, die Centrale Marketinggesellschaft der deutschen Agrarwirtschaft, auf meine Anfrage zum Thema. Wissen die rohmilchbutternden Franzosen etwas, das wir nicht wissen? Sind Rohmilchbutteresser potenziell lebensmüde?

Butterkuchen für Extremisten

Ein schlichtes, aber gehaltvolles Rezept, bei dem die Qualität der Zutaten absolut entscheidend ist. Der Kuchen wird außen knusprig, in der Mitte aber etwas feucht, und mir schmeckt er am besten zu einer Tasse Darjeeling Second Flush.

250 g Mehl	in eine große Schüssel sieben
200 g Zucker	
1 gute Prise Meersalz	darunter mischen, in die Mitte eine Vertiefung drücken
250 g Butter	eine halbe Stunde vorher aus dem Kühlschrank nehmen, damit sie weich wird, in Würfel schneiden und in die Vertiefung geben
5 große oder	
6 kleinere Eigelb	dazugeben und mit den Knethaken des Handquirls von der Mitte her zu einem geschmeidigen, relativ festen Teig verarbeiten, in eine mit Backpapier ausgelegte Springform (22 bis 24 cm Ø) drücken und mit nassen Fingern glatt streichen
1 Eigelb	
1 El Sahne	verquirlen und damit den Kuchen bestreichen; im vorgeheizten Ofen bei 160°C 45 min backen und in der Form auskühlen lassen.

Butter kommt in Frankreich vor allem zu bestimmten Gelegenheiten aufs Brot – klassisch zum Beispiel als Vorspeise zu scharfen kleinen Radieschen. Dann soll sie auch Ausdruck haben. Süßrahmbutter gilt als fad, und das Buttern im traditionellen Holzfass, *en baratte*, ist für Spitzenqualität *de rigueur*. Janier meint, dass sich durch die im Holz angesiedelten geschmacksfördernden Bakterienstämme drei bis vier Tage nach der Herstellung zusätzliche Aromenfülle entwickelt. Bei der Hygieneaufsicht ist Holz zwar auch in Frankreich nicht besonders gern gesehen, doch zeigt man eher Verständnis – Monsieur l' Inspecteur isst selber gern eine gute, kräftige Butter.

Bei deutschen Buttermachern wird soviel Charakter meist bereits als „geschmacksuntypischer Fehler" bewertet. Dennoch klingt des öfteren die Klage über übertriebene Hygienestandards durch. Die Milch sei nahezu steril, die Zugabe von Bakterien-Reinkulturen unerlässlich – im Gegensatz zu Starterkulturen, die die gewünschten Stämme der in unbehandelter Milch natürlich vorhandenen Bakterien lediglich unterstützen – und der Geschmack der Butter daher einseitig. Die ganz leicht bröckelige Konsistenz, die feinen Wassertröpfchen, die für mich mit zu charaktervoller Butter gehören, führen bei deutscher Molkereibutter zu Punktabzug bei der Qualitätskontrolle. Streichfähigkeit und Hygienewahn sind wichtiger als Geschmack.

Dazu kommt, dass deutsche Molkereien seit Mitte des 20. Jahrhunderts immer größere Betriebe sind, in denen heute vom Computerbildschirm aus gebuttert wird. 1950 gab es in der Bundesrepublik 3401 Molkereien, 1982 waren es noch 687, 1990 360, 2003 schließlich 112; Tendenz weiter abnehmend. Risiken wie Holz oder gar Rohmilch wären in diesem Kontext undenkbar. Die Milch stammt aus ausgedehnten Einzugsgebieten und wird nicht erst in der Molkerei, sondern bereits beim Einsammeln von den Landwirten durch das wiederholte Pumpen mit hohem Druck über weite Strecken stark strapaziert. In den „milchverarbeitenden Fabriken" wird die Milch pasteurisiert, in Zentrifugen die Sahne herausgeschleudert und im Edelstahl-Butterfertiger in einem kontinuierlichen Vorgang zu Butter verarbeitet. Vakuumanlagen entziehen das letzte Tröpfchen Buttermilch, das letzte Luftbläschen. Solch industriell erzeugte Massenware mag analytischen Anforderungen genügen – „Terroir" bzw. wahrer regionaler Charakter ist dabei jedoch nicht zu erwarten. Sofern er überhaupt vorhanden war und nicht überzüchtete Turbotiere auf überdüngten Wiesen oder vor Silofutter im Stall angebunden von vorneherein für Milchlangeweile sorgen.

Menge zu möglichst niedrigen Preisen scheint bei der deutschen Butter immer noch im Vordergrund zu stehen – als herrsche noch derselbe Notstand wie in den 30er Jahren. Damals fand eine grundlegende Neuordnung der Milchwirtschaft statt, um Versorgungsengpässen wie im ersten Weltkrieg vorzubeugen. Alle Landwirte wurden zur Ablieferung ihrer Milch an Molkereien mit festgelegtem Einzugsgebiet gezwungen – zweifellos einer der Gründe für die Verarmung der deutschen Käse- und Butterkultur. Bis in die 1960er Jahre ging es um die „Versorgung" des heimischen Marktes. Dessen Bedarf konnte aus eigener Produktion nicht gedeckt werden, weshalb von staatlicher Seite Förderungszuschläge für die Mehrerzeugung von Milch ein-

Crêpes mit Morcheln

16 bis 20 Stück

Lassen sich vorbereiten und ergeben etwa mit einem Estragonhuhn und weißem Spargelragout ein wahres Festessen – aber auch eine Luxusversion der Flädlesuppe.

10-20 g getrocknete Morcheln,	je nach Geldbeutel und gewünschter Intensität mit kochendem Wasser übergießen und 20 min weichen lassen
150 g Mehl	
0,5 l lauwarme Milch	
3 Eier	
1 Prise Zucker	
1 Prise Meersalz	zu einem glatten Teig verquirlen
150 g Butter	in einer Pfanne leicht bräunen und etwas abgekühlt unterrühren. Den Teig durch ein Sieb passieren und eine halbe Stunde stehen lassen. Die Morcheln abschütten und in
1 El Butter	anschwitzen. Einen Teil davon sehr fein hacken und unter den Teig ziehen, den Rest in Ringe schneiden. Eine beschichtete oder gut gepflegte Eisenpfanne erhitzen, mit
wenig Butter	ausreiben, dünn mit Teig ausgießen und mit Morchelringen bestreuen, von beiden Seiten hellgold braten. Im Ofen warm halten bzw. wieder erwärmen.

geführt wurden. Längst ist jedoch auch der Milch- und Buttermarkt ein europaweiter, ist liberalisiert und von Überschüssen gekennzeichnet – inzwischen könnten wir uns eigentlich endlich den Luxus wahrer Spitzenbutter leisten.

Statt spitze schmeckte das meiste bei der Butterprobe auf meinem Küchentisch jedoch „angenehm neutral“ – nicht wirklich schlecht, aber alles andere als an- oder aufregend. Ob nun Allgäuer Sonntagsbutter von Zott, Weihenstephan oder Delicado-Premiumbutter aus Hamburg. Das Gros des streichfähigen deutschen Milchfetts allgemein ist weder Sauer- noch Süßrahmbutter, sondern „mildgesäuert“: Süßrahmbutter, in die Milchsäurebakterien eingeknetet werden. Dieses in Holland entwickelte „Nizo-Verfahren“ hat aus wirtschaftlicher Sicht viele Vorteile. Die beim Buttern anfallende Buttermilch ist nicht gesäuert und kann besser weiterverarbeitet oder verkauft werden – essentiell bei den niedrigen Butterpreisen. Durch Zugabe von Milchsäurekonzentrat bei oder nach dem eigentlichen Buttern lässt sich das fertige Produkt außerdem geschmacklich ganz gezielt beeinflussen. Es leuchtet aber sofort ein, dass dieses Verfahren für Biobutter nicht zugelassen ist: So entstandene Butter ist ein hochgradig verarbeitetes Industrieprodukt, das mit „Natur“ so wenig zu tun hat wie Margarine und in der Konsistenz an sie erinnert. Ein Vergleichsstück von der Janier-Butter zeigte mir, wie schnell ein Geschmacksoptimist ins Anspruchslose abgleitet. Janiers Spitzenbutter kommt übrigens auch aus einer Molkerei, aber einer kleinen, handwerklich arbeitenden Genossenschaft.

Dann wurde es richtig langweilig – Landliebe, angesichts des einst guten Images besonders enttäuschend, Mark-Brandenburg-Weidebutter – und schließlich unangenehm – Bunte Berte aus Magdeburg: verbrannt-süßlich und an H-Milch erinnernd.

Gesamtfazit der Verkostung: frustrierend . . . bei der Butter im gängigen Kühlregal ist in Deutschland gar nicht viel in Butter, und noch viel weniger in „guter Butter“. Bis Ende des 19. Jahrhunderts war das traditionelle Buttern auf den Höfen eine der anspruchsvollsten Aufgaben, deren Gelingen von vielen Faktoren abhing. Das Endprodukt war wertvoll und limitiert – heute wird es uns in Pseudoqualität zu Schleuderpreisen hinterhergeworfen. Trotzdem gilt in Deutschland laut Umfragen Butter auch heute noch als eines der „wertvollsten“ und „natürlichsten“ Agrarprodukte, vom Verbraucher mit Almwiesen und Kühen statt Molkereien und Maschinen assoziiert. Die Kluft zwischen Image und Realität ist erschreckend.

Und gehört endlich überwunden, finde ich – es ist höchste Zeit, Alternativen zu übertechnisierter Massenproduktion zu suchen und zu fördern, uns vom übertriebenen Hygienewahn zu befreien, durch den wir unser Geschmacksuniversum selbst einschränken (und uns sicher nicht gesünder machen: der Zusammenhang zwischen übertriebener Keimphobie und Allergien ist recht eindeutig). Es scheint in Deutschland nach wie vor verpönt, ein ech-

Beurre blanc/Beurre rouge: weiße und rote Buttersauce

für 4 Personen

Die elegante Lösung für das Saucenproblem zu kurz gebratenem oder pochiertem Fleisch oder Fisch, wenn man weder Zeit noch Lust hat, aufwendige Fonds und Jus zu kochen! Das Grundprinzip ist einfach; nämlich die Umkehrung der Wasser-in-Fett-Emulsion Butter in eine Fett-in-Wasser-Emulsion. Es gilt nur, die richtige Temperatur einzuhalten: unter 30°C kristallisiert das Butterfett allmählich und setzt sich irreversibel ab, über 60°C gerinnt das Ganze. Eine warme Ecke direkt am Rand des Herds funktioniert erfahrungsgemäß am besten zum Aufschlagen (küchendeutsch: Montieren). Die Sauce wird etwas dickflüssiger, wenn man schummelt und dem reduzierten Wein vor dem Montieren ganz leicht mit Saucenbinder das Rückgrat stärkt.

0,4 l Weiß- oder Rotwein	weder zu säurelastig noch übermäßig holzbetont, aber durchaus gehaltvoll
eventuell etwas Portwein oder Vermouth	
2 Schalotten in Würfeln	
Gewürze nach Geschmack und Anlass: *Thymian, Knoblauch, schwarzer Pfeffer, Lorbeer*	auf ungefähr ein Viertel einkochen und durch ein Sieb abgießen
100 g eiskalte Butter	in kleinen Würfeln nach und nach mit dem Schneebesen unterrühren wie Öl in eine Mayonnaise
1 El Sahne	eventuell dazugeben – die Emulsion ist dann stabiler
Meersalz	abschmecken und sofort servieren.

tes Spitzenprodukt zu erzeugen, das in logischer Konsequenz rar und teuer ist, also elitär. Diese Vorstellung passt nicht zum deutschen Verständnis von Chancengleichheit. Bei französischen oder italienischen Produkten gibt es weniger Hemmungen dieser Art, und für bestes Olivenöl werden nicht nur Geheimtipps ausgetauscht, sondern auch beeindruckende Preise gezahlt. Rechnet man um, wie geringfügig sich angesichts der verzehrten Mengen für die meisten von uns ein Preisunterschied von selbst zwei Euro mehr pro Päckchen im Vergleich zu anderen Ausgaben ausnimmt, dann gibt es nur noch wenig plausible Gründe, nicht zumindest einen Teil dieses Enthusiasmus der deutschen Butter zu widmen.

Bis jetzt ist es natürlich noch ziemlich anstrengend, gegen den mildgesäuerten Fabrik-Milchfett-Strom zu schwimmen. Doch mehren sich in letzter Zeit die Anzeichen, dass es zunehmend möglich ist, die 1500 Kilometer auf einen Bruchteil reduzieren. Immer häufiger höre ich von sehr überzeugender Sauerrahmbutter selbstvermarktender Höfe. Die Landbutter, die mir Regina Kuhrt aus ihrer Bauernmeierei in Mönkhagen bei Lübeck als Kostprobe geschickt hat, war ein großer Lichtblick. Dann wurde ich durch Freunde auf die kleine Molkerei Grafschaft Hoya im niedersächsischen Asendorf südlich von Bremen aufmerksam. Wie bereits gesagt, sind kleine Molkereien an sich heute bereits Raritäten, deren Produkte es grundsätzlich verdienen, verkostet zu werden.

Die Asendorfer Sauerrahmbutter entsteht aus der Milch von Landwirten, die im Umkreis von gut 20 Kilometern der Molkerei liegen. In dem im Laufe der über hundertjährigen Betriebsgeschichte oft umgebauten und erweiterten, unspektakulären roten Backsteingebäude gibt es keine Computerschaltzentrale, sondern weiß und hellblau gekleidete Menschen in einer übersichtlichen, kremweiß gefliesten Halle. Um die 40 Millionen Liter Milch werden hier im Jahr verarbeitet – was sich für den Laien viel anhört, aber in der Milchszene ein Klacks ist. Für die Sauerrahmbutter wird die Milch aus den von zwei Sammelfahrzeugen beschickten Tanks pasteurisiert und die in der Zentrifuge herausgeschleuderte Sahne in einem von drei Tanks mit Säuerungskulturen auf 21°C erwärmt. Der einsetzende Reifeprozess dauert insgesamt um die 20 Stunden, im Laufe derer die Sahne sauer wird und dabei auf 12°C abgekühlt wird, der richtigen Temperatur zum Buttern. Das geschieht in Asendorf in einer in etwa schlafzimmerschrankgroßen Maschine, die silbern angestrichen ist und ein bisschen aussieht wie aus einem frühen Sciencefictionfilm. In einem ersten Schritt wird die Sahne dort vorgeschlagen, so dass sich Butterkrümel bilden, dann von der Buttermilch getrennt und in einem kurzen, liegenden Zylinder durch mehrere Schnecken zusammengeknetet. Durch verstellbare Schlitze und Löcher lässt sich der Druck dabei so erhö-

Rum-Butter

Köstliche, schnell gemachte Alternative zur Schlagsahne auf einem warmen Schokoladenauflauf und ganz traditionell zum englischen Weihnachtspudding. Hält sich wochenlang im Kühlschrank.

250 g Butter	in kleinen Stückchen in einer angewärmten Schüssel schlagen, bis sie richtig weiß und kremig ist
125 g Puderzucker	gesiebt
1 Prise Meersalz	
3 El Rum	
Saft einer halben Zitrone	darunter mischen
reichlich Muskatnuss	darüber reiben und ebenfalls untermischen, abschmecken.

hen, dass die restliche Buttermilch – deren Eiweißanteil die Butter schneller verderben lässt, in ihren Restspuren aber auch für Geschmack sorgt – weitestgehend herausgepresst wird. In einem letzten Schritt wird der hellgelbe, dicke Butterstrang zu den vertrauten rechteckigen Päckchen geformt und verpackt.

Richtig spannend in Sachen Butter wird es aber, wenn Betriebsleiter Hermann Kück und seine Mannschaft ausnahmsweise und eigentlich für Norddeutschland untypisch Süßrahmbutter produzieren: die ist von durch und durch unaufdringlicher Eleganz, ebenso unwiderstehlich seidig wie die Janier-Butter und doch ein ganz anderes Wesen, so wie Asendorf eben nicht am Atlantik liegt.

Während moderne Kühltechnik jedoch dafür sorgt, dass Spitzenbutter aus Norditalien und Frankreich in deutsche Kühlregale gelangt, scheinen die paar hundert Kilometer von Asendorf und auch Mönkhagen in den Westen, Süden und Osten Deutschlands nahezu unüberwindbar – was umso trauriger ist, weil der handgeschöpfte Sahne-Schichtquark aus Asendorf sich nur als schlichtweg traumhaft beschreiben lässt. Er ist sozusagen eine Nebenentdeckung meiner Buttersuche: Magermilch wird abends gesäuert und mit Lab dickgelegt. Diese Gallerte wird am nächsten Morgen grob zerkleinert, so dass die Molke ablaufen kann – und in diesem Stadium ist bereits Käse aus der Milch geworden, Weißkäse, wie wir früher zu Quark gesagt haben. Der wird per Hand in kleine quadratische Plastikförmchen mit vielen schmalen Schlitzen geschöpft, die dicht an dicht auf großen, ein wenig schräg gelegten Tischen aufgestellt sind. Auf diese erste Schicht kommt, wenn durch das Eigengewicht weitere Molke abgelaufen ist und sie sich etwas gesetzt hat, jeweils eine Kelle frisch geschlagene Asendorfer Sahne, und auf die wiederum eine Kelle vom Weißkäse. Um die vier Stunden bleiben die Schichtkäse dann stehen, bevor sie – ebenfalls per Hand – gestürzt und in Papier eingewickelt werden. Wie ein Mozzarella oder Ricotta muss dieser Schichtkäse ein wenig molkefeucht sein und schmeckt am besten, wenn er ganz frisch ist (lässt sich aber glücklicherweise auch einfrieren). Durch das behutsame Schöpfen von Hand ist er nicht nur eine absolute Rarität, sondern auch von einer sagenhaften Struktur, die die Zunge förmlich streichelt. Die deutlich erkennbare gelbe Sahneschicht in der Mitte tut ein Übriges dazu. Ob auf dem morgendlichen Frühstücksbrot oder zu einer Quarkcrème oder einem Käsekuchen verarbeitet – eigentlich müsste auf dem sympathisch altmodischen Einwickelpapier „Achtung, macht süchtig!“ stehen. Kurzzeitig habe ich einen Umzug ins Niedersächsische erwogen – aber das scheint mir dann als transporttechnische Lösung doch zu extrem, und so kann ich nur ganz egoistisch hoffen, dass sich ein Berliner Feinkosthändler der Sache annimmt.

Es gilt im übrigen nicht nur, solche regionalen, gegen den Strom schwimmenden Pioniere zu unterstützen, sondern auch die hierzulande sehr verkümmerten Triebe des Gebildes „Butterkultur“ zu hegen und zu pflegen; einer Pflanze, die in Frankreich – wo es sonst kulinarisch keineswegs immer so paradiesisch zugeht, wie wir es uns vorstellen – blüht und gedeiht. Bezeichnend für den Respekt vor der Butter ist zum Beispiel die Szene, die Fanny Deschamps in ihrem Buch „Croque-en-Bouche“ über das Leben in den Dreisterne-Restaurants des Burgund in den 1970ern schildert. Während die beiden sich in der Küche unterhalten, fährt ihr Neffe, der inzwischen leider verstorbene französische Spitzenkoch Alain Chapel, plötzlich seine Lehrlinge an: „Was hat der Korb Butter da auf dem Tisch zu suchen? Ich sehe ihn dort bestimmt schon fünf Minuten, und das sind vier zuviel! Der frische Haselnussgeschmack in den Saucen, denkt ihr daran, ja oder scheiße? Wenn man die Butter gebraucht hat, stellt man sie sofort wieder kalt, im selben Augenblick, derselben Sekunde, einem Bruchteil einer Sekunde!“

Als ich das Buch las, hatte ich noch keine Ahnung, dass ich wenige Jahre später in der Rolle der Lehrlinge stecken würde. Heute könnte ich ein langes Klagelied über die schlechte Behandlung der Butter hierzulande singen – etwa die „frisch“ zerlassene Butter während der Spargelzeit, die stundenlang im Wasserbad warm gehalten wird und dann wie billigstes Speiseöl schmeckt, oder die mit oxidierten gelben Butterresten gefüllten Schälchen in manchen teuren Restaurants.

Ob Butterwonne oder einfach solide Qualität: die Lagerung ist ebenso entscheidend fürs Aroma wie Herkunft und Herstellung. Butter hält sich zwar wesentlich länger als Milch, aber der Frischegeschmack bleibt nur dann lange erhalten, wenn sie konsequent kühl und dunkel aufbewahrt wird. Wer die Butterdose zur Gewährleistung der Streichfähigkeit nicht in den Kühlschrank stellt, der sollte lieber gleich Margarine kaufen. Unter Lichteinfluss oxidiert Butterfett nämlich ausgesprochen schnell. Genauso schnell nimmt es fremde Gerüche an – offen verkaufte Butter, eine verklärt nostalgische Reverenz an die „gute alte Zeit“, betrachte ich deshalb grundsätzlich mit großer Skepsis. Früher gab es in Deutschland – wie heute noch teilweise in Italien und Frankreich – auf Milchprodukte spezialisierte Geschäfte, in denen es kühl und eher dunkel war und frisch und laktisch duftete. Meine Großmutter kaufte in einem solchen Molkereigeschäft ein, wo die Milch mittels eines langen Hebels in die mitgebrachte Kanne gepumpt wurde. Dort gab es auch Butter und Quark, und der ganze Laden war erfüllt von diesem anheimelnden Duft, als grabe man seine Nase in die Haut eines Säuglings. Heute jedoch steht im vermeintlichen Feinkostgeschäft im Zweifelsfall sogar die Ladentür offen, um Kunden anzulocken, und das unterhaltsame Schauspiel der Formgebung durch kräftiges Schlagen mit dem Holzspatel presst das gesamte Geruchsspektrum von Kaffee über Räucherlachs bis Schinken in die Butter – nein danke!

Das Käse-Erwachen

Unser Gedächtnis hat so seine Tücken. Beim Käse erinnere ich mich aus meiner Kinderzeit vor allem an drei ausgeprägte Vorlieben meiner Mutter. Zwei davon mag sie heute noch, nämlich den „Knirps", einen kleinen runden, sogenannten Weinkäse, halbfest und durch die Rotschmierrinde ziemlich aromatisch, und alten bröckeligen Gouda. Dass sie jedoch früher den Harzer Käse auf die Heizung gestellt hat, bis er richtig anfing zu laufen (und nicht nur roch, sondern wirklich stank), streitet sie heute entschieden ab, obgleich sie ihn in „normalem" Reifezustand nach wie vor gern isst. Dabei sehe ich die Käsedose auf der Heizung noch deutlich vor mir …

Harzer, der zur Familie der Sauermilchkäse gehört, ist für mich das deutsche Käse-Urgestein schlechthin. Aller Globalisierung zum Trotz ist mir Ähnliches jenseits der deutschen Grenzen nur in der Form des Südtiroler Graukäses bekannt. Mein Mann als Engländer findet Harzer schlichtweg suspekt. Auch ich hatte, seitdem ich Wein trinke und französischen Käse kennen gelernt habe, so meine Probleme mit ihm. Das lag weder an den Vorlieben meiner Mutter, noch am Geruch – ein richtiger Camembert oder ein mit Marc affinierter Epoisses aus dem Burgund übertreffen ihn bei weitem. Sie lassen morgens, wenn ich die Milch für die erste Tasse Tee aus dem Kühlschrank hole, selbst in mir als bekennender Käsefanatikerin das dringende Verlangen nach einem Extra-Käsekühlschrank aufsteigen. Nein, Standard-Harzer widersetzt sich einfach störrisch jeglichem Wein, kann richtig gummiartig sein und schmeckt kurz und heftig.

Dann stieß ich auf den Käse von Maria Pott. Sie ist die letzte Produzentin des westfälischen Nieheimers, einem extrem mageren, kümmelgewürzten und leicht bröckeligen Sauermilchkäse, der früher in der Region weit verbreitet war. In seiner Machart gehört er zur Familie der Handkäse wie Harzer und Mainzer. Für bäuerliche Familien war dies ursprünglich eine einfache Methode, um die wertvollen Proteine der bei der Sahne- bzw. Butterproduk-

Ralph und Sandra Schneider

tion anfallenden sauren Magermilch haltbar zu machen. Der englische Gaumen streikte auch hier, mir jedoch gefiel die Geradlinigkeit und Kompromisslosigkeit des Nieheimers. Ausgewogene Säure und Salzigkeit ergeben trotz der trockenen Konsistenz geschmacklich einen geradezu kremigen Eindruck, und die kleinen Taler harmonieren überraschend gut mit kräftigem Spätburgunder aus der Pfalz oder Baden.

Etwas später brachte der Postbote ganz überraschend einen Karton aus Bodenfelde. Ein Freund hatte die Käserei Schneider gebeten, mir ein paar Proben zuzuschicken – und die waren wirklich eine Klasse für sich, auch im noch nicht ganz durchgereiften Zustand nahezu elegant. Sie überzeugten sogar den englischen Skeptiker! Ich setzte mich also in den Zug und fuhr in den Solling, nach Bodenfelde unweit von Göttingen.

Bereits vom Zugfenster aus fiel mir der geschwungene hellblaue Schriftzug „Bodenfelder" an dem großen weißgetünchten Fabrikgebäudes auf, das auf ein erfolgreiches, im Verhältnis zur Beschaulichkeit des kleinen Städtchens bedeutendes Unternehmen zu deuten schien. Doch die Geschichte des Schneiderschen Bauernhandkäses ist eine andere; es ist die Geschichte der Wiedergeburt eines Käses durch persönliche Initiative und Unternehmergeist.

„Bodenfelder Käse taucht zwar immer mal wieder irgendwann auf", erzählt mir Ralph Schneider, „aber wir haben mit der Marke nichts mehr zu tun; wir sitzen nur quasi zufällig neben dem alten Kasten." Dabei gehören die Namen Zitzke & Mascher, die in steifen schwarzen Lettern neben dem „Bodenfelder" prangen, zu den Vorfahren des fröhlichen jungen Mannes mit einem lustigen kleinen Lockenschopf im ansonsten kurzrasierten Haar. Marie Mascher, Tochter von Ralphs Ururgroßvater, dem Färber und Gerber Ludwig Mascher, war in der Großfamilie für die Herstellung des Eigenbedarfs an Handkäse zuständig. Als sie den pommerschen Müllerburschen Reinhold Zitzke heiratete, gründeten die beiden zusammen mit Maries Bruder Ludwig 1898 in Bodenfelde die Käserei Zitzke & Mascher. Mit dem bald zur Marke avancierten „Bodenfelder" wuchs die Firma über drei Generationen bis zu einer Größe von 3800 Tonnen Jahresproduktion und 150 Mann Belegschaft, scheint aber irgendwann – vielleicht ob des eigenen Fuhrparks zur Auslieferung oder des Sägewerks zur Herstellung der Spanholzkistchen, in denen der „Bodenfelder“ verpackt war – die wirtschaftliche Balance verloren zu haben. 1983 musste Konkurs angemeldet werden.

Ralphs Vater Hermann hatte die Produktion seit zwanzig Jahren als Angestellter geleitet. Nach verschiedenen Versuchen, anderweitig Fuß zu fassen, besann sich der Käsemeister auf die Ursprünge der Familientradition: er begann noch im gleichen Jahr mit seiner Frau im Keller ihres Wohnhauses wieder Handkäse zu machen. Sohn Ralph half zuerst nur bei der Auslieferung, stieg dann aber ganz ins kleine Unternehmen ein. „Ich hatte eigentlich keinen großen Bezug zu der ganzen Geschichte und hätte nach der Elektrikerlehre natürlich auch in Göttingen studieren und dann als Arbeitsloser Taxi fahren können“, sagt er ganz pragmatisch, „aber da habe ich dann doch lieber ein paar Lehrgänge rund ums Käsemachen absolviert.“ 1998 wurde der Keller definitiv zu klein, und die Käserei Schneider zog in ein unscheinbares Quergebäude neben der alten Fabrik um, das als Teil der Konkursmasse günstig zu erwerben war. Die notwendige technische Ausrüstung stammt vorwiegend aus gebrauchten Beständen aus Thüringen – „alles Neue wäre für uns viel zu groß“. Alle zwei Wochen ist Produktionstag. Ein langer Tag, an dem Ralph Schneider zusammen mit seiner Frau Sandra, die aus einem Nachbarort stammt, und einem Angestellten etwa 3,5 Tonnen Sauermilchquark verarbeitet. Der Quark wird in 50-kg-Säcken von einer Molkerei in Schmalfeld nördlich von Hamburg geliefert – „der Schmalfelder eignet sich besonders gut für unseren Käse, aber es wird immer schlimmer mit den Molkereien“, klagt Schneider. „Sie werden zu immer größeren Betrieben zusammengelegt.“ Sauermilchquark ist ein wirtschaftlich ansonsten eher bedeutungsloses Nebenprodukt der Butterherstellung, aus 10 Litern Milch entsteht rund ein Kilo Quark. Wollten die Schneiders also ihren Quark selbst herstellen, würde das einen Riesenbetrieb bedeuten. Nicht jedem leuchtet das ein: Schneider berichtet von der pikierten Reaktion eines Gemeindesachbearbeiters, als er bei einer Umfrage des Katastrophenschutzdienstes angegeben hatte, er halte weder Kühe, noch verarbeite er Milch – diese Antwort war für eine Käserei im Computerprogramm nicht vorgesehen!

Der Quark wird mit Salz, Reifesalz (für die Bindigkeit), etwas Schmand und Speisequark vermengt – „da haben wir so unsere eigene Rezeptur, die sich an den milden Pfälzer Handkäsetypus anlehnt, und gleichen auch ein wenig die jahreszeitlich bedingten Unterschiede des Quarks aus." Über Walzen wird die Quarkmasse zu Stangen und Talern geformt und dann auf Gitterhorden gelegt. In Gestellwagen gestapelt und mit einer Reifepilzkultur „lackiert", reifen die Käse sorgfältig beobachtet eine Woche lang in einem temperatur- und feuchtigkeitsregulierten Raum. Zuerst wird leicht angeheizt, dann erzeugen die Käse durch die Aktivität der eiweißzersetzenden Milchsäurebakterien selbst Wärme. 35 bis 40°C dürfen nicht überschritten werden, sonst wird der Handkäse zu weich und schmierig, und auch die Feuchtigkeit muss stimmen. Manche Partien werden mit Kümmel bestreut, eine Sorte mit Edelschimmelkulturen wie ein Camembert behandelt. In der folgenden Woche wird verpackt. „Unser Käse schmeckt auch schon halbreif, also noch weißkernig. Bei 10°C entwickelt er sich ganz langsam weiter und hält sich bis zu acht Wochen." Etwa 70 Tonnen Käse produzieren die Schneiders inzwischen jährlich, und Vater Hermann hilft beim Ausliefern. Im Umkreis von etwa 100 Kilometern, in etwa 300 Läden, kaufen die Kunden „keinen Harzer, sondern Schneiders Handkäse".

Wie Maria Pott ist die Käserei Schneider eines der letzten Bollwerke gegen die übermäßige Kommerzialisierung des Handkäses. Und Ralph Schneider blickt durchaus optimistisch in die Zukunft. Man müsse zwar ein ziemlicher Idealist sein, und bereits eine Woche Urlaub im Jahr sei für sie Luxus. „Aber während die Großen hier weiter alles aufkaufen, wachsen wir fröhlich vor uns hin," freut er sich und denkt über eine Biolinie nach, und ob er vielleicht doch die in Essig und Öl eingelegten Zwiebeln, die auf den Handkäs mit Musik gehören, gleich mit zum Käse anbieten sollte.

Auf der Fahrt zurück nach Berlin habe ich Zeit, über Käse an sich nachzudenken. Man könnte Käse als erwachsene Milch betrachten. Wie jedes Erwachsenwerden ist das auch beim Käse ein komplexer Prozess, begleitet von Enzymen und Bakterien. Dabei findet eine erhebliche Konzentrierung statt: zehn Liter Milch werden durchschnittlich zu einem Kilo Käse. Die Milch wird – entweder „roh“ direkt von Kuh, Schaf, Ziege, Büffel, Yak, oder Mufflon, oder aber zuvor erhitzt – mit Lab, einem Ferment aus Kalbs-, Lamm- oder Zickleinmagen und/oder Milchsäurebakterien zum Gerinnen gebracht. Der entstehende Bruch wird zerkleinert, vorsichtig abgeschöpft und so von der Molke getrennt, die aus nicht gerinnenden Eiweißstoffen und Wasser besteht. Formen, Salzen und Reifung erfolgen auf unterschiedlichste Art und Weise und lassen unterschiedlichste Charakterzüge zum Ausdruck kommen.

Erwachsene Milch gehört zu den ältesten Nahrungsmitteln des Menschen und bildet zusammen mit Wein (vielleicht würden manche hier auch eher das Bier nennen) und Brot das Ur-Trio menschlicher Kultur. Entstanden ist sie sicher zufällig, vielleicht haben Hirten vom geronnenen Mageninhalt eines Lammes oder Zickleins gekostet. Sardische Hirten stellen noch heute für den Eigenverbrauch einen Käse namens Callu de Crabeddu her, indem sie die Zickleinmägen mit der darin befindlichen geronnenen Milch verschnüren und trocknen. Erwähnt wird Käse bereits bei den Sumerern in Mesopotamien auf den ältesten erhaltenen schriftlichen Zeitzeugnissen aus der Zeit um 3000 vor Christus. Im alten Testament beschreibt Hiob seine Zeugung und Geburt mit dem Bild von Milch und Käse, und bei Homer verstecken sich Odysseus und seine Männer in der Höhle des Zyklopen, während dieser seine Schafe und Ziegen melkt und dann Käse macht. Plato predigt den Bürgern seiner Republik die Rückkehr zu der „männlicheren“ Ernährung der ländlichen Bevölkerung: Salz, Oliven, Käse, Zwiebeln und Gemüse. Käse gehörte zur täglichen Ration der römischen Legionäre, und das lateinische Wort *Caseus* wurde zu *cacio*, *queso*, *queijo*, *cheese* und *Käse*, während *formaggio* und *fromage* vom lateinischen *formaticum* bzw. dem griechischen *formos* abstammen – den zum Formen der Käse gebrauchten Behältnissen. Plinius der Ältere verfasste ein Verzeichnis der bekanntesten Käsesorten, die auf den römischen Märkten erhältlich waren, neben italienischen Sorten auch solche aus Südgallien, Dalmatien und Bithynien in Kleinasien.

Doch blieb der Käse lange Zeit ein rein bäuerliches, etwas derbes und als ärmlich geltendes Erzeugnis, das auch medizinisch keinen besonders guten Ruf genoss. Erst Bocaccio im 14. Jahrhundert empfand es als passend, in einer seiner Novellen den Parmesan zu erwähnen. Noch Emile Zolas Schilderung (in „Der Bauch von Paris“) eines Käsestands in den Hallen von Paris haftet etwas Brutales, Unkultiviertes an: „. . . ein riesiger Cantal, wie von Beilschlägen gespalten . . . ein Gruyère, wie ein von einem Streitwagen irgendwelcher Barbaren abgefallenes Rad, Holländer, rund wie abgeschlagene Köpfe, von getrocknetem Blut bespritzt . . .“ Allerdings hatte sich in Frankreich derweil eine blühende Käselandschaft entwickelt, in die auch „barbarische“ Einflüsse wie zum Beispiel der arabischstämmigen Sarazenen positiv eingeflossen sind. Sie waren im 8. Jahrhundert n. Chr. bis an die Loire vorgedrungen und hatten sowohl Ziegen als auch Ziegenkäse mitgebracht.

Unsere germanischen Vorfahren begnügten sich hingegen bis zur Begegnung mit den Römern mit Dickmilch und Quark. Die Käseproduktion unter der Verwendung von Lab lernten sie erst dann überhaupt kennen. Noch bis weit ins Mittelalter stellten die Bauern hier im Norden hauptsächlich Sauermilchkäse für den Eigenbedarf her, wie einst Ralph Schneiders Urgroßtante Marie. Die aufwendigere Verwendung von Lab blieb großen Gütern und Klöstern vorbehalten. In Deutschland wurde und wird vor allem Kuhmilch verarbeitet; Schafs- und Ziegenhaltung zur Milchgewinnung hat bei uns keine nennenswerte Tradition, während im mediterranen Raum darüber hinaus auch aus Mufflon- und Büffelmilch Käse gemacht wird.

Bis weit ins 19. Jahrhundert war das Erwachsenwerden der Milch von Zufällen und „Sachzwängen“ bestimmt: die geographischen und klimatischen Bedingungen eines bestimmten Ortes, die dort gehaltenen Tierrassen, die Gewohnheiten der dort lebenden Menschen. In den Marschen an Nord- und Ostsee wachsen andere Gräser und Kräuter als auf Almen im Allgäu; die Zusammensetzung der Milch variiert ganz entscheidend bei unterschiedlichen Tierrassen, in Verbindung mit dem unterschiedlichsten Futter und den durch die Jahreszeiten vorgegebenen Veränderungen sorgt das für unendliche Geschmacks- und Inhaltsvariationen bei der Milch. Erwiesenermaßen beeinflusst zum Beispiel die Qualität der Luft das Aroma der Milch sowohl positiv – die gute Bergluft – als auch negativ – ein enger, nicht gut belüfteter Stall. Immer wieder andere Kombinationen von Enzymen und Bakterien entstehen. Dazu kommt die Variable Mensch, geprägt von Traditionen und Bräuchen, Moden und Marktgeschehen, der für die Erziehung der Milch sorgt, sie beim Erwachsenwerden anleitet und begleitet. So ergibt sich eine überwältigende Vielfalt.

Jedenfalls in der Theorie. Wie bereits im vorherigen Kapitel erwähnt, ist die deutsche Käsekultur durch die in den 1930er Jahren verordnete Zwangsablieferung sämtlicher Milch an Molkereien erst verkümmert und dann durch die in der zweiten Hälfte des 20. Jahrhunderts verstärkt einsetzende Industrialisierung fast bis zur Unkenntlichkeit und Bedeutungslosigkeit reduziert worden. Massenerzeugung in Riesenbetrieben, Pasteurisierung, der Einsatz von Einheitsbakterienkulturen, die geradezu paranoide Angst vor Keimen – es ist die gleiche traurige Geschichte wie bei der Butter. Viel deutlicher als bei dieser lässt sich beim Käse allerdings in den letzten Jahren glücklicherweise eine Rückbesinnung beobachten. Immer mehr kleine Käsereien entstehen, und wen nach individuellen und ausdrucksvollen Käsen verlangt statt Industrie-Plastikquadern, der braucht nicht mehr zwangsläufig französische oder italienische Namen zu lernen.

Ganz besonders kommt das auch auf dem Käsemarkt in Hamburg zum Ausdruck, einer Slow-Food-Veranstaltung, die seit 1998 einen Sonntag lang im Mai oder Juni im Freilichtmuseum am Kiekeberg stattfindet. Dort bin ich auch auf Maria Potts Nieheimer Käse gestoßen. Initiator Burchard Bösche ist ein Käsefanatiker voller Begeisterung, spannender Geschichten und einer Fülle von Projekten. Über die Jahre ist es ihm gelungen, die hier versammelten Käse-Individualisten aus Niedersachsen, Schleswig-Holstein, Mecklenburg-Vorpommern und darüber hinaus – er nennt sie „die Winzer des Nordens“ – zu einer richtigen Bewegung zu verknüpfen. „Am Anfang kannte sich hier keiner untereinander“, erinnert sich der stämmige, gemütlich wirkende Hamburger, „da gab es nur lauter Fronten: zwischen denen, die mit Rohmilch arbeiten und jenen, für die Käsemachen nur mit pasteurisierter Milch denkbar ist, den Ökos und den Konventionellen, den Kleinen und den Großen, den Quereinsteigern und den Profis. Heute kennen und akzeptieren sie sich, und es gibt gemeinsame Projekte wie die Käsestraße Schleswig-Holstein.“

Mir fällt auf dem Kiekeberg auf, wie die präsentierten Käse jedes Jahr ein wenig „erwachsener“ werden. Noch vor fünf Jahren gab es sehr viel Frischkäse und nur wenig mit ausgeprägtem Charakter, bei meinem letzten Besuch hingegen habe ich auch sehr gute gereifte Käse probiert. Die Käser scheinen allmählich sicherer zu werden und zu ihrem eigenen Stil zu finden. Am Stand von Hof Dannwisch, der nordöstlich von Hamburg bei Elmshorn in Horst liegt, komme ich mit Tobias Schüller ins Gespräch. Er hat aus seiner Hofkäserei auch etwas mitgebracht, das im Norden zu den Raritäten zählt, nämlich einen Blauschimmelkäse, den „Edlen von Dannwisch“. Der tortengroße, ungefähr zehn Zentimeter hohe weiße Laib ist ähnlich einem Gorgonzola mit senkrechten blaugrünen Adern durchzogen, ist kremig, aber dicht und schmeckt würzig-lieblich mit einer prägnanten, feinsäuerlichen Note. Die zieht sich auch durch die anderen Käse, die mir der entschieden wirkende, drahtige 39-Jährige zu verkosten gibt: der goudaartige Möhrenkäse ist mild, aber nicht langweilig, in der Variante mit frischen Bärlauchblättern sogar einer der wenigen wirklich überzeugenden Vertreter der „Bärlauch-in-und-mit-Allem-Welle“, die seit einigen Jahren unaufhaltsam über Deutschland schwappt. Der Tilsiter – „den muss man bei uns im Norden einfach haben“, meint Schüller – den es mit und ohne Kümmel gibt, ist eher dezent und zeigt doch ein klares geschmackliches Spiel von Ober- und Untertönen. Das kommt noch deutlicher im 18 Monate gereiften Hartkäse zum Ausdruck, der eigentlich nach Art eines Bergkäses gemacht ist – „aber bei uns gibt es nun mal keine Berge, und ein passender Name hat sich noch nicht ergeben“ – und doch besticht neben dem typischen nussigen Aroma wiederum die fein säuerliche, nördlich wirkende Geschmackskomponente.

„Mir kommt es sehr darauf an, eine Hofkultur und -identität zu entwickeln, die sich dann auch in den Käsen widerspiegelt: Leben in die Lebensmittel zu bringen“, höre ich und lese gleichzeitig auf dem Dannwisch-Informationsblatt: „seit 1957 kontinuierlich biologisch-dynamisch bewirtschaftet . . . Rohmilch . . . alte regionale Kuhrasse . . .“ Tobias Schüller gibt mir noch ein Stück vom Aschekäse zu probieren, der ähnlich dem Tilsiter quaderförmig aussieht, aber weich ist, nahezu sahnig. Das unregelmäßige, zarte Aschemus-

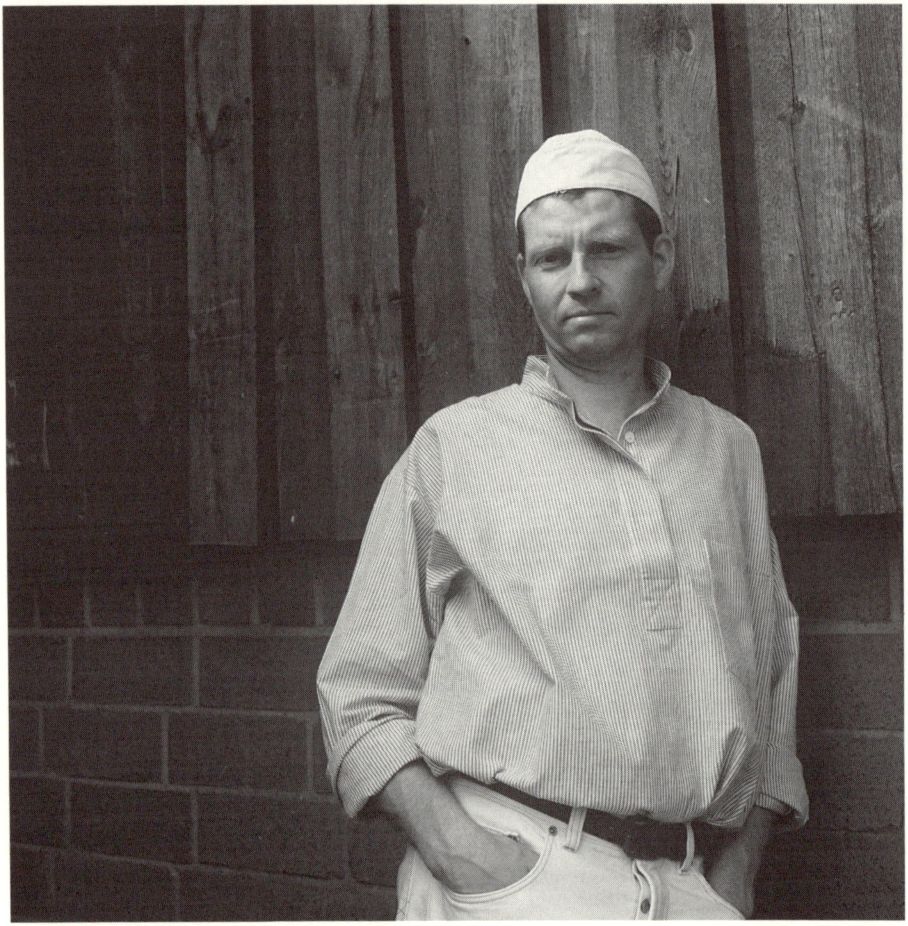

Tobias Schüller

ter in dem hellen Teig sticht geschmacklich nicht direkt hervor, und doch schmeckt dieser Käse anders als alle anderen Käse, die ich je probiert habe. Voller Eindrücke und Fragen, die sich aber angesichts der Menge, die sich um den Stand drängt, nicht stellen lassen, kaufe ich noch ein paar Stücke für zu Hause und verabschiede mich. Schon auf dem Rückweg nach Berlin ist mir klar, dass ich Hof Dannwisch einen Besuch abstatten werde.

Als ich dann zwei Wochen später wieder im Zug Richtung Hamburg sitze, kommt es mir beinahe wie eine idyllische Landpartie vor: die Junisonne am quietschblauen Himmel, als Ziel ein alter Hof mit Kühen, Schweinen, Hühnern, Getreide- und Gemüsefeldern . . . Dannwisch ist ursprünglich von den Zisterziensern als Außenstelle des nahe gelegenen Kloster Uetersen gegründet und um 1200 erstmals urkundlich erwähnt worden. Um 1600 wurde der Hof privatisiert und ist seitdem im Familienbesitz, seit den 1980ern wird er von einer Gruppe gemeinschaftlich bewirtschaftet. Unbewusst drängt sich dem Stadtkind in mir das romantische Bild einer langen Kaffeetafel mit großen Kuchenblechen im Schatten alter Bäume auf . . . doch als wolle mir die Natur selbst demonstrieren, wie übertrieben schwärmerisch meine Vorstellungen sind, wird es immer dunkler, je näher wir Elmshorn kommen. Als ich aus dem Zug steige, ist es so düster, dass die Straßenbeleuchtung angeht. Die ersten dicken Tropfen fallen, ich renne unter das schützende Vordach einer Bäckerei, da stürzen auch schon sintflutartige Wassermassen vom Himmel. Die Bäume biegen sich im peitschenden Wind, ich flüchte in die Bäckerei und trinke erst einmal einen Tee.

Als sich der Sturm nach zwanzig Minuten etwas gelegt hat, wage ich die hundert Meter zum Taxistand. Auf den Straßen steht das Wasser stellenweise überknöchelhoch, und auch der Hof in Dannwisch, auf den wir zehn Minuten später einbiegen, ist von großen Pfützen überzogen. Große alte Bäume gibt es hier wohl, eine lange Allee führt von der Bundesstraße zum Hof hin, aber ansonsten fegt mir die Wirklichkeit sämtliche verklärten Land-Öko-Natur-Vorstellungen beim ersten Blick vom Tisch. Hier ist nichts verhübscht, glattpoliert oder romantisch, ist keine Idylle, sondern arbeitender Hof mit Ställen und einem großen roten Backsteingebäude, das zwar reetgedeckt ist, aber ansonsten nicht übermäßig alt wirkt. Hier trinkt niemand Kaffee, sondern gehen Menschen in Arbeitsklamotten und Stiefeln ihrer jeweiligen Beschäftigung nach.

Tobias Schüller kommt mir entgegen, mit einem weißen Baumwollschiffchen auf dem Kopf, kariertem Hemd, Jeans, derben Schuhen. Wo anfangen? Welche der vielen Fragen zuerst stellen, die mir im Kopf herumschwirren? Doch Augenblicke später stehen wir auch schon im Kuhstall – der leer ist, weil die 40 Milchkühe im Sommer nur morgens und abends zum Melken von der Weide hereinkommen. Schüller erklärt mir, warum sie auch im Winter grundsätzlich keine Silage, durch Gärung wie Sauerkraut haltbar gemachtes Gras, verfüttern, sondern nur Heu: „Die Kuh hat die einzigartige Fähigkeit, rohfaserreiches Futter zu verdauen, und dabei nicht nur Milch, sondern auch Kälber und wertvollen Mist hervorzubringen. Wenn diese Fähigkeit aber nicht voll ausgenutzt wird, wie es bei der quasi bereits ‚vorverdauten' Silage der Fall ist, verkümmert sie in ihrem Wesen, wie ein Mensch, der keine Arbeit hat, also nicht gefordert wird. Unsere Kühe bekommen nach dem Melken selbst im Sommer auch immer noch zusätzlich Heu angeboten, das ist besonders im Frühjahr, wenn das Gras noch jung und zart ist, wesentlich faserreicher." Wir gehen in die angrenzende Scheune, die bis unter die hohe Decke mit duftendem Heu gefüllt ist, und ich frage ihn, was für ihn gute Milch ausmacht. „Gute Milch hat erst einmal mit Tierhaltung zu tun", sagt er, ohne lange zu überlegen, „dazu gehört die wesensgemäße Fütterung und außerdem eine gute Melkhygiene. Damit meine ich nicht Sterilität, sondern eine gute Melktechnik, die die Eigenheiten des Tiers berücksichtigt; dass man das Euter vormassiert, die ersten Spritzer Milch getrennt abzieht, das Melkzeug rechtzeitig wieder abnimmt. Dann sollte die Milch möglichst wenig mechanisch beansprucht, also wenig herumgepumpt werden." Er zeigt mir die beiden Kessel in dem Raum direkt neben dem Melkstand, in denen die Milch gesammelt und unter Rühren gekühlt wird. „Gute Milch zeichnet sich nicht so sehr durch einen hohen Fettgehalt aus – darauf wird zwar heute hingezüchtet, aber das ist eigentlich eine Überbeanspruchung der Kuh –, sondern durch viel Milchzucker, und als Käser wünsche ich mir kräftige Milchsäurebakterien. Alle wollen heute möglichst niedrige Keimzahlen, vergessen aber dabei, dass selbst vereinzelte Krankheitskeime dann ein viel leichteres Spiel haben als in einem gesunden, ausgewogenen bakteriellen Umfeld." Je keimärmer, desto anfälliger – Stadtkinder zeigen mehr allergische Reaktionen als ihre auf dem Land, „im Dreck" aufgewachsenen Altersgenossen.

Hof Dannwisch ist anerkannter Vorzugsmilchbetrieb, gibt also unbehandelte, rohe Milch auch als Trinkmilch ab, was heute geradezu Seltenheitswert hat und von Veterinärsseite streng kontrolliert wird. „Rohmilch zu verarbeiten macht nur Sinn, wenn es gute Milch ist", sagt Schüller, „aber dann bietet sie mir die Möglichkeit, wirklichen, individuellen Hofkäse zu machen, in dem dieser Ort, von dem die Milch stammt, mit seiner eigenen Rasse von Kühen, dem rotbunten Schleswig-Holsteiner Niederungsvieh, seinem eigenen Futter und Dünger, ganz zum Ausdruck kommen kann. Das geschieht nicht von heute auf morgen, die ‚Hof'-Bakterienkulturen entwickeln sich mit der Zeit. Ich lasse sie, solange der Käse keine Fehlentwicklungen zeigt, aber ich muss sie ständig überwachen. Der Quark, den wir auch machen, und der von heute auf morgen fertig ist, dient gleichzeitig der Kontrolle meiner Kulturen – da merke ich sofort, wenn etwas nicht in Ordnung ist!"

Durch die Reifung der Käse, das Wirken der Bakterien, die Pflege des Käsers entsteht aus der Milch Kultur im übertragenen Sinne, und darum geht es Tobias Schüller: „Wir haben eine Verantwortung gegenüber der Erde, die wir bearbeiten und die uns ernährt, aber da geht es nicht um statischen Naturschutz, sondern um Kulturentwicklung. Die Zisterzienser haben sich auf diesem Fleck angesiedelt, als die Elbe noch bis hierher reichte, und das Wasser allmählich gezähmt. Auf diesen Niederungsmoorflächen grasen heute unsere Kühe, während oben auf den sandigen Geestflächen unsere Äcker liegen. Ziel kann nicht sein, etwas Labiles auszumerzen, sondern es vielmehr in ein stabiles, kontrolliertes Gleichgewicht zu bringen – seien es nun Wasser, Keime oder gar die dunklen Mächte in Goethes Faust."

So überzeugend wie die Käse schmecken, so plausibel klingt für mich auch alles, was Tobias Schüller sagt und erklärt. Immer wieder geraten wir im Gespräch von Einzelheiten zu den großen Zusammenhängen. „Die Kuh ist das zentrale Element eines Hofes, zu diesem tierischen kommt das pflanzliche, das irdische und das kosmische und schließlich das menschliche. Der Mensch trägt die Verantwortung, mittels seiner Geistesfähigkeit das alles zu einem Ganzen zusammenzuformen, aus der Natur Kultur zu machen. Ein Hof muss deshalb nach dem menschlichen Maß eingerichtet sein, und dazu muss der Mensch sich seiner selbst bewusst und ganz wach sein; es geht nicht um Willkür, sondern um innere Demut." Das klingt nun deutlich nach Anthroposophie, und damit sind wir beim Thema biologisch-dynamische Landwirtschaft.

Viele haben nichts als Hohn für diese Bewirtschaftungsweise übrig, die Mineraldünger und chemische Mittel grundsätzlich ablehnt und stattdessen mit biologischen Präparaten aus Pflanzen, Steinen und Kuhmist arbeitet. Wesentlich dabei ist, dass stets die Einflüsse der Gestirne mit einbezogen werden, also jedes Detail im Zusammenhang des großen Ganzen gesehen wird. Vielen erscheint jedoch das Vergraben von Kuhhörnern (für die Präparate) als Hokuspokus, und extreme Skeptiker tun den Anthroposophen Rudolf Steiner, auf dessen Lehre die biologisch-dynamische Wirtschaftsweise beruht, verächtlich als Sektengründer ab. Tobias Schüller, der übrigens nicht auf dem Land aufgewachsen ist, sondern über den Umweg der Landschaftsgärtnerei in die Landwirtschaft gefunden hat, zuckt dazu nur mit den Schultern: „Starke Impulse lösen starke Gegenimpulse aus, da muss man nur selbst in allem, was man tut, um so klarer sein. Manches in der biologisch-dynamischen Wirtschaftsweise mag aus konventioneller, wissenschaftlicher Sichtweise nicht erklärbar sein und deshalb obskur erscheinen, aber es funktioniert. Was ist wichtiger: der theoretische Beweis im Labor oder die Wirklichkeit? 1924 hat Steiner seinen landwirtschaftlichen Kurs gehalten, und bedingt durch die politischen und wirtschaftlichen Wirrungen der 20er, 30er und 40er Jahre gab es lange so gut wie keine Vorbilder. Hof Dannwisch wird seit 1957 biologisch-dynamisch bewirtschaftet, damals war die Umstellung ein echtes wirtschaftliches Wagnis – aber es hat funktioniert, und trotz mehrerer großer Brände auf dem Hof, bei denen auch das alte Gutshaus komplett vernichtet wurde, funktioniert es bis heute. Wir Bio-Dynamiker zeigen eine Alternative, die den konventionellen Ansatz mitsamt Chemie und Überschussproduktion gewaltig in

Frage stellt, da ist es nur logisch, wenn starke Reaktionen und Ablehnung kommen. Aber jeder Mensch hat die Freiheit, selbst zu entscheiden: was er isst, wie er lebt, wie er sich die Welt und ihre Zusammenhänge erklärt."

Dem kann ich nur zustimmen und muss dann trotz vieler verbleibender Fragen rennen, um meinen Zug nach Hause noch zu erwischen. Man braucht nicht gleich an kosmische Kräfte zu glauben oder selber zum Anthroposophen werden, aber es funktioniert ganz offensichtlich: die Nähe und Offenheit zu den Vorgängen in der Natur – ob nach anthroposophischen oder anderen Vorstellungen – ergibt auch Käse mit Charakter. Sie sind keineswegs ein überteuertes Luxusprodukt für romantisierende Wohlstandsidealisten mit übersteigertem Naturwahn, sondern ein Stück Kultur. Wir selbst entscheiden, ob wir vorgefertigte Industriekäse mit Neutralaroma essen – die als erwachsene Milch zu bezeichnen mir einigermaßen schwer fällt – oder ob wir als mündige (erwachsene!) Konsumenten unsere Bildung, unseren Respekt und unsere Begeisterung einbringen und dabei eine ganze Welt von Aromen und Geschmack kennen lernen, schaffen und erhalten.

Einen „Vorteil" hat Plaste und Elaste in Käseform natürlich: sie glänzt sowohl beim Verzehr als auch bei der Aufbewahrung mit vollständiger Problemlosigkeit. Ein „erwachsener" Käse hingegen möchte gepflegt werden, ob nun aus Bodenfelde oder von Hof Dannwisch. Das klingt komplizierter, als es ist, wenn man sich bewusst macht, dass handwerklich hergestellter Käse „lebt", ähnlich wie entsprechende Weine. Das bedeutet, dass er Luft braucht. Plastikfolie und ähnliches lassen den Käse an seiner eigenen Reifung ersticken, und selbst wenn der Vorwurf der Käsequälerei etwas weit hergeholt ist, entwickelt er dabei doch strenge bis bittere Geschmacksnoten. Das andere Extrem, die Käseglocke, finde ich für die Aufbewahrung ebenfalls alles andere als optimal. Die ausgeprägten Charaktere der einzelnen Käse vertragen sich nicht gut miteinander, sie beeinflussen sich geschmacklich oder beimpfen sich gegenseitig mit Pilzkulturen und trocknen außerdem aus. Ich wickle daher jeden Käse einzeln in Wachspapier ein (das hat zum Beispiel auch ein guter Fleischer) und bewahre sie dann in einer Papiertüte im Kühlschrank auf. So kann der Käse atmen, trocknet trotzdem nicht aus und bleibt ein bis zwei

Wochen bei guter Laune, abhängig von Sorte und Jahreszeit. Eine halbe Stunde gönne ich ihm vor dem Servieren, um bei Raumtemperatur seine Aromen zu entfalten.

Neben der Aufbewahrung lautet die in Deutschland im Zusammenhang mit Käse am häufigsten gestellte Frage: Rinde mitessen oder nicht? Seit Frankreich-Spezialist Ulrich Wickert mit einem Rundumschlag alle zu Banausen erklärt hat, die nicht minutiös jeden Quadratmillimeter äußere Käseschicht entfernen, herrscht Unsicherheit in deutschen Genießerkreisen. Ich persönlich halte es weniger kategorisch. Für mich ist Rinde in vielen Fällen Geschmackssache. Bei brie- oder camembertartigen Käsen, frischerem Ziegen- oder Schafskäse oder Münster, bei denen die Rinde noch nicht ausgetrocknet ist, esse ich sie gerne mit, bei einem gereiften Käse derselben Art schneide ich sie hingegen ab, genauso wie die Rinde eines über Monate gereiften Hartkäses, die quasi zu seiner eigenen Verpackung geworden ist – wer möchte schon den Sack mitsamt den Kartoffeln essen?! Wer allerdings besonders empfindlich oder anfällig ist, tut sicher gut daran, vor allem bei halbfesten Käsen mit gewaschener Rinde die Rinde abzuschneiden. Die hier dominierenden, wesensbestimmenden Kulturen könnten im Ernstfall geneigt sein, vorbeischneiende Keime aufzunehmen, die dem menschlichen Organismus abträglich sind. Ansonsten ist Schimmel auf einem Käse gesundheitlich ebenso unbedenklich wie das Blaue in einem Edelpilzkäse oder ein halber Ziegenkäse, der auf der Schnittseite „schimmelt", das heißt gewissermaßen wieder eine Rinde bildet, wie eine verheilende Wunde.

Und wie und wo findet man guten Käse? Idealszenario: ein Käsehändler mit Leidenschaft, der die Erzeugnisse einzelner Höfe und Molkereien poolt, so dass man nicht selbst zu jedem Hofladen fahren muss. Auch gut: Käsestände auf Wochenmärkten. Spitzenkäse mit Charakter wird nie in riesigen Mengen verfügbar sein, weshalb Kaufhausketten mit ihrem zentral eingekauften Angebot eher im Nachteil sind, obgleich die Chancen beim (reiserobusteren) Hartkäse größer sind als beim empfindlichen, schneller verderblichen Weich- und Frischkäse. Ansonsten sind detektivischer Spürsinn und Forscherdrang gefragt. Die deutsche Milch steckt sozusagen noch in der Pubertät, aber sie entwickelt sich stetig.

Der Schmelz des Schinkens

Ich bin kein Vegetarier. Ich esse gerne gutes Fleisch, und ich liebe Schinken. Aber ich gebe zu: müsste ich all die Schweine, Rinder und Lämmer selbst schlachten, sähe die Sache vielleicht ganz anders aus. Doch dafür gibt es Fleischer, Metzger, Schlachter. Fleischermeister Sasse, in dessen schwarzweißgefliestem Laden ich als Kind eine Wurstscheibe bekam, während meine Mutter Rouladen, Schabefleisch und ein Achtel Leberwurst kaufte, war ein gestandener Mann, der Autorität und Vertrauen ausstrahlte, ein würdiger Vertreter dieser alten, angesehenen Zunft. Die weiße Schürze wölbte sich über seinem weißblau gestreiften Hemd wie die goldbraune Kruste des Prager Schinkens über dem saftigen rosa Fleisch in der Ladentheke. An Parma- und Serrano-Schinken dachte Mitte der 1960er Jahre in Berlin noch niemand, und Schwarzwälder Schinken gehörte wie auch Laugenbrezeln zu den Köstlichkeiten, die den Besuch der Grünen Woche Anfang Februar alljährlich zu einem echten Erlebnis machten.

Schwarzwälder Schinken hat Tradition. Als wir im Herbst mit Fritz Keller an einem der blank gescheuerten Holztische im „Rebstock" saßen, der wunderbar bodenständigen Gastwirtschaft direkt gegenüber vom altehrwürdigen, besternten „Schwarzen Adler" in Oberbergen am Kaiserstuhl, kam das Thema auch auf. In einer internationalen Verkostung war einer seiner Spätburgunder auf dem zweiten Platz hinter einem Gevrey-Chambertin Premier Cru der burgundischen Domaine Armand Rousseau gelandet. Während wir uns an Kalbsmaulsalat und Mistkratzerle labten, erklärte der immer vergnügte Patron und Winzer, warum ihn dieses Ergebnis ganz besonders freute: der alte Charles Rousseau, Seniorchef der Domaine, hatte ihm vor gar nicht langer Zeit erzählt, dass Fritz' Vater Franz 1946 oder '47 der erste Ausländer gewesen war, der dem Gut einen Besuch abstattete und von den roten Burgundern so begeistert war, dass er unbedingt davon kaufen wollte. Das einzige Problem: er hatte so kurz nach dem Krieg kein Geld. Aber Kaiserstühler Schinken aus eigener Schlachtung. Und der schmeckte wiederum dem alten Rousseau so gut, dass daraus ein Tauschgeschäft wurde, mit dem beide Seiten hochzufrieden waren.

Ein halbes Jahrhundert später gab es in meiner eigenen Küche indessen lange Jahre ausschließlich luftgetrockneten Schinken aus Frankreich oder Italien. Denn auch das teuerste, was aus deutschen Landen in den Theken lag und liegt, wäre nicht einmal ein winziges Gläschen Burgunder wert: bestenfalls beliebig, meist aber übermäßig salzig, aufdringlich rauchig, zugleich zäh und wabbelig. Die besten Bayonner oder korsischen Jambons, Prosciutti di Parma oder San Daniele hingegen sind fest und doch nicht trocken, schmecken aromatisch und doch nicht salzig. Dass ich heute gelegentlich mit großem Vergnügen deutschen Schinken etwa zu einem Riesling als Aperitif aufschneide, hat auch mit Wein zu tun.

Wein und Schinken zeigen im Grunde genommen viele Parallelen: so wie die alkoholische Gärung den Traubenmost in eine Flüssigkeit verwandelt, die über lange Zeit reifen und ganz eigenen Charakter und Aromen bilden kann, wird auch das rohe Fleisch einer Schweinekeule durch das Salzen beziehungsweise Pökeln vor dem Verderben geschützt und kann sich über Monate oder Jahre entwickeln. Ob geräuchert oder luftgetrocknet ist einerseits klimaabhängig und ähnelt andererseits der Entscheidung zwischen Stahltank oder Holzfass – die beste Methode ist die, an die man im fertigen Produkt geschmacklich nicht vordergründig erinnert wird. Ich möchte schließlich weder Holz trinken noch Rauch oder Salz essen. Deshalb ist die Qualität von Trauben und Fleisch so entscheidend, Rebsorte und Schweinerasse, Boden und Klima, Aufzucht und Fütterung – und grundlegend: der Zeitfaktor. Ein Glas neuer Wein im November zu St. Martin kann zwar Spaß machen, aber ein großes kulturelles Erlebnis ist es sicher nicht, wie auch ein guter Schinken seine Zeit braucht.

Die Weinspur zum Schinken: das erste Mal stieß ich auf sie, als mein Mann bei einer Buchlesung statt mit den obligatorischen Weinflaschen mit einem „Fresspaket" einer Kaiserstühler Metzgerei bedacht wurde. Da gab es Koriander-, Salbei- und Fenchelschinken, alles köstlich und kein bisschen zäh oder salzig, durchwachsenen Bauchspeck nach Art einer italienischen Pancetta, Welten entfernt von der grauslichen Labbrigkeit dessen, was allgemein als „magerer Speck" angeboten wird, und vor allem Kaiserstühler Schinken, der Erinnerungen an den Schwarzwälder längst vergangener Tage wachrief. Doch von Berlin gesehen liegt der Kaiserstuhl am anderen Ende der Republik, und ich kaufte vorerst weiter Jambon de Bayonne.

Die nächste Wein-Schinken-Begegnung fand im Rheingau statt, an einem verregneten ersten Mai bei Kirsten und Reiner Flick in Wicker. Nachdem wir uns durch die Weine verkostet hatten, war es Kaffeezeit. Da uns eher nach etwas Herzhaftem statt nach Kuchen war, zückte Reiner Flick ein Messer und rückte einem Stück Westfälischem Knochenschinken zuleibe. Seine Frau stammt von einem Landgut in Westfalen, und ein Jagdfreund hatte ihnen den Schinken mitgebracht. Der machte den charaktervollen Rieslingen alle Ehre, schmolz auch in nicht ganz dünnen Scheiben förmlich auf der Zunge, war nicht scharf und doch ausdrucksvoll.

Der letzte Anstoß kam schließlich in Franken, wiederum beim Winzerhof Stahl. Als wir dort ausstiegen, duftete es eher nach Schweinestall und Misthaufen als nach Wein. Die Schweine sind längst vom Stahl'schen Hof zu den Nachbarn ausgelagert worden, in ihrem ehemaligen Stall reifen heute die höchst erstaunlichen Müller-Thurgau, Silvaner und Rotweine von Junior Christian. Sein Vater hat sein einstiges Hobby trotzdem beibehalten; er schlachtet weiterhin selbst in der Tradition fränkischer Hausschlachtungen, macht Bratwürste, Leberwurst, weißen und roten Presssack, im Winter auch Krautwurst. Und Schinken, der wie die Weine seines Sohnes und das Holzofenbrot seiner Frau vollkommen schlicht und so gut ist, dass sich das Wort spektakulär aufdrängt. Ich war schon etwas hellhöriger auf meinem inneren Schinken-Ohr und erkundigte mich genauer. Die Schinken – ausschließlich von den Nachbarschweinen – werden mit Gewürzen und Kräutern trocken gesalzen, einige Wochen zur Reifung aufgehängt, dann geräuchert und schließlich mindestens ein halbes Jahr weiter an der Luft getrocknet. Das klingt gänzlich unspektakulär und vor allem unkompliziert: Warum ist es trotzdem die Ausnahme in der deutschen Schinkenwelt?

Christian, Albrecht und Gudrun Stahl

Das Thema hatte für mich seine kritische Masse erreicht und brachte mich in Bewegung. Ich kramte den Prospekt der Kaiserstühler Metzgerei wieder heraus, telefonierte mit Wolfgang Koch, dem Endinger Buchhändler, der dafür „verantwortlich" gewesen war, und wenig später standen wir in den ausgedehnten, weißgefliesten Produktionsräumen der Metzgerei Dirr. Der kleine Laden vorn, am Ortsrand des malerischen Städtchens am nördlichen Rand des Kaiserstuhls gelegen, machte einen eher unscheinbaren Eindruck, und auch Markus Dirr entsprach im ersten Augenblick nicht unbedingt meinem über die Jahre verklärten Metzgerbild – das zumindest in Berlin seit Fleischermeister Sasses Zeiten zur Seltenheit geworden ist. Nein, ein drahtiger junger Mann mit dünnem Schnauzer begrüßte uns da, und als er keine fünf Minuten später die Tür zur nachtschwarzen Räucherkammer öffnete, waren wir schon mittendrin im Thema.

Die Schinkenbesessenheit des 39-Jährigen kommt nicht von ungefähr, auf mütterlicher und väterlicher Seite hat das Metzgern Tradition. Auch dass Markus Dirr nach der Lehre beim Vater eine Kochausbildung anschloss, hat seine Vorbilder: als sich sein Urgroßvater 1899 am Endinger Marktplatz etablierte, tat er das nicht nur als Metzgermeister, sondern auch als Gastwirt des Hauses „Zu den Drei Königen", und in der Küche führte seine Frau die Regie. Beinahe ein Jahrhundert später zog es den Jungkoch Dirr nach der Lehrzeit bei Franz Keller in Köln nicht gleich wieder zurück in die heimische Beschaulichkeit – verständlich für mich als Großstädterin – sondern hinaus in die weite Welt, in die Schweiz, die Toskana und die Karibik, nach New York und schließlich auch nach München zu Eckart Witzigmann. Kulinarisch scheinen ihn die zwei toskanischen Jahre bei Avignonesi am meisten geprägt zu haben: „Das war eine völlig andere Art zu kochen; am Anfang hab ich immer die Sahne gesucht . . .", sagt er dazu.

Als er dann im elterlichen Betrieb einstieg, war klar, dass in seiner Theke auch italienische Schinken und Salami liegen mussten – doch die Qualität, die er in der Toskana kennen gelernt hatte, war über Importeure nicht aufzutreiben, und war er nicht schließlich selbst Metzger? Er begann also, mit Rohwurst und ungeräuchertem Schinken zu experimentieren. Heute, nach über

Markus Dirr

zehn Jahren, gehört Luftgetrocknetes in zehn Variationen fest zum Dirrschen Programm, vom Nackenspeck nach Art einer Coppa über verschiedene Schinken bis hin zu Bauchspeck à la Lardo und Wildschweinsalami. Und natürlich die Tovarer, eine mit Fenchel und scharfem Paprika so richtig pikant abgeschmeckte Salami, deren Geschichte zeigt, dass Traditionen stets als Innovationen durch die Umstände der Zeit entstehen: 1842 waren Endinger nach Venezuela ausgewandert und hatten dort vollkommen abgeschieden mitten im Dschungel in einer Kolonie in Fachwerkhäusern gewohnt. 1960, als durch den Bau einer Straße der Kontakt zur Außenwelt gegeben war, sprachen sie immer noch das breite Alemannisch von einem Jahrhundert zuvor. In der Folge fand ein reger Austausch mit der alten Heimat statt, und die Kaiserstühler boten an, junge Leute aus Venezuela als Lehrlinge aufzunehmen. So kamen schließlich zwei Alemannen aus der Colonia Tovar in die Metzgerei Dirr und lernten nicht nur die Bereitung von Lyoner, Leberwurst und Fleischpastete, sondern machten ihrerseits auch eine fette, scharfe Paprikasalami, wie sie sie von zu Hause kannten. „Die war ziemlich extrem, und wir haben sie im Laufe der Zeit ein bisschen verändert. Jetzt ist sie so eine Mischung aus italienischer Fenchelsalami und spanischer Chorizo", erzählt Dirr, während er uns die in der Reifekammer aufgehängten Würste zeigt.

Es ist eine sehr alte Methode, rohes, zerkleinertes Fleisch zusammen mit Speck, Salz und Gewürzen – die im Hause Dirr übrigens selbst zusammengestellt und grundsätzlich frischgemahlen werden, „das sind Kleinigkeiten, die ich gern so habe", sagt Dirr – in Därme zu stopfen und sie bei der richtigen Luftfeuchtigkeit und Temperatur zum Trocknen aufzuhängen. Ungefähr sechs Wochen dauert es, bis eine Salami durch die Aktivität von Milchsäurebakterien schnittfest, durch den enzymatischen Abbau von Proteinen in Aminosäuren aromatisch und durch den Wasserentzug auch ohne Kühlung lange haltbar wird, und sie verliert dabei beinahe die Hälfte ihres Gewichts. Fleisch und Speck müssen von langsam und gut ausgewachsenen Tieren stammen – „altes Fleisch", während in die Fleischtheke das von jungen Tieren gehört – und vor der Verarbeitung abtrocknen.

Natürlich geht es auch anders, weniger aufwendig. Hauptsächlich mit

Hilfe von Zuckerstoffen ist „Schnellsalami“, wie Dirr sie nennt, innerhalb von einer Woche verkaufsfertig. Dass sich dabei in Sachen Geschmack nicht viel entwickeln kann, leuchtet ein. Und auch, dass Geschmack und Aroma in Wurst- und Schinkenform ihren Preis haben müssen. „In Endingen haben wir mit dem Teuer-Image zu kämpfen“, sagt Dirr, „aber dafür kommen immer mehr Kunden von außerhalb.“ Aufgrund von Geiz auf Konsumenten- und Geldgier auf Erzeugerseite ist auch die Kultur des Schwarzwälder Schinkens den Gebirgsbach hinabgestürzt. Das Fleisch schnell aufgezogener, nicht ausgewachsener und billig geschlachteter, also gestresster, verkrampfter Schweine enthält viel Wasser. Das bedingt hohe Salzdosierungen, um überhaupt mikrobiologische Stabilität zu erreichen, und führt bei kurzen Reifezeiten zu zähen und doch wabbligen, vor allem aber salzig schmeckenden Schinken.

Ob über Kiefernspänen geräuchert oder luftgetrocknet, entstehen die Dirrschen Schinken aus den Keulen von 160 bis 180 kg schweren Schweinen, die von zwei Kaiserstühler Bauern aufgezogen und am Sonntagabend persönlich zur Schlachterei gefahren werden, um ihre letzte Nacht ausgeruht zu verbringen. „Man müsste noch mehr mit der Fütterung machen, besondere Rassen suchen,“ sinniert Dirr, „das ist eigentlich nicht unsere Aufgabe, aber wem heute an Qualität liegt, der muss sich auch darum kümmern. Wir sind noch lange nicht da, wo ich hin will!“ Sein Vater ist neben uns mit der Zubereitung einer Fleischpastete beschäftigt, und aus der Hingabe und Genauigkeit, mit der er den – selbstgemachten! – Blätterteig zuschneidet und die Füllung glatt streicht, wird deutlich, dass die Qualitätsbessenheit seines Sohnes nicht von ungefähr kommt.

Der hat 2003 das Dreikönigshaus seines Urgroßvaters am Endinger Marktplatz zurückgekauft, und will die „halbe Ruine“ irgendwann zu neuem Leben erwecken. Als ich mich am nächsten Morgen bei seiner Mutter, die das direkt daneben gelegene Hauptgeschäft führt, mit Wurst und Schinken eindecke und mir die inzwischen goldbraun glänzende Fleischpastete ins Auge fällt, habe ich keine Zweifel daran, dass ihm das genauso gelingen wird, wie er zur Wiederbelebung der Schinkenkultur seiner Heimat beiträgt.

Die Pessimisten unter den Schinkenliebhabern könnten jetzt einwenden, im Süden Deutschlands stünde es sowieso besser ums Kulinarische – und oberflächlich betrachtet haben sie vielleicht Recht. Entspannt und voller Hingabe zu genießen und das auch als Ziel an sich zu verstehen, scheint immer weniger selbstverständlich, je weiter man nach Norden kommt. Die Gründe dafür sind mannigfaltig und reichen weit zurück in die Geschichte. Doch die ist eine trockene Angelegenheit, ich möchte richtig guten Schinken hier und jetzt und sitze deshalb einige Wochen später bei Torsten Kramer in Lübeck.

Die Lübecker Fleisch-Manufaktur ist bis auf einen großen goldenen Ochsenkopf über der Eingangstür unauffällig und der Stadtteil Moisling, in dem sie sich befindet, das Gegenteil dessen, was man von der ehrwürdigen alten Hansestadt allgemein erwartet. Hier ist von den dunkelgetäfelten historischen Räumen hinter Backsteingotikfassaden, von Thomas Mann und seinen Buddenbrooks, von der Traditionsfirma Niederegger und ihrem Marzipan-Luxus nicht viel zu spüren. Wie viele andere Lübecker Stadtteile ist auch Moisling ein sozialer Brennpunkt. Die hohe Arbeitslosigkeit ist unübersehbar, und zwischen Penny-Markt, Lidl und Aldi, Spielothek und Sunpoint wirkt ein Biofleischer wahrhaft exotisch.

Dessen ist sich Torsten Kramer mehr als bewusst. Sein Engagement für Regionalität und Handwerk ist auch Antwort auf die sozialen Probleme seiner Heimatstadt. Darüber hinaus veranstaltet er in dem schlichten Gastraum, wo mittags warme Essen wie Himmel und Erde oder Steckrübeneintopf angeboten werden, Geschmacksschulungen für Kinder. An einem großen Tisch wird dann gegessen, was vorher zusammen gekocht worden ist. „Für die Kinder ist die Küche ein Abenteuer, richtiges Leben, wie sie es sonst nur noch aus dem Fernsehen kennen. Zusammen zu essen ist ein wichtiges Ritual, eine Übung für soziales Verhalten, die hier in den wenigsten Familien stattfindet. Diese Kinder sind die erste Generation, die mit Industrienahrung aufgewachsen sind, die sind nach künstlichen Farbstoffen und Aromen süchtig wie die Junkies!“

Der 42-Jährige kauft konsequent nur Fleisch von bestimmten Höfen im Lübecker Umkreis und arbeitet nach traditionellen Rezepten: „Regionale Tierrassen und Rezepte sind Teil unserer gesellschaftlichen Identität, wer bin

Torsten Kramer

ich, wo komme ich her. Erst in Verbindung mit den Tieren, dem Klima, der Landschaft, der Luft, dem Futter machen regionale Spezialitäten überhaupt Sinn." Holsteiner Katenschinken sei zwar ein ganz anderes Produkt als etwa Parmaschinken, aber ebenso ursprünglich, entstamme ebenso wie dieser den natürlichen Gegebenheiten. „Lufttrocknen macht bei uns in Holstein überhaupt keinen Sinn, hier wird ja an manchen Tagen noch nicht mal die Wäsche trocken!" In den traditionellen reetgedeckten schornsteinlosen Holsteiner Katen hängte man die Schinken deshalb nach dem Salzen unters Dach. Dort wurden sie vom kalten Rauch leise umzogen und reiften über die Wintermonate ähnlich wie ein Parmaschinken in den Bergwinden des Apennin.

Katen, in denen Menschen und Tiere auf engstem Raum zusammenlebten, haben heute in Schleswig-Holstein Seltenheitswert. Torsten Kramer sagt außerdem: „Tradition ist schließlich keine Geschichtsforschung, wir sind hier ein funktionierender Betrieb, kein Freilandmuseum." Er bringt seine Schinken, nachdem er sie über vier, fünf Wochen von Hand eingesalzen hat – je langsamer das Salz ins Fleisch eindringt, desto zarter und aromatischer das Endprodukt –, in die Räucherkammer, die sich hinter einer unscheinbaren grauen Stahltür auf der anderen Seite des Hofs verbirgt. Dunkel, kühl und still ist es dort. Alle zwei Tage lässt Kramer Buchen- und Erlenspäne in flachen Metallwannen schwelen, und Wände und Decke sind vom Rauch ebenso mahagonifarben wie die Schinken an den einfachen Holzgestellen. Ganz langsam dringt der Rauch ins Fleisch ein, ohne es übermäßig auszutrocknen. Einige Monate hängen die Schinken hier, traditionell von der Schlachtung im Oktober bis in den Mai, dann wird es zu warm und das Risiko des Madenbefalls durch Fliegen zu hoch.

Schließlich kommt der große Moment, wenn der fertige Schinken, das kostbare Stück, vom Knochen geschnitten und in die traditionellen Teile zerlegt wird, die sich anatomisch bedingt in Geschmack und Konsistenz deutlich voneinander unterscheiden. Torsten Kramer schneidet kleine Scheiben für mich zum Probieren: der Schinkenspeck ist etwas fetter und schmeckt rauchiger als der magere, aber dennoch saftige Nussschinken. Das Mittelstück jedoch ist so zart, dass es förmlich auf der Zunge schmilzt. Salz und Rauch vereinen sich hier zu einem duftigen aromatischen Ganzen, das beinahe feinfruchtig zu nennen ist. Dieses beste Stück vom Katenschinken heißt in Holstein von Alters her Pape, weil es, so sagt man, traditionell der Pastor bekam, plattdeutsch Pape.

Auch ohne kirchliche Segnung schwebe ich im siebten Schinkenhimmel. Da gibt mir Torsten Kramer noch ein Scheibchen vom gekochten Schinken – und ich meine ein paar Sekunden lang, wieder neben meiner Mutter auf den schwarzweißen Fliesen bei Fleischermeister Sasse zu stehen. Dessen Prager Schinken wurde zwar im Ofen langsam gebacken, während Torsten Kramer seinen Kochschinken in einer Lake gar ziehen lässt. Doch diese phänomenale Konsistenz ist dieselbe wie damals, zugleich saftig und quasi trocken, Welten entfernt von der schnellgepökelten, aufgedunsenen, faden Durchschnittsqualität! Gibt es über dem siebten einen achten Schinkenhimmel? Er ist von einem ganz besonderen, feinen Geschmack durchzogen, der viel näher am rohen Schweinefleisch liegt als der kräftige Rohschinken. Und leider auch wesentlich empfindlicher ist: als ich innerlich wieder in Lübeck-Moisling neben Torsten Kramer gelandet bin, gönne ich mir eine zweite Scheibe vom gekochten, weil ich weiß, dass dieses himmlische Aroma die Rückreise nach Berlin nicht überstehen würde, und kaufe dafür ein großes Stück Pape.

Die Zeit des Spargels

Es ist Mitte Mai, und meine Küche ist erfüllt vom Spargelduft, der aus dem schmalen, hohen Topf auf dem Herd quillt – leicht süßlich und doch nicht schwer, beschwingt und anregend wie die Frühlingssonne und das frische Grün draußen vor dem Fenster. Gleich werde ich in einer kleinen Pfanne ein gutes Stück Butter schmelzen und leicht braun werden lassen – oder vielleicht doch schnell eine Schalotte in Würfel schneiden, in Butter anschwitzen und mit einem Schluck Weißburgunder von gestern Abend ablöschen? Im Kühlschrank gibt es einen Rest Sahne und auf dem Balkon die ersten Estragonblätter, deren Würze so gut zum Spargelaroma passt. Parmesan ist auch noch da, aber der gefällt mir zusammen mit Olivenöl besser zu grünem Spargel; vielleicht morgen.

Gute zwei Monate lang könnte ich jeden Tag Spargel essen, in den unterschiedlichsten Kombinationen und Variationen, von schlicht gedämpft mit brauner Butter bis thailändisch gebraten mit rotem Chili und Kokosmilch. Das liegt nicht zuletzt daran, dass es im Gegensatz zu anderen Obst- oder Gemüsearten bei den Sprossen zumindest aus deutscher Sicht nach wie vor eine feste saisonale „Kernzeit" von Mitte April bis Ende Juni gibt. Aus fernen Gefilden wie Israel, Südafrika und Peru ist Spargel zwar mittlerweile quasi das ganze Jahr über bei uns erhältlich, und die Saison wird durch europäische Importe aus Griechenland und Spanien erheblich ausgedehnt. Aber am besten schmeckt er einfach ungefähr ab Ostern, wenn ich zum ersten Mal daran denke, mein Fahrrad nach dem Winter zu putzen und wieder gangfähig zu machen. Ab Temperaturen von mindestens 12°C drängt er Kopf voran der Sonne entgegen, bis die Saison am 24. Juni, St. Johanni, offiziell beendet ist, damit die Pflanzen für das folgende Jahr neue Kraft sammeln können.

Wie auch wir selbst, sozusagen. Spargel rund ums Jahr wäre höchstens das halbe Vergnügen, denn einerseits ist das, was stets verfügbar ist, nur halb so interessant wie das, was sich zwischendurch rar macht, und andererseits reagieren unsere Sinne am stärksten auf neue Eindrücke. Der erste, vollkommen neue Anblick einer fremden Stadt im Gegensatz zur vertrauten Silhouette zu Hause, ein Parfüm, das uns auffällt, während wir den Duft, zu dem wir gewohnheitsmäßig jeden Morgen greifen, schon gar nicht mehr wahrnehmen, ein ungewohntes Gewürz . . . und das erste Spargelessen im Frühling! Deshalb bedeuten zwei Monate intensive Spargelfreuden mehr Genuss als zwölf Monate Spargelselbstverständlichkeit nach Art der Treibhaustomate.

Der Spargel ist ein eigenwilliges Mitglied der Familie der Liliengewächse. Wenn ihm nach St. Johanni die Triebe nicht mehr gekappt werden, schießt jenes fedrige Grün empor, das in den 1960ern und frühen 70ern zu jedem Blumenstrauß gehörte und nach einigen Tagen die Tischdecke übersäte. Über seinen Ursprung herrscht Uneinigkeit, fest steht aber, dass er den alten Griechen als Medizin bekannt und bei den Römern als Gemüse äußerst beliebt war; Plinius gibt in seiner Naturgeschichte im ersten Jahrhundert unserer Zeitgeschichte einen ausführlichen Überblick über den Spargel und seinen Anbau. Wie so vieles andere hat auch dieses Wissen dank der Araber übers „finstere" Mittelalter bis in die Renaissance überlebt, und ab der zweiten Hälfte des 15. Jahrhunderts aßen die französischen Könige Spargel aus den eigenen Gärten. In Deutschland wurde er wahrscheinlich erstmals 1565 im Stuttgarter Lustgarten kultiviert und wenig später auch bei den brandenburgischen Kurfürsten. Im Laufe des 17. Jahrhunderts dehnte sich der Spargelanbau auf ganze Gebiete aus. Beelitz südwestlich von Berlin, das badische Schwetzingen, die Lüneburger Heide in Niedersachsen und Tettnang nahe dem Bodensee zählen heute zu den bekanntesten, doch gibt es kein Bundesland ohne eigenen Spargel, anscheinend findet sich doch immer noch eine Ecke mit leichtem, humusreichem Sandboden. Das erleichtert nicht nur das Stechen, solche Böden erwärmen sich im Frühjahr auch besonders schnell und sorgen so für einen frühzeitigen Austrieb. Mit den in der Landwirtschaft heute beinahe allgegenwärtigen Plastikfolien lässt sich der noch um bis zu zehn Tage beschleunigen – ob die Befriedigung unserer Ungeduld allerdings Quadratkilometer über Quadratkilometer an Hässlichkeit rechtfertigt, ist eine andere Frage.

Spargelsalat mit Lachsnäpfchen

für 6 Personen als Vorspeise

Spargelsalat geht schnell und lässt sich beliebig variieren: mit Schinken jeglicher Art, roh mariniertem, gebeiztem oder geräuchertem Lachs. Etwas mehr Vorbereitung erfordern diese Lachsnäpfchen.

400 g Lachsfilet mit Haut	
Meersalz	würzen
Zitrone	reichlich beträufeln, 3 bis 4 min mit der Hautseite nach oben auf einem leicht geölten Locheinsatz über Wasser dämpfen, so dass der Fisch unbedingt noch glasig ist; auf einen Teller stürzen
2 El Olivenöl	
reichlich Zitrone	darüber geben und etwas abkühlen lassen; das Fleisch grob zerpflücken
Meersalz	
grob zerstoßene, getrocknete grüne Pfefferkörner	
reichlich grob gehackter Dill	
evtl. mehr Zitrone	würzen. Die nicht zu trockene Masse (evtl. mehr Öl) behutsam in kleine, mit Klarsichtfolie ausgelegte Förmchen drücken und ca. 3 Std. kaltstellen
1 kg weißer Spargel	schälen, im Dampf oder in wenig Salzwasser knapp gar kochen, in nicht zu kurze Stücke schneiden
Olivenöl	
1 Tl süßer Senf	
evtl. Zitrone	
Meersalz	zu einer Marinade verrühren und den Spargel damit anmachen. Die Lachsnäpfchen stürzen, mit dem Salat anrichten
Dillzweige	garnieren.

Folie hin oder her, werden die kalorienarmen Stangen quasi überall um die Ecke frisch gestochen. Das ist besonders beim weißen echte Knochen- und bis heute reine Handarbeit. Eigentlich ist aller Spargel grün oder könnte es jedenfalls sein, wenn man ihn an die Sonne ließe, so dass er Chlorophyll bil-

Tarte mit Ziegenkäse, grünem Spargel und Rohschinken

Roséwein hat im allgemeinen einen schlechten Ruf – dabei gibt es sehr gute und vor allem vergnügliche Weine, die einem im Sommer den Rotwein ersetzen oder wie hier bestens mit dem grünen Spargel harmonieren; zum Beispiel Lagrein Rosé von der Kellerei Tramin aus Südtirol.

140 g Mehl	mit je einer guten Prise Salz und Zucker sowie
80 g kalte Butter in Würfeln	verreiben und schnell mit 2 bis 3 El kaltem Wasser zum Mürbteig verkneten. Mindestens 30 min kaltstellen, dann eine 26-cm-Spring- oder Tarteform damit auslegen (funktioniert aber auch zum Kreis ausgerollt auf einem Backblech mit Backpapier, dann schlägt man einfach einen 2 cm breiten Teigrand über die Füllung)
150 g frischer Ziegenkäse	zerbröckeln
150 g grüner Spargel	der Länge nach vierteln, dann in streichholzlange Stifte schneiden, mit dem Käse auf dem Teig verteilen
Meersalz frisch gemahlener schwarzer Pfeffer	würzen
2 El Olivenöl	beträufeln
	bei 180°C 20 min goldbraun backen, etwas abkühlen lassen
100 g rohen Schinken, dünn geschnitten	darauf verteilen.

den kann oder sogar purpurblaue Anthozyane. Über die Hälfte der Weltproduktion wird jedoch als „Bleichspargel“ produziert, indem die Erde entlang der Spargelreihen angehäufelt wird. Ursprünglich war das vielleicht eine frostschützende Maßnahme, aber besonders deutsche Gaumen haben sich an das feinere, weniger gemüsige Aroma gewöhnt. Und während der grüne Spargel bequem einige Zentimeter über dem Boden abgeschnitten wird, erfordert der weiße mehr Hingabe: sorgfältiges Beobachten, wo Risse andeuten, dass Köpfe aus dem Sandboden streben, sich niederknien, die Stange vorsichtig freilegen und mit dem langen Spargelmesser „stechen“, das Loch wieder zufüllen und die Erde glatt streichen, sich aufrichten. Und gerade wenn der Rücken sich wieder gestreckt hat, erneutes Bücken beim nächsten Riss. Wer dabei je auch nur zugeschaut hat, versteht, dass Spargel nie wirklich teuer ist, um so mehr, als ein Spargelfeld im Durchschnitt erst im dritten Jahr Ertrag bringt und sorgfältig gepflegt werden muss.

Nach dem Stechen werden die Stangen gewaschen und so schnell wie möglich gekühlt, damit sie nicht rötlich anlaufen und möglichst lange knackig bleiben. Alternative: sofort schälen und genießen. Wenn wir früher über Pfingsten bei meiner Großmutter in der Lüneburger Heide waren, gab es am Sonntag zum Mittagessen Spargel, den wir morgens direkt beim Bauern am Feld holten. Das lag nur einen kurzen Spaziergang entfernt – jegliche Zwischenkühlung überflüssig!

Außerdem wird nach Durchmesser sortiert. Angeblich am besten – und stets am teuersten – sind dabei die gut fingerdicken Stangen. Ich persönlich mag sie aber gern auch noch etwas stärker; den allerersten Spargel habe ich dieses Jahr in Rom gegessen, dick, weiß und köstlich, aus Bassano del Grappa im Hinterland von Venedig, dem einzigen „weißspargeligen" Ort im ansonsten „grünen" Italien. Hohle Stangen sind ein Hinweis auf zu schnelles Wachstum durch zu starke Düngung oder abrupt warmes Wetter, wenn sie frisch gestochen sind, aber keinesfalls soviel schlechter, wie sie billiger verkauft werden.

Spargel besteht zu über 90 Prozent aus Wasser, deshalb ist es so wichtig, dass die Stangen möglichst frisch gestochen in die Küche kommen. Beim Schälen soll das Wasser nur so spritzen. A propos Schälen – viele scheinen davor einen Heidenrespekt zu haben, dabei verhält es sich damit wie mit dem Fahrradfahren. Wenn man es einmal raushat, verlernt man es nicht mehr. Nach meiner Erfahrung sind teure Präzisionsgeräte überflüssig, ein einfacher Sparschäler funktioniert bestens. Schürze und hochgekrempelte Ärmel sind anzuraten. Man hält jeweils eine Stange am Kopf mit Daumen und Zeigefinger der linken Hand – Linkshänder dementsprechend rechts – so dass sie der Länge nach auf Handteller und -gelenk aufliegt, also nicht abbrechen kann. Geschält wird vom Kopf nach unten, dabei die Stange mit Daumen und Zei-

Gebratener weißer Spargel mit Poulardenbrust in Estragonsauce

für 4 Personen

Noch ein schnelles Rezept, vor allem, wenn man den Spargel schon irgendwann vorher zwischendurch geschält hat. Zur Grundausstattung meines aus gärtnerischer Sicht alles andere als idealen Balkons gehört seit Jahren ein Topf mit Estragon. Er trotzt selbst der oft sibirischen Kälte im Berliner Winter und schiebt treu und brav jeden Frühling aufs Neue grüne Triebe. Unter Insidern schwärmen alle vom „echten", einzig aromatischen, aber nicht sehr winterfesten französischen Estragon, während der russische angeblich rein optischen Ansprüchen genüge. Ich habe keine Ahnung, welcher Himmelsrichtung meine Pflanze angehört, liebe aber das würzige, beinahe ein wenig lebkuchenartige Aroma der schmalen dunkelgrünen Blätter. Zu diesem Gericht trinken wir gerne einen kräftigen gereiften trockenen Riesling, ob nun vom Rhein – etwa von St. Antony – oder von der Donau, zum Beispiel von Emmerich Knoll. Aber auch ein Spätburgunder bzw. Pinot Noir schmeckt bestens dazu, wenn man in einer Pfanne nebenbei noch ein paar rote Beten in Streifen brät (siehe Seite 152).

1 kg weißer Spargel	schälen, schräg in 2 cm lange Stücke schneiden
25 g Butter	in einer eher großen Pfanne zum Schäumen bringen, den Spargel darin bei nicht zu extremer Hitze braten: er soll stellenweise leicht goldbraun karamellisieren, dabei aber nicht verbrennen
Meersalz	abschmecken, zur Seite schieben
4 Poulardenbrustfilets ohne Haut	
Meersalz	
frisch gemahlener schwarzer Pfeffer	
2 El Mehl	das Fleisch würzen und in Mehl wenden
25 g Butter	in einer Pfanne zum Schäumen bringen und die Brüste darin goldbraun anbraten
75 ml trockener Weißwein	
60 ml Hühnerbrühe	
6 angequetschte Wacholderbeeren	dazugeben, die Hitze reduzieren und mit Deckel 10 min leise sieden lassen. Die Brüste wenden
150 ml Sahne	
1 bis 2 El frische gehackte Estragonblätter	zugeben und weitere 5 min ziehen, aber nicht mehr kochen lassen. Den Spargel derweil nochmals erhitzen, mit den Brüsten anrichten.

gefinger nach jedem abgeschälten Streifen weiter nach links gedreht, bis man einmal rund geschält hat. Im richtigen Licht sieht man sehr gut den Unterschied zwischen seidig-matter Schale und feucht glänzendem „Spargelfleisch“. Hat man alle Stangen geschält, schneidet man noch mit einem Messer die Enden ab – je frischer der Spargel ist, desto weniger ist er unten ausgetrocknet oder gar verholzt und desto weniger muss abgeschnitten werden. Beim grünen Spargel ist das Schälen überflüssig, hier braucht man lediglich das untere holzige Ende abzuschneiden. Er ist außerdem im Fleisch zarter als sein weißer Verwandter und gart deshalb wesentlich schneller.

Grüner Spargel mit Parmesan, Olivenöl und Rucola

Grandios schnell, einfach und köstlich – wenn man nicht an der Qualität der einzelnen Komponenten spart! Am besten und intensivsten schmeckt so der wilde, sehr dünne grüne Spargel. Pro Person als Vorspeise ca. ein halbes Pfund über Dampf oder in wenig Salzwasser sehr knapp garen, auf Teller verteilen und mit reichlich Parmesan behobeln. Fruchtiges Olivenöl darüber träufeln; dann kommt eine Handvoll Rucola darauf, ein paar Umdrehungen aus der Pfeffermühle und etwas Meersalz, noch ein paar Tropfen Öl, evtl. ein Hauch Balsamessig – basta. Idealbegleiter im Glas: südlicher, vollreifer Sauvignon Blanc, zum Beispiel von der Springfield Estate aus Robertson in Südafrika.

Überhaupt garen: was nützt der frischeste Spargel, wenn er dann in faden Fluten zu Tode gekocht wird, bis nur noch Ballaststoffe übrigbleiben und die dann schließlich unter abgestandener Butter oder Tütentunke beerdigt werden. Den meisten gastronomischen Betrieben, die Spargel servieren, möchte man folgende Grundsätze ins Hirn hämmern: Salz muss ans Kochwasser! Biss soll er behalten!! Frisch zubereitet gehört jedwede Begleitung!!!

In meiner Küche kommt Spargel in den Korb des eingangs erwähnten schmalen, hohen Topfes, wo er über einem Finger hoch Wasser im Dampf gart – selbst ohne Salz schmeckt er so intensiver. Schließlich erscheint mir die Behandlung in der Küche entscheidender als der Frischegrad, richtig gelagert lässt sich Spargel ohne Probleme einige Tage im Gemüsefach des Kühlschranks aufbewahren, in feuchte Tücher gewickelt, keinesfalls in Plastiktüten.

Meine früheste Erinnerung an Spargel im Restaurant führt mich zurück nach Brüssel. Ich war drei oder vier Jahre alt und durfte mit meinen Eltern abends essen gehen; äußerst nobel in kerzenbeleuchteter dunkler Holztäfelung. Am meisten beeindruckte mich das Paar am Nebentisch, das eine große Portion Spargel aß – und zwar mit den Fingern! Das kannte ich nicht. Angeblich geht der Brauch auf nicht rostfreie Messer und die verheerende Wirkung der aggressiven Asparaginsäure zurück. Selbst in diesem zarten Alter fand ich es jedoch wahnsinnig erotisch und intim, wie sie so die elfenbeinfarbenen Stangen in die goldgelbe Hollandaise tauchten. Ich weiß nicht, was die beiden getrun-

Rindercarpaccio mit rohem weißen Spargel

für 4 Personen als Vorspeise

Vor 20 Jahren war der Gedanke, Spargel roh zu essen, geradezu revolutionär, taucht aber andererseits bereits in einem englischen Kochbuchklassiker von 1699 auf. Besonders weißer Spargel schmeckt roh hervorragend, gerade am Anfang der Saison, wenn die Pflanzen noch voller Energie sind, kommt so das feinsüßliche, mineralische Aroma bestens zur Geltung. In Verbindung mit dem ebenfalls rohen Fleisch verträgt es sich großartig mit einem trockenen fränkischen Silvaner der Sonderklasse, etwa dem Asphodil von Fürst Löwenstein oder einem Escherndorfer Lump von Horst Sauer.

0,5 kg weißer Spargel	schälen und schräg in dünne Scheiben schneiden
fruchtiges Olivenöl	
etwas Balsamessig	
Meersalz	
frisch gemahlener	
schwarzer Pfeffer	den Spargel damit in einer Schüssel abschmecken
400 g Rinderfilet	in Scheiben schneiden, die keinesfalls hauchdünn sein müssen, und flach auf Teller verteilen; ebenfalls mit Öl, wenig Essig, Salz und Pfeffer marinieren, den Spargel darauf anrichten
4 mittelgroße braune	
Champignons	putzen und in dünne Scheiben schneiden
frisches Basilikum	in breite Streifen schneiden, beides auf dem Carpaccio verteilen.

ken haben, aber ich an ihrer Stelle würde mir heute einen großen, gereiften Chardonnay dazu wünschen, der jegliche Fleischbeilage auf dem Teller erübrigt – ob nun klassisch aus dem Burgund, etwa einen Corton-Charlemagne von Bonneau de Martray, oder aus Übersee von Fromm aus Neuseeland oder Hamilton Russell aus Südafrika.

Wein zum Spargel: immer wieder erklären Weinproduzenten Gastronomen und Weintrinker im Frühjahr zu leichtgläubigen Trotteln, indem sie einen ihrer Weine als „Spargelwein“ anpreisen. Sollen wir wirklich glauben, es gebe den einen, allein glückselig machenden Wein zum Spargel? Müssen wir wirklich zum Salat aus roh gehobeltem weißen Schwetzinger dasselbe trinken wie zum gekochten Beelitzer mit Hollandaise oder zum mit Olivenöl und Parmesan gewürzten wilden grünen? Die Aromen im Spargel reichen abhängig von Sorte und Herkunft von süß, nussig und butterartig über schwefelig und mineralisch bis zu grün und erdig. Dazu kommen unterschiedlichste Zubereitungsarten und Beilagen. Angesichts dieser Fülle an Kombinationen einen einzigen Wein zu empfehlen, ist entweder schlichte Frechheit oder bedeutet Langeweile im Glas.

Nahezu jedem Wein lässt sich das Schildchen „Spargelwein“ umhängen: Gutedel zu schlicht gekochten weißen Stangen, Silvaner mit frisch aufgeschäumter brauner Butter und Schinken oder trockenem, stoffigem Riesling, der mir im Zusammenspiel mit der Säure des Spargels persönlich besonders gut gefällt. Ebenso haben Sauvignon Blanc, Grüner Veltliner, Weiß- und Grauburgunder sowie Auxerrois ihre Momente, und auch ein transparenter, eleganter Spätburgunder bzw. Pinot Noir kann vergnüglich zum Spargel sein. Acht Wochen lang lässt sich Tag für Tag Neues entdecken oder auf Bewährtes zurückkommen, bis die Spargellust schließlich gestillt ist und die „Spargelweine“ zu „Tomatenweinen“ werden.

Die Frische des Rhabarbers

Nahezu zeitgleich mit dem Spargel hat der Rhabarber seinen Auftritt auf dem Küchenparkett. „Rhabarber, Rhabarber" ließ man einige wenige Statisten im 19. Jahrhundert im Theater hinter den Kulissen murmeln, um eine ganze Volksmenge vorzutäuschen – und irgendwie tut sich die aus den Gebirgen Nordchinas stammende „Barbarenwurzel" auch heute schwer mit den Titelrollen. Im Gegensatz etwa zu Mango, Kiwi und Papaya wirkt der Rhabarber bieder, altmodisch und urdeutsch. Ein Rhabarber-Cocktail scheint wie der Gipfel der Retro-Mode. Bei meiner Großmutter in der Lüneburger Heide bekam ich als Kind hellrosa, säuerlich duftenden Rhabarbersaft zu trinken, den sie im Frühjahr im Dampfentsafter selbst machte.

Pink Rhubarb Cocktail

Ein Dampfentsafter mag altmodisch erscheinen, aber er ist extrem einfach zu handhaben. Der mit etwas Zucker selbst hergestellte Rhabarbersaft hält sich in Flaschen mit Schraubverschluss an einem kühlen Ort problemlos mehrere Monate, so kann man sich auch im Hochsommer noch an diesem rosafruchtigen Drink laben, der leider mit dem kommerziell erhältlichen Rhabarber-Nektar nicht funktioniert – der ist dafür, ob aus Buchholz oder anderen Keltereien, zu stark verdünnt.

Pro Person:

8 cl Rhabarbersaft	
2 bis 4 cl weißen Rum	
sehr kalte, frische Eiswürfel	im elektrischen Blender schaumig mixen (funktioniert auch in einem Haushaltsmixer), ohne das Eis in Cocktailschalen abgießen
etwas Himbeerpüree	
1 rote Johannisbeerrispe	
Minzeblätter	garnieren.

Rhubarb Fool

für 4 Personen

Einer der großen englischen Klassiker, auch mit Stachelbeeren wunderbar und in seiner schlichten Eleganz Kontrapunkt zum „Kompott". Leicht und erfrischend, weil Säure und Sahne perfekt ausgewogen sind,. Lässt sich bereits am Vortag machen. Der Name geht übrigens nicht auf irgendeinen verrückten Koch zurück, sondern auf das französische *fouler*, das Zerdrücken der Früchte.

500 g Rhabarber	in 1 cm dicke Scheiben schneiden
2 El Wasser	
75 g Zucker	
abgeriebene Schale einer Orange	
1/2 Tl geriebener Ingwer	bei schwacher Hitze weich kochen, auf einem Sieb gut abtropfen lassen und das Fruchtfleisch mit dem Stabmixer pürieren
200 ml Sahne	steif schlagen und unter das abgekühlte Püree ziehen
Zucker und/oder Zitrone	nochmals abschmecken, in Portionsschalen anrichten und einige Stunden kaltstellen.

Doch die ausgesprochen robusten, winterharten Pflanzen mit den großen Blättern, die früher als erste die Sehnsucht nach Frischfruchtigem nach dem Winter stillten, sind aus der Mode gekommen, seit im Frühjahr immer mehr und immer früher aus südlicheren Breitengraden Importiertes in den Obst- und Gemüseregalen liegt, und Mangopüree einfacher aufzutreiben ist als Rhabarbersaft.

Altmodisch und urdeutsch ist allerdings relativ: so lange wächst der Rhabarber nämlich noch gar nicht in deutschen Schrebergärten. Henriette Davidis schreibt in der Ausgabe von 1885 ihres Bestsellerkochbuchs: „Die Rhabarberstaude, in England allgemein beliebt, wird auch mehr und mehr in unserm Vaterlande nicht nur als Zierpflanze, sondern auch zum Küchengebrauch gezogen." Rhabarber als Zierpflanze? Doch tatsächlich: das mit Ampfer und Buchweizen verwandte Knöterichgewächs blüht im Mai in ungewöhnlichen und sehr attraktiven weißen, langen Dolden. Botanisch gesehen gehört es nicht zum Obst, sondern zum Gemüse, oder noch exakter zu den Kräutern. Ursprünglich kam es jedoch als Medizin nach Europa, und die Rolle als „Frühobst" ist nur die letzte in einer langen Reihe.

2800 v. Chr. erwähnt der chinesische Kaiser Shen-Nung, der „Vater der chinesischen Medizin", die aus den Gebirgen Nordchinas stammende Rhabarberwurzel als Mittel von „heftiger", nämlich darmanregender und -reinigender Wirkung. Plinius, Galen und Marco Polo war die Droge „gegen die Verhärtung des Leibes" bekannt. Dieser Medizinalrhabarber, *radix rhei*, bei dem es nur um die Wurzeln ging, wurde Anfang des 17. Jahrhunderts über England in der europäischen Medizin eingeführt. „Mir geht es auch nicht immer, wie ich es gern haben möchte, deswegen muss ich doch König bleiben, Rhabarber und Geduld wirken vortrefflich", schreibt Friedrich der Große

Rhabarber-Crumble

für 4 Personen

Ob als Dessert oder Kuchen, mit Vanillesauce, Sahne oder Crème fraîche, vielleicht etwas Himbeerpüree – superschnell (besonders wenn man Streusel auf Vorrat macht und im Tiefkühler hat) und superlecker! Die Mengenangaben sind bis auf das Verhältnis der Zutaten für die Streusel eher Hinweise.

750 g Rhabarber	in 3 cm lange Stücke schneiden, in eine Auflaufform geben (ca. 20 x 20 cm, mit ca. 8 cm hohem Rand), so dass sie etwa zu zwei Dritteln gefüllt ist
4 El Zucker	
abgeriebene Schale und	
Saft einer Orange	darüber verteilen
200 g Mehl	
100 g kalte Butter	mit den Fingerspitzen verkrümeln
50 g Zucker	darunter mischen, und über dem Rhabarber verteilen. Die Streusel sollten die Form füllen
1 El Zucker	bestreuen, bei 170°C 30 bis 40 min backen, bis der Rhabarber weich und die Streusel goldbraun sind.

Rhabarber mit Banane & Rum

für 4 Personen

Rhabarberkompott sieht wesentlich appetitlicher aus, wenn die Rhabarberstücke nicht zu faserigem Mus zerkochen, und das gelingt, wenn das Kompott im Ofen statt auf dem Herd zubereitet wird. Der Rum ist kein Muss, und die Bananen lassen sich auch durch frische, halbierte Erdbeeren ersetzen.

500 g Rhabarber	in 1 cm dicke Stücke schneiden, in eine ofenfeste Form geben
125 g brauner Zucker	
Saft einer Orange	
1 Prise Salz	darüber verteilen. Abdecken und über Nacht im Kühlschrank ziehen lassen. Mit Alufolie oder einem Deckel bei 140°C ca. 45 min garen
2 reife Bananen	in dicke, halbierte Scheiben schneiden
1 El Rum	beides vorsichtig mit dem Rhabarber mischen.

1754 in einem Brief. Lange Zeit war man auf Importe angewiesen – erst Ende des 18. Jahrhundert gelang es schließlich in Oxfordshire, die teure Kultdroge anzubauen, die nicht nur in England in wohlhabenden Kreisen gegen Fettleibigkeit und Bewegungsmangel angesagt war.

Findige englische Gärtner propagierten dann den Konsum der grünroten Stangen als Obst und züchteten dafür geeignetere neue Sorten. Bis heute wird in West Yorkshire besonders zarter, säurearmer früher Bleichrhabarber in abgedunkelten geheizten Schuppen gezogen. In Deutschland verbreitete sich der Rhabarberanbau vor allem im Norden ab Ende des 19. Jahrhunderts, trotz guter Ratschläge von Kapazitäten wie Henriette Davidis jedoch mit einigen Anlaufschwierigkeiten. Mit dem Begriff „englisches Kompott" wurde versucht, die medizinische Assoziation zu umgehen. Doch wer Rhabarber nur in der verkochten Standard-Kompott-Form kennt, faserig, grünlichschlammgelb, wer damit nur Säure, pelzige Zunge und stumpfe Zähne verbindet, dem ist nicht zu verdenken, dass er ihm nicht einmal eine Statistenrolle zugesteht.

Rhabarbersuppe mit Rosenjoghurtsorbet

für 4 Personen	
400 g Rhabarber	in dünne Scheiben schneiden
160 g Honig (Lindenblüte, Eukalyptus)	
200 ml säurearmer Weißwein	
2 Kaffirlimeblätter	den Rhabarber damit gut weich kochen, dann ohne die Blätter mit dem Stabmixer pürieren, abkühlen lassen
200 g gutes Vollmilchjoghurt	
2 El Honig	
1 El Rosenwasser	mischen und im Tiefkühler gefrieren lassen, eine Viertelstunde vor dem Servieren im Kühlschrank weich werden lassen und jeweils eine Nocke auf der Suppe anrichten.

Dabei lässt sich mit Desserts und Kuchen aus dem ersten, besonders zarten und milden Rhabarber geduldig warten, bis es wirklich gereifte, aromatische Erdbeeren gibt. Generell genügt es, die Stangen, die übrigens nicht geschnitten, sondern „gezogen" werden, zu waschen und Blattansatz und Ende abzuschneiden; das Schälen ist besonders bei jungen Stangen und den roten Sorten überflüssig. Alle Gefäße, Töpfe und Küchengeräte, die mit Rhabarber in Berührung kommen, sollten säurebeständig sein, d. h. vor allem nicht aus Aluminium. Rhabarberblätter enthalten sehr hohe Werte an Oxalsäure und sind grundsätzlich nicht zum Verzehr, sondern allenfalls als Sonnenschutz für den Kopf geeignet, und an den ersten richtig heißen Sommertagen gibt es kaum eine bessere Erfrischung als säuerlich-duftenden, feinrosa leuchtenden Rhabarbersaft. Der lässt sich auch ohne Großmutter und eigenen Dampfentsafter auftreiben; anders als über Tausende von Kilometern eingeflogene Mangos wächst Rhabarber schließlich bestens in unseren Breitengraden.

Wie schon so oft bin ich beinahe direkt vor meiner Haustür fündig geworden und fahre an einem sonnigen Tag Mitte Juni mit dem Fahrrad vom Hackeschen Markt gen Norden. Das ländlich beschauliche Örtchen Französisch Buchholz, eine ehemalige Hugenottensiedlung, liegt hinter Pankow im Norden Berlins. Linden, Jasmin und Holunder stehen in voller Blüte und machen die Fahrt trotz Autoverkehr zu einer richtigen Aromatherapie. Höhepunkt nach all den weißen Blüten ist der Rhabarberduft, der mir sofort in die Nase steigt, als ich nach einer knappen Stunde bei der Buchholzer Kelterei anhalte.

Der kleine Hof steht voller hüfthoher, quadratischer Holzkisten mit rotgrünen Stangen. Der verführerische Duft geht jedoch von einer Art Mühle unter einem Vordach aus, die genauso einen Höllenkrach macht wie der Häcksler im Nachbargarten, wenn man es sich gerade auf der Terrasse im Liegestuhl bequem gemacht hat, und von zwei Frauen unablässig mit Rhabarberfutter versorgt wird. Das fällt unten optisch wenig attraktiv – aber duf-

Rhabarbergelee mit Minzsahne

für 6 Personen

Vielleicht die eleganteste Dessert-Form der rotgrünen Stangen, vor allem mit einer gereiften Riesling-Auslese von der Ruwer.

700 g Rhabarber	in 1 cm dicke Stücke schneiden
Saft von 2 Orangen	
140 g Zucker	
etwas gemahlener Kardamom	weich kochen, Saft durch ein feines Sieb gründlich ablaufen lassen, d. h. ca. 1 Std., je weniger man das Fruchtfleisch ausdrückt, desto klarer das Ergebnis. Es sollten ca. 600 ml sein, evtl. mit etwas Wasser und einem Spritzer Zitronensaft auffüllen
6 Blatt weiße Gelatine	10 min in kaltem Wasser einweichen, ausdrücken, in einem Töpfchen bei sehr schwacher Hitze auflösen, etwas vom Rhabarbersaft hinzugeben und dann das Ganze unter Rühren unter den Saft mischen. In Glasschalen füllen oder in Förmchen, aus denen das Gelee später gestürzt werden kann. Einige Stunden kalt stellen.
150 ml Sahne	steif schlagen
reichlich frische Minze	in feine Streifen schneiden
einige Tropfen grüner	
Pfefferminzlikör (kein Muss)	beides unter die Sahne ziehen; auf dem Gelee anrichten.

Rhabarber-Kokos-Baiserkuchen

Noch ein Klassiker, mit Kokos aufgepeppt, der nicht nur Süße und Säure, sondern auch drei ganz unterschiedliche Texturen in sich vereint.

60 g Kokosraspel	
60 g Mehl	
40 g Zucker	
70 g Butter	schnell verreiben
etwas kaltes Wasser	zu einem Mürbteig verarbeiten und in eine Springform von 18 cm Ø drücken, 30 min kaltstellen. Mit einer Gabel mehrmals einstechen und bei 180°C im vorgeheizten Ofen 10 min vorbacken
300 g Rhabarber	in 2 cm lange Stücke schneiden, dicke Stangen dabei der Länge nach halbieren
2 Tl Mais- oder Kartoffelstärke	
30 g Zucker	darunter mischen, auf dem Boden verteilen (dabei den Rand einen knappen Zentimeter freilassen) und wiederum 15 min backen
2 Eiweiß	schlagen, wenn sie beginnen, fest zu werden,
110 g Zucker	unter weiterem Schlagen nach und nach einrieseln lassen; diese Baisermasse auf dem Rhabarber verstreichen und den Kuchen weitere 10 bis 15 min backen, bis das Baiser schöne Farbe hat.

tend! – als rotgrünbrauner, grobstückiger Brei in eine Wanne und wird dann auf eine Bandpresse gepumpt, die nebenan in einer Halle steht. Zwischen zwei knapp einen Meter breiten Bändern läuft es über eine Reihe von Walzen und wird dabei allmählich ausgepresst. Schließlich bleiben ziemlich trockene Fasern übrig, während der intensiv rosafarbene, etwas trübe Saft sich in einem Bottich sammelt. Später wird er in einer Zentrifuge geschleudert, um die Trübstoffe zu entfernen, und pasteurisiert, das heißt, kurz auf 84°C erhitzt. Dann wird er in einem Tank eingelagert und nach Bedarf abgefüllt.

Vorher wird er allerdings etwas mit Wasser verdünnt – und vor allem kommt Zucker dazu! Denn ob nun aus dem großmütterlichen Dampfentsafter oder der Buchholzer Bandpresse – der reine Rhabarbersaft, von dem mir

Rhabarber-Ingwer-Pudding

für 4 Personen

Natürlich auch aus England, wo nicht nur der Rhabarber, sondern auch der Ingwer seit langem bessere Rollen zugedacht bekommt. Schmeckt am besten warm mit Schlagsahne oder Naturjoghurt; mit einer klaren Suppe vorweg ein komplettes Essen – und mit einem Glas Scheurebe-Beerenauslese ein Fest!

3 El Ingwersirup	in eine gebutterte 1 Liter-Puddingform gießen
250 g geputzter Rhabarber	in 3 cm lange Stücke schneiden, darauf geben
125 g Butter	
125 g brauner Zucker	
abgeriebene Schale einer Orange	schaumig schlagen
2 Eigelb	
125 g frisches fein zerkrümeltes Weißbrot ohne Rinde	
1 geh. Tl gemahlener Ingwer	unterrühren
evtl. etwas Milch	unterarbeiten, wenn die Masse übermäßig fest sein sollte
2 Eiweiß	zu Schnee schlagen und unterziehen; die Masse über den Rhabarber geben, die Form mit einer Doppellage Alufolie und einer Schnur verschließen und 2 Stunden über Dampf garen. Am Rand mit einem kleinen Messer lockern und auf eine Platte mit Rand stürzen.

Thomas Kienschaff ein Glas gibt, sieht zwar toll aus und verströmt ein wunderbares Aroma, schmeckt aber in punkto Säure mehr als erfrischend. Kienschaff hat ursprünglich als Brauer und Mälzer gearbeitet und ist dann, als in Berlin eine Brauerei nach der anderen geschlossen wurde, schließlich vor einigen Jahren hier im „Saftladen" der Familie Breitbarth gelandet, wo er heute die Produktion leitet. Die umfasst so ziemlich alle heimischen Obstsorten, Rhabarber bildet den Auftakt des Saftjahrs und wird nur an einem einzigen Tag im Jahr gepresst. Die neun Tonnen, die hier im Hof stehen, ergeben mehr oder weniger den jährlichen Rhabarbersaftbedarf Berlins, wo die Breitbarthschen Erzeugnisse auf Märkten und in den Regalen kleinerer Einzelhändler zu finden sind. „Zum Saften brauchen wir anderes Obst als für den Frischverzehr“, erklärt mir Carmen Breitbarth, „deshalb pressen wir auch Rhabarber immer erst sehr spät in der Saison (die wie beim Spargel traditionell bis St. Johanni am 24. Juni dauert), dann ist er gehaltvoller.“ Die junge Frau führt den Betrieb, der seit 1962 im Besitz der Familie ist, gegenwärtig zusammen mit ihrer Mutter und Tante. „Früher haben viele Kleingärtner Rhabarber zum Lohnmosten gebracht, auch Johannisbeeren und Kirschen, aber da kommen jetzt eigentlich nur noch Äpfel.“ Ich würde jetzt natürlich am liebsten gleich ein paar Flaschen frischen Rhabarber-Nektar mitnehmen, wie das fertige Produkt laut Gesetz heißen muss, aber die erste Charge wird

Rhabarber zu gebratener Leber

für 4 Personen als Beilage

Rhabarber als Gemüse bzw. pikant zu verarbeiten, erfordert Einfühlungsvermögen und immer etwas Süße in Form von Saft, süßem Wein, Honig oder Zucker. Dann ergeben sich allerdings überraschende Möglichkeiten. Dieses Rezept passt sehr gut zu kurz gebratener Leber, sei sie vom Kalb oder von der Ente, gestopft oder nicht. Eine trockene Rieslaner-Spätlese von Müller-Catoir aus der Pfalz spielt ähnlich mit Üppigkeit und Frucht und macht daraus ein Geschmacksfeuerwerk.

200 g Rhabarber	
1 großer säuerlicher Apfel, z. B. Boskoop	in 0,5 cm dicke Würfel schneiden
1 El Butter	anschwitzen
1 Schuss guter Apfelsaft	ablöschen
2 Tl Honig	
frischer gehackter Rosmarin	dazu geben und das Ganze glasieren
Meersalz	
frisch gemahlener schwarzer Pfeffer	abschmecken, die Hälfte mit dem Stabmixer pürieren
Olivenöl	
Apfelbalsamessig	abschmecken, und die Würfel darunter mischen.

Scharfer Rhabarber mit Minze

für 4 Personen als Beilage

Spannende Beilage zu gebratenem oder gegrilltem fetten Fisch wie Makrele oder Lachs.

1 frische, scharfe rote Chilischote	entkernen und fein hacken
200 ml Wasser	
2 El Zucker	mit der Chilischote aufkochen
500 g Rhabarber	in 4 cm lange Stücke schneiden und diese nochmals der Länge nach halbieren oder dritteln. 3 bis 4 min vorsichtig in dem Chilisirup pochieren
20 frische Minzeblätter	in sehr feine Streifen schneiden und mit den Rhabarberstreifen mischen. Lauwarm mit etwas Sirup zum Fisch servieren.

erst in den nächsten Tagen abgefüllt, „und vom letzten Jahr haben wir nichts mehr“, muss mich Carmen Breitbarth enttäuschen. Doch als ich zurück am Hackeschen Markt in einem der Läden schaue, die sie mir genannt hat, habe ich Glück – und nach der Radtour kommt ein großes Glas Rhabarbersaft mit ein paar Eiswürfeln meiner Vorstellung von Göttertrank schon ziemlich nah.

Das goldene Leuchten der Sprotten und Maränen

Die Sonne leuchtet zwischen zwei dunklen Wolken auf, als ich die januarverlassene Strandpromenade von Eckernförde entlang laufe, und taucht die Ostsee in warmes Gold. Unten im Sand übt sich jemand im Nordic Walking und pfeift seinem Hund. Am Kai spazieren riesige weißbraune Möwen stolz umher. Gehen die einzeln verstreuten Miesmuschelschalen auf ihr Konto? Als ich um die Ecke biege und zum eigentlichen Hafen im Schatten des imposanten backsteinroten Getreidespeichers komme, endlich auch ein paar Fischkutter. Die größeren wirken allerdings eher wie Ausflugsboote. Nur an der Holzklappbrücke schaukeln zwei, drei kleine Schiffe im Wasser, die trotz kalter Winterluft deutlich nach Fisch riechen. Ich bin ein bisschen enttäuscht – schließlich heißt es, von Ende September bis Anfang Mai sei Sprottensaison.

Mit den Sprotten verbindet mich mehr als nur kulinarisches Interesse: meine Großmutter war eine geborene Sprotte. Was mir auch sprachlich gefällt, weil der mit Hering, Sardine und Sardelle verwandte, auch als Breitling bezeichnete kleine Fisch ursprünglich „der Sprott" hieß, die weibliche Form des im Unterschied zu seinen Verwandten an der Bauchunterseite mit kleinen Stacheln versehenen *sprattus sprattus* in Anbetracht des emanzipierten Wesens meiner Großmutter jedoch mehr als adäquat erscheint.

Mit frischen, silbrig glänzenden Sprotten sieht es von Eckernförde also schlecht aus. Doch ich bin nicht unvorbereitet in den Norden der Republik gereist – fünfzig Kilometer müssen die Möwen von hier nur noch fliegen, um ihre dänischen Verwandten zu Hause zu besuchen – und gehe nach einer Teepause in der gediegenen Gemütlichkeit des Café Heldt am alten Rathaus hinunter in den Jungfernstieg, das traditionelle Fischerviertel. Bernd Kruse lenkt dort seit 1990 die Geschicke der 1919 von seinem Urgroßvater gegründeten

Fischräucherei Rehbehn und Kruse. Um 1900 gab es hier um die dreißig solcher Betriebe, heute sind es noch drei. „Aber wir verarbeiten auch schon seit fünfzehn Jahren keinen in Eckernförde angelandeten Fisch mehr“, sagt Kruse leidenschaftslos, in weißem Kittel, weißer Schiebermütze und robusten schwarzen Stiefeln. Die Fangquoten gingen immer weiter zurück, die Fischerei sei nicht mehr attraktiv als Beruf, die Boote veraltet.

Als Frischfisch hatten Sprotten nie eine richtige Bedeutung, wurden aber schon immer zusammen mit Hering gefangen und ursprünglich hauptsächlich von den Fischern selbst über dem eigenen Herd geräuchert und in der unmittelbaren Umgebung verkauft. Ab 1870 entstanden verstärkt selbstständige Räucherbetriebe, die aufgrund der immer besseren überregionalen Absatzmöglichkeiten bald florierten. Dort wurden natürlich nicht ausschließlich Sprotten, sondern auch Heringe, Aale und Flundern verarbeitet. Aber der in Eckernförde gern zitierte Spruch geht offensichtlich auf die kleinen Fische zurück: „In Eckernförd dor hebbt se’t rut, ut Sülver Gold to maken“ – in Eckernförde haben sie es raus, aus Silber Gold zu machen. Geräuchert glänzt ihre zarte Haut wahrhaftig, als habe man sie mit Blattgold überzogen – doch welches Blattgold duftet so gut?

Um als „echte Kieler Sprotten“ bezeichnet werden zu dürfen, müssen sie zwar aus der Kieler Bucht stammen, aber beileibe nicht in Kiel geräuchert worden sein. Tatsächlich waren einst Eckernförde und Ellerbek die bedeutenden Fischerorte der Bucht – trotzdem heißt es seit der ersten schriftlichen Erwähnung 1786 von Matthias Claudius stets „Kieler Sprotte“. Es wird gesagt, die per Pferdefuhrwerk zum Kieler Bahnhof transportierten Holzkistchen seien dort mit dem Kieler Absenderstempel versehen worden, da Eckernförde erst 1881 ans Bahnnetz angeschlossen wurde – aber einen pragmatischen Eckernförder Fischräucherer wie Bernd Kruse scheint diese irreführende geographische Zuordnung heute nicht mehr groß aufzuregen.

Wie wird also aus einer silbernen frischen – bzw. heutzutage größtenteils von schwedischen Betrieben, die die westliche Ostsee befischen, tiefgefrorenen und hier wieder aufgetauten – eine duftende goldene Sprotte? Wir gehen aus dem Büro eine gitterne Wendeltreppe hinunter, durch weiß geflieste Vor-

Bernd Kruse

bereitungsräume zu den Räucheranlagen. Kruse öffnet vorsichtig eine der vier haustürgroßen Edelstahltüren: Rauch quillt hervor, dann kann ich ein Gestell auf Rädern erkennen, in das quer Stäbe eingehängt sind. Und daran stecken Sprott und Sprotte, durch Maul und Kiemen säuberlich einer neben dem anderen „aufgespittet". Sie werden vorher nur gewaschen und leicht gesalzen, aber nicht ausgenommen – „es bleibt alles dran und drin" – weshalb sie auch am besten in der kühlen Jahreszeit schmecken, wenn sie im kalten Wasser nicht viel Plankton, also Nahrung finden und daher nicht so „voll" sind. Bei ca. 40°C werden sie ungefähr eine Stunde getrocknet, dann wird die Temperatur zum eigentlichen Räuchern kontinuierlich erhöht auf über 65°C, was wiederum eine gute Stunde dauert. Zum Abkühlen wird das gesamte Gestell aus der Räucherkammer gerollt, und die Sprotten schließlich von den Stäben gestreift und verpackt. Um die 20 Stück liegen dann in einem der flachen Halbpfund-Holzkistchen und sollten – sofern sie nicht vakuumiert oder unter einer Schutzatmosphäre verpackt sind – spätestens nach acht Tagen verzehrt werden.

„Das ist jetzt wunderbar, mit den neuen modernen Räucheranlagen. Die Späne für den Rauch, ein Gemisch aus Buche und Erle, werden in separate Kammern gegeben, und das lässt sich alles auf 24 Stunden programmieren", erklärt Kruse. Und die oft erwähnten Altonaer Öfen? Die seien durch das offene Feuer sehr schwer zu kontrollieren gewesen; bei hohem Luftdruck habe man den Qualm „in der Bude" gehabt, und dafür qualifiziertes Personal zu finden, sei immer schwieriger geworden. Außerdem würden die Anforderungen des Bundesemissionsschutzgesetzes für die Rauch-Entsorgung immer strenger, vor allem mitten in der Innenstadt, weshalb man bei Kruse seit Mitte der 1990er konsequent auf moderne Technik setze.

An dieser Stelle ließe sich jetzt natürlich wunderbar vergangenen Zeiten hinterher trauern. Doch die verklärte Nostalgie scheint mir eine Falle – sie verwechselt leicht die Methode mit dem Ergebnis. Auch die Altonaer Öfen waren um die vorletzte Jahrhundertwende neueste, moderne Technik, denn wer als Fischräucherei überleben wollte, musste größer werden. Auch damals unterlag der Bau von Räucherkammern der polizeilichen Genehmigung, gab es Auflagen wegen Brandgefahr und Rauchbelästigung – und Hand aufs

Potted Eel – „eingemachter" Aal

für 2 Personen

Ursprünglich bedeutete *potted* „eingetopft", also „eingemacht", eine Konservierungsmethode, die dem Schmalzfleisch oder den Rillettes ähnelt: durch eine Fettschicht werden gekochtes Fleisch oder auch Shrimps luftdicht abgeschlossen und so vor dem Verderben geschützt. Diese Räucheraal-Version übernimmt nur noch die Form des englischen Klassikers und schmeckt wesentlich „leichter" als Aal pur. Mit dunklem Brot und einem grünen Salat ergibt die angegebene Menge ein kräftiges Abendessen für zwei. Verteilt man sie jedoch auf vier kleine Förmchen und legt ein paar Sprotten dazu und zum Beispiel einen Pastinaken-Salat (in dicke Stäbchen schneiden, bissfest dämpfen und noch warm mit einer kräftigen Vinaigrette und reichlich gehackter Petersilie mischen), vielleicht noch ein Anchovis aus Collioure darüber, ergibt das eine sehr gut vorzubereitende Vorspeisen-Variation zum Thema „eingelegter und geräucherter Fisch". In der Kombination mit einer gereiften, fruchtig ausgebauten Riesling-Spätlese von der Nahe, etwa von Dönnhoff oder Emrich-Schönleber, lassen sich dann ungeahnte Geschmackswelten entdecken.

250 g Räucheraal	von Haut und Gräten befreien, in halbzentimeterkleine Würfel schneiden
1 El glatte Petersilie, gehackt *1 Schalotte in sehr feinen Würfeln* *ca. 1 Tl Zitronensaft* *ca. 1 El Olivenöl* *Meersalz* *grob gemahlener schwarzer Pfeffer*	sorgfältig mit dem Aal mischen und kräftig abschmecken, zwei Souffléförmchen oder vier kleinere Förmchen bzw. Kaffee- oder Espressotassen mit Klarsichtfolie auslegen, die Masse darin verteilen, leicht andrücken und mit den überstehenden Rändern der Folie abdecken. Mindestens vier Stunden oder über Nacht kalt stellen.

Herz, wer wollte heute freiwillig im fischigen Qualm stehen? Zumal das Aroma der Sprotten, von denen mir Kruse abschließend ein Kistchen zum Verkosten in die Hand drückt, alles andere als „technisch" wirkt: ob man sie nun als wahres „slow food“ säuberlichst von allen Gräten befreit und zu einem gereiften trockenen Riesling vom Rhein, etwa von St. Antony, genießt oder nur Kopf und Schwanz abzwickt, sich am leisen Knacken freut und Bier oder einen Schneiderschen Apfelperlwein (siehe Seite 130) dazu trinkt – so wie sie von außen glänzen, so fein schmecken sie auch, sind weder zu fettig noch zu trocken.

Als ich mich unten im Ladengeschäft von Bernd Kruse verabschiede, fällt mein Blick neben Fischbrötchen, gebratenem und frischem Fisch auf Rollmops, Bismarckhering und Matjes. Die gibt es bei Rehbehn und Kruse erst seit gut 15 Jahren. Als ich vor einiger Zeit eine „saure“ Vergleichsverkostung verschiedener Produzenten gemacht habe, standen sie geschmacklich ganz oben, vielleicht weil hier mit Flüssigzucker statt mit Süßstoff gearbeitet wird. Das sauer Eingelegte ist wieder ein ganz anderes Thema. Da der Bismarckhering aber nicht nur gut schmeckt, sondern auch eine gute Geschichte ist, hier trotzdem ein Exkurs:

Das Feiern in kulinarischer Form lag dem schwergewichtigen Kanzler außerordentlich, und Bismarcks Leibarzt verordnete ihm deshalb irgendwann eine Heringsdiät. Vom Wert dieser Fische war Bismarck sowieso überzeugt; einem sozialistischen Reichstagsabgeordneten antwortete er auf die Frage, was das Volk denn essen solle, um nicht zu verhungern, Heringe seien sehr gesund, schmackhaft und billig. Das Volk schien davon nicht ganz so überzeugt, denn der märkische Junker sah sich zu der Bekräftigung genötigt, dass Heringe, wenn sie so teuer wären wie Hummer, sicher auch in höchsten Kreisen als Delikatesse gelten würden. Den nach ihm benannten Bismarckhering hat er allerdings nicht selbst erfunden – ein Stralsunder Fischkonservenfabrikant, der ein großer Verehrer des Staatsmanns war, schickte ihm zum Geburtstag und aus Anlass der Reichsgründung 1871 jeweils ein Holzfässchen mit sauer eingelegten Ostseeheringen und bat um die Genehmigung, diese Heringszubereitung künftig als Bismarckhering handeln zu dürfen. Sowohl die schmeichelhafte Anfrage als auch die Heringe selbst taten dem Reichskanzler gut: „Diese Heringe haben mich gesund gemacht“, soll er gesagt haben.

Das ist mehr als hohles Politikergeprahle: Der Hering gehört zwar zu den

Fettfischen – was allerdings immer noch 40 Prozent weniger Fettanteil bedeutet als bei magerem Schweinefleisch –, aber sein Fischöl enthält besonders viel mehrfach ungesättigte Omega-3-Fettsäuren, die Herzerkrankungen entgegenwirken und sowohl Cholesterinwerte als auch den Blutdruck senken können. Die Essigsalzmarinade, in der Heringsfilets nach 35 Tagen zu „Sauerlappen" werden, dem Ausgangsprodukt für Bismarckhering oder um ein Stück Gewürzgurke gerollten Rollmops, sorgt zudem für eine konzentrierte Mineralstoffzufuhr, die nach Alkoholexzessen auch den Griff in den Medizinschrank überflüssig machen kann.

Als ich später im Jahr an einem Vormittag Anfang April am Hackeschen Markt stehe und fröstelnd darauf warte, dass die Freunde auftauchen, mit denen ich mich verabredet habe, wünsche ich mir, ich hätte zum Frühstück ein, zwei Eckernförder Rollmöpse verspeist. Der Abend war lang und gemütlich – ein paar Weine wurden verkostet, gekocht, ein bisschen Wein getrunken ... na, die frische Luft wird mir jetzt gut tun. Wir wollen zum Stechlinsee, eine gute Autostunde nordöstlich von Berlin. Nach der vierspurigen Umgehungsstraße um Oranienburg fahren wir die malerische Allee der B96 Richtung Stralsund entlang, bei Gransee dann auf immer buckligeren, schmaleren Straßen durch die märkische Landschaft – nicht gerade die ideale Alternative zu saurem Hering. Mischwälder und Äcker wechseln sich ab mit trutzigen kleinen Dörfern, die mit Kopfsteinpflaster und Backsteinbauten wirken, als sei gestern vor hundert Jahren gewesen. Bungalow-Grüppchen und der Flachbau der ehemaligen Konsumhalle in Neuglobsow am Stechlinsee verweisen dann zwar unmissverständlich auf die sozialistische Zeit dazwischen, als die Gegend zum FDGB-Ferienziel auserkoren war. Aber als wir schließlich zwischen hohen Buchen hinunter zum See laufen – endlich frische Luft – könnte auch Theodor Fontane mit von der Partie sein, auf seinen Erkundungstouren durch die Mark Brandenburg: „So ging es, das Geplauder, als plötzlich, zwischen den Stämmen hin, eine weite Wasserfläche sichtbar wurde ... Da lag er vor uns, der buchtenreiche See, geheimnisvoll, einem Stummen gleich, den es zu sprechen drängt ... Und nun setzten wir uns an den Rand eines Vorsprungs und horchten auf die Stille. Die blieb, wie sie war:

kein Boot, kein Vogel; auch kein Gewölk. Nur Grün und Blau und Sonne.“ Die Farben sind dieselben wie an der Eckernförder Küste, wo die Stämme der Bäume mit blaugrünem Moos bewachsen sind, als strebe das Wasser himmelwärts – doch ist die märkische Welt eine ganz andere.

Fontane spielt auf die Sagen an, die sich um den mit 69 Meter tiefsten der mitteldeutschen Seen ranken. Ein Fischer Minnack soll da im Sturm von einem aus dem Wasser aufsteigenden roten Hahn verschlungen worden sein – Wissenschaftler erklären das mit vom Seeboden aufsteigendem Methangas aus verwesten, abgesunkenen organischen Stoffen, das sich an den Kienfackeln entzündete, mit denen früher oft nachts gefischt wurde. Beim großen Erdbeben in Lissabon 1755 will man hier Bewegungen gespürt haben. Die Stille des Stechlinsees ist trügerisch, weil er sehr windexponiert ist und bei Sturm beachtlichen Wellengang zeigen kann. Für Fontane steht er jedenfalls als geheimnisvoller Seismograph der Weltgeschichte, und er hätte ihm zweifellos die kleine Sensation zugetraut, die der Grund unseres Ausflugs ist.

Wir sind wegen der Maränen gekommen. Die sind natürlich keine Sensation an sich, sie kommen nicht nur in Deutschland in vielerlei lokalen Varianten als Felchen, Renken und Schnäpel vor, sondern zum Beispiel auch in Großbritannien, Schweden, Finnland, Polen und Tschechien. Aber im Stechlinsee oder vielmehr bei der darin lebenden Kleinen Maräne, *Coregonus albula*, haben sich kürzlich aufregende neue Verwandtschaftsverhältnisse gezeigt. Michael Schulz, der uns am Parkplatz erwartet hat und jetzt mit hinunter zum See läuft, ist Biologe und hat sich mit seinem Berliner Kollegen Dr. Jörg Freyhof eingehend mit dem eher unscheinbaren kleinen Fisch beschäftigt. Die beiden haben durch morphologische und vor allem genetische Untersuchungen bewiesen, dass eine seit Anfang der 1960er Jahre als Tiefenform der Kleinen Maräne betrachtete Fischart eine vollkommen eigenständige, nur hier im Stechlin existierende Art darstellt, die sich vor 12 000 Jahren nach der letzten Eiszeit aus der Kleinen Maräne entwickelt hat. Durch dieses Ende 2003 veröffentliche Forschungsergebnis hat sich die Zahl der weltweit nur oder überwiegend in Deutschland vorkommenden Fischarten auf zwölf er-

Rainer Böttcher

höht. Aus naheliegenden Gründen haben sie die neue alte Fischart Fontanemaräne getauft, *Coregonus fontanae*.

Der Dichter lässt in seinem letzten Roman allerdings nicht die handlangen, eher mageren, für den Laien in der Form an schlanke kleine Heringe erinnernden Maränen servieren, sondern Karpfen. Die nach ihm benannten Fische, die erst ab einer Tiefe von 25 bis 30 Metern zu finden sind, dürften es auch heute nicht sein, betont der jungenhaft wirkende, ruhige Schulz. Er ist auf die Fontanemaräne gestoßen, als er den Stechlin unter Gesichtspunkten des Fischereimanagements auf Vorkommen und Arten an Fischen untersuchte und ihm dabei auffiel, dass es bis dahin unklar war, ob es sich um eine eigenständige Art handelte.

„So wie hier jetzt die Fischerei läuft, braucht man die neu beschriebene Art nicht unter besonderen Schutz zu stellen. Sie wird sowieso in Ruhe gelassen, und es besteht ein gutes ökologisches Gleichgewicht", erklärt er uns. Gefischt wird im glasklaren, nährstoffarmen Wasser des Stechlins nämlich seit jeher die weniger tief lebende herkömmliche Kleine Maräne. „Und auch die nur nach Bedarf", bestätigt Rainer Böttcher, der einzige Fischer am See, dessen Betrieb wir nach zehnminütigem Spaziergang erreichen. Trotz Baseballmütze wirkt der eher zierliche 41-Jährige wie eine der zeitlosen Gestalten bei Fontane. Seine Großeltern, ihrerseits bereits seit einigen Generationen Fischer, sind nach dem Krieg aus Westpreußen an den Stechlin gekommen, und ein Onkel hat eine Diplomarbeit über die Maräne im Werbellinsee geschrieben. Nachmittags fährt er mit seinen sechs Angestellten – er fischt nicht nur im Stechlin, sondern auch einigen anderen Seen, und natürlich nicht nur Maränen – hinaus und bringt für die Maränen so genannte Stellnetze aus. „Wir müssen die Maränen immer wieder suchen", erzählt Böttcher, „sie sind ständig am Wandern, mal in dieser Bucht und mal in jener, mal höher, mal tiefer." Die relativ engmaschigen Netze werden mittels Schwimmern und Steinen senkrecht in Position gebracht und am nächsten Morgen wieder eingeholt. Die Kleinen Maränen verfangen sich darin mit den Kiemen, während die deutlich schlankeren Fontanemaränen, sollten sie sich doch einmal in die oberen Schichten verirren, einfach durch die Maschen schwimmen.

Die Maränen, die ungefähr doppelt so groß wie Sprotten sind, werden von den Fischern Stück für Stück aus dem Netz gelöst und ein großer Teil in die einfachen Räucheröfen gleich neben dem Steg gehängt. „Gedünstet oder gebraten schmeckt auch prima, aber frisch geräuchert ist eine Maräne einfach am besten“, sind sich Schulz und Böttcher einig. Eine Stunde lang quillt der Erlenrauch – Buche geht auch, ist aber nicht so aromatisch, sagt der Fischer, während ein einziges Stück Kiefer den gesamten Ofeninhalt mit Teer überziehe – aus den schwarz verkohlten Öfen, dann kommen die Fische in dem schlichten kleinen Imbiss, den Böttchers Frau gleich nebenan betreibt, in den Verkauf. „Räuchermaränen isst man mit den Fingern“, sagt Rainer Böttcher aufmunternd, als wir schließlich am Tisch sitzen, und demonstriert die Methode: „Kopf ab, Schwanz ab und Jacke (Haut) runter!“ Die Hauptgräte löst sich sehr leicht vom Fleisch und die paar Gräten, die hängen bleiben, sind so fein, dass sie in keiner Weise stören. Das weiße Fleisch ist deutlich magerer und etwas fester als bei den Sprotten, aber keinesfalls trocken zu nennen, der Räuchergeschmack ausgewogen. Es ist eigentlich nichts Spektakuläres daran, aber das würde auch gar nicht in diese Fontane-Landschaft passen.

Auffallend ist eher die bewusste regionale Beschränkung, die sich Böttcher selbst auferlegt. „Unter Erich [Honecker] hieß das Motto, alles was Schuppen hat, muss raus aus dem See, es war furchtbar“, berichtet er und meint damit nicht nur Maränen, sondern Aale, Karpfen, Barsche, Schleie und dergleichen, die in den Export gingen. „Ich könnte die Maränen heute sicher auch im Großhandel loswerden, es gibt immer wieder Anfragen, aber finanziell ist das nicht interessant, da lass ich sie lieber drin. Wer unseren Fisch will, muss zu uns kommen.“ Im Sommer, wenn der kleine Strand am See dicht bevölkert ist und die Ruderboote alle vermietet, dann gebe es im Imbiss schon mal Wartezeiten bis zu einer Stunde. „Aber dann sitzen die Leute hier draußen am Steg oder auf den Booten und lassen die Beine ins Wasser baumeln, und mit manchen kommt man ins Gespräch . . . und das ist doch auch wichtig.“

Ich greife zur nächsten Maräne und freue mich, dass irgendein Vorfahre von Bernd Kruse und Rainer Böttcher in grauer Vorzeit festgestellt hat, dass der übers Feuer gehängte Fang sich nicht nur länger hält, sondern auch richtig gut schmeckt. Und mein Kater hat sich längst verflüchtigt.

Rezepte sind weder für Sprotten noch geräucherte Maränen nötig – „frisch geräucherte Sprott sind eine Delikatesse; man bricht ihnen den Kopf ab, zieht die Haut weg, entfernt die Gräten und legt den Rest auf Schwarzbrot, das mit frischer Maibutter bestrichen ist, und wer sich vor Indigestionen nicht fürchtet, treibt dies kindliche Spiel länger fort, als sich mit der Rücksicht auf die Damastserviette der Hausfrau verträgt", schreibt 1864 ein Adelbert Baudissin, Graf aus Schleswig-Holstein.

Der Duft der Erdbeeren

Wer isst nicht gerne Erdbeeren? Es sind in jeder Beziehung wunderbar gesunde Früchte. Damit meine ich natürlich auch ihre Inhaltsstoffe – sie sind kalorienarm, enthalten viel Vitamin C, wirken entwässernd, liefern Magnesium, Eisen und krebshemmende Flavonoide. Aber sie sind noch dazu einfach so verführerisch, dass man als Gartenbesitzer das ganze Fitnessprogramm des Bückens beim Pflanzen, Jäten und Pflücken ohne zu murren in Kauf nimmt.

Gut, ich gebe zu, ich habe keinen Garten; gejätet habe ich zum letzten Mal vor 30 Jahren bei meiner Großmutter. Aber das Pflücken liegt nur wenige Wochen zurück: an einem sonnigen Tag Anfang Juni bei Frankfurt, wo der Obstenthusiast Andreas Schneider zusammen mit seiner Frau Tatjana einen Öko-Obsthof betreibt. Eigentlich haben wir uns über die Äpfel kennen gelernt – aber davon ausführlicher an anderer Stelle. Denn auf der sanften Kuppe des Steinbergs am Rande von Niedererlenbach bei Frankfurt wachsen neben Apfelbäumen auch Birnen, Quitten, rote Weinbergpfirsiche, Kirschen – und wunderbare Erdbeeren.

Auf eines dieser Erdbeerfelder flüchten wir aus dem Hofladen mit seinem Gewusel an Kunden, Nachbarn, Mitarbeitern und den zwei kleinen Töchtern der Schneiders. Ich kann gar nicht mehr aufhören, mich nach den leuchtend roten Früchten zu bücken. Erdbeeren sind ein ganz anderes sinnliches Erlebnis als etwa Kirschen, bei denen jeder Genussmoment durch das Ausspucken präzise beendet wird. Erdbeeren sind scheinbar grenzenlose Wonne, sie reihen sich nahtlos aneinander wie eine riesige Daunendecke, unter der man sich an einem Sonntagmorgen räkelt, in Erwartung des ersten Kaffeedufts.

Die botanische Bezeichnung der Erdbeere, *Fragaria* (und die italienische *Fragola*, die französische *Fraise*, die spanische *Fresa*), hat auch mit Duft zu tun, sie leitet sich vom lateinischen *fragare* für duften ab. Duft? Das ist heute nicht mehr unbedingt nachzuvollziehen. Die Erdbeeren, die im März in blauen Plastikschälchen aus Spanien, Italien oder Israel kommen, sind ein Beispiel für die Virtual Reality, die sich im Lebensmittelbereich immer weiter verbreitet. Im besten Fall sind sie schön rot – aber duften sie? Fehlanzeige, wie auch beim Geschmack. Eigentlich sollten sie einen großen Warnhinweis „Nur zur Dekoration" tragen. „Die kannst du bis nach Bagdad schicken und wieder zurück," sagt mein Obstenthusiast, „die werden nie matschig!"

Wenn man weiß, dass die superaromatischen kleinen Walderdbeeren die eigentlichen europäischen Ur-Erdbeeren sind, erscheinen einem Erdbeeren ohne Duft umso absurder. Die Römer waren schon ganz verrückt nach dem Zeug, und im Mittelalter galten sie als Symbol für Naturnähe und sündige Verlockung. Unsere Vorfahren hätten es zwar sicher gern ein wenig bequemer gehabt, weniger Körperertüchtigung durch größere Früchte – doch die kleinen Dinger widersetzen sich bis heute allen züchterischen Versuchen, sie zu größerem Wuchs zu bewegen. Anfang des 17. Jahrhunderts stießen dann französische Auswanderer in Kanada und wenig später englische Siedler in Virginia auf die ihnen vertrauten Pflanzen, zu ihrer freudigen Überraschung mit wesentlich größeren Früchten. Alles, was wir heute gemeinhin als Erdbeeren essen, stammt ursprünglich aus Amerika. Unsere „Gartenerdbeere", auch Ananas-Erdbeere genannt, ist letztendlich um 1750 durch die Kreuzung der nordamerikanischen Sorten mit einer ähnlichen chilenischen entstanden.

Von da an waren die Züchter nicht mehr zu halten – bis zu den harten, völlig geschmackfreien Dingern im Supermarkt, die mit Erdbeerwonne nicht mehr das Geringste zu tun haben. „Kann man die überhaupt essen?", hat mich neulich jemand gefragt. Die frustrierte Stimmung des Beatles-Songs wirkt angesichts dieser Schaumstoff-Attrappen wie düstere Prophezeiung: „*Strawberry fields forever . . . nothing is real and nothing to get hung about . . .*"

Was ist passiert mit der duftenden, sündigen Verlockung, frage ich, während ich mir weiter eine Erdbeere nach der anderen in den Mund stecke. „Die Erdbeere ist eine absolute Weichfrucht," bekomme ich zur Antwort. Was bedeutet das? Erdbeeren bestehen nicht nur zu 85 Prozent aus Wasser, sie sind auch Scheinfrüchte. Das wird oft erwähnt, aber nicht in den Zusammenhang

Andreas und Tatjana Schneider

damit gebracht, dass harte, nicht matschende Erdbeeren zu Ostern ungefähr so spannend schmecken wie entalkoholisierter Wein. Also: Die eigentlichen Früchte sind die dekorativen gelben Pünktchen, korrekter: die Samen enthaltenden Nüsse auf der Außenseite der verdickten Blütenachse. Letztere gilt uns als Fruchtfleisch, ist aber eigentlich dazu bestimmt, in sich zersetzender, nämlich „matschiger" Form Nahrung für die Samen zu bieten, um den Fortbestand der Pflanze sicherzustellen. Und sich fortzupflanzen, als Sorte weiter zu existieren, ist nun mal das oberste Lebensziel aller Pflanzen. Verständlich also, dass sie ziemlich bockig reagieren, wenn man ihnen das durch Züchtung und Anbautechnik abzugewöhnen versucht. Geschieht uns ganz recht in unserer Vermessenheit, das ganze Jahr über frische Erdbeeren kaufen zu wollen.

Besonders in den 1980er Jahren wurden verstärkt Sorten mit großen, „robusten" Beeren gezüchtet, wie die aus Holland stammende und von März bis Mai bei uns allgegenwärtige Elsanta. Sie wächst in Italien, Spanien, Griechenland, Belgien, Holland, Afrika, Kalifornien oder Israel, bringt feste Früchte und hohe Erträge, ist dabei aber sehr krankheitsanfällig – muss also viel gespritzt werden – und, ich zitiere aus dem Katalog eines Pflanzenhändlers: „im Aroma eher mäßig, gut ausgereift gepflückt bedeutend aromatischer". Selbst wenn man sich über die absurd vielen Transportkilometer aus ökologischer Sicht keine weiteren Gedanken macht – viel für den Export Bestimmtes wächst unter Folie, wird computergesteuert bewässert, mit Dünger versorgt und reichlich gespritzt. „Wahre Mastschweine hängen da satt

Erdbeeren zu Cabrions mit Akazienhonig

Ein ganz einfaches Käse-Frucht-Dessert, das mit einer guten restsüßen Auslese noch gewinnt. Mein Lieblingswein dazu ist eine Scheurebe oder Rieslaner Spätlese vom Pfälzer Weingut Müller-Catoir, die die Erdbeerfrucht richtig brillieren lässt. Es ist wichtig, dass die kleinen Ziegenkäse wirklich frisch und nahezu ungesalzen sind. Cabrions stammen aus dem Mâconnais, aber inzwischen gibt es auch in Deutschland viele Ziegenhöfe, die ähnliches anbieten.

Pro Person einen Ziegenkäse in der Mitte des Tellers anrichten, mit geputzten, halbierten Erdbeeren umlegen und mit einem dünnen Netz von flüssigem Akazienhonig überziehen. Zitronenmelisse oder Minze machen sich gut als Garnitur.

Erdbeeren in Riesling-Gelée mit frischer Minze

für 6 Personen
Bestens vorzubereiten, höchst dekorativ, leicht und erfrischend – Erdbeerherz, was willst du mehr? Mineralischen Mosel-Riesling dazu! Zum Beispiel eine Spätlese mit deutlicher Restsüße vom Weingut Carl Loewen in Leiwen, der tanzt mit Erdbeeren und Minze so richtig auf der Zunge.

6 Blatt weiße Gelatine	10 min in kaltem Wasser einweichen
0,5 l fruchtige Riesling Spätlese	
2 cl Pfirsichlikör	
1 Schuss Noilly Prat	verrühren
Puderzucker nach Geschmack	evtl. nachsüßen
500 g geputzte Erdbeeren, halbiert oder in Scheiben	
gehackte frische Minze	mischen und wenn man das Gelée stürzen möchte, auf vier Souffléförmchen oder ähnliches verteilen, ansonsten in Gläser. Die Gelatine ausdrücken und in einem Töpfchen mit 3 El des Weingemischs bei ganz schwacher Hitze unter Rühren vollständig auflösen. Vom Herd nehmen und unter Rühren den restlichen Wein dazugeben. Vorsichtig über die Erdbeeren gießen, und die Förmchen mindestens vier Stunden kaltstellen. Zum Servieren mit einem spitzen Messer am Rand entlang fahren, sachte seitlich auf den Tisch stoßen, damit sich das Gelée von der Form löst, und auf Teller stürzen. Mit leicht gesüßter Schlagsahne und Hippengebäck servieren.

und vollgepumpt von Wasser und Flüssigdünger an den aufgeblähten, silikongespritzten Produktträgern, Pflanzen genannt," beschreibt Schneider den weit verbreiteten, konventionellen Erdbeeranbau, „unten Gas geben, oben mit Chemiekeule schützen heißt die Devise!" Doch spätestens, wenn die Früchte wegen der langen Lieferwege vor der vollen Reife gepflückt werden, bleiben Geschmack und vor allem Duft im wahrsten Sinne des Wortes auf der Strecke.

Verkneifen wir uns also die Virtual Reality im März und kommen zurück auf den Boden der Tatsachen: Erdbeeren reifen in unseren Breitengraden in verschiedenen Sorten ungefähr von Mitte/Ende Mai bis Ende Juli, außerdem gibt es besondere, so genannte remontierende Arten, die von Mitte August bis Ende September einen zweiten Schwung Früchte hervorbringen. Zu Ostern hingegen lag bei meiner Großmutter, die in Schneverdingen in der Lüneburger Heide einen großen, mustergültig angelegten Garten hatte, gelegentlich noch Schnee, und es war noch nicht mal ans Unkrautjäten der Erdbeerenreihen zu denken, geschweige denn ans Pflücken!

Und: Erdbeeren reifen nicht nach: je reifer sie gepflückt werden, desto größer der Genuss – und desto weicher die Früchte. Der Schlüssel zur Erdbeerwirklichkeit lautet demnach: möglichst kurze Transportwege. Für wahre Erdbeerfreuden muss man im Mai einen guten Obsthändler suchen, einen Wochenmarkt mit regionalem Angebot oder Erdbeerfelder in der Umgebung zum Selberpflücken wie hier in Niedererlenbach. Am besten legt man dieses Fitnessprogramm in die Vormittagsstunden, wenn die Beeren fester sind als in der Mittagshitze. Mein Obstenthusiast meint auch einen deutlichen Unterschied zwischen den aromatisch noch verhaltenen Beeren der ersten Woche und dem nächsten Schub zu erkennen.

Standort- und jahrgangsabhängig gibt es viele überzeugende Sorten, kleinbeerige, dunkle sind dabei nicht grundsätzlich aromatischer. In Niedererlenbach reift als erstes die säuerlich-erfrischende Honeoye, die Andreas Schneider als „Frühsorte Nr. 1" bezeichnet, die „wie ein Aperitif" Lust auf mehr macht und bestens zum Marmeladekochen geeignet ist. Die mittelfrühe Vina Zanta sieht

Erdbeer-Baiser-Törtchen

für 4 Personen
Süße Sommerküsse ohne langes „In-der-Küche-stehen" lassen sich natürlich mittels selbstgebackener Baiser bzw. Meringue verfeinern und schmecken auch mit geschlagener Sahne statt Crème fraîche sehr gut.

500 g Erdbeeren, geputzt und halbiert oder geviertelt
200 g Crème fraîche
mischen und auf
4 Baiserschalen
anrichten – sofort vernaschen!

auch vollreif täuschend hellrot aus, schmeckt aber prima. Thuriga und vor allem die köstliche, an Walderdbeeren erinnernde Mara des Bois bildet den Höhepunkt der Schneiderschen Erdbeersaison. Beides seien alles andere als pflegeleichte Sorten, höre ich, wögen aber mit ihrem Aroma jedes Risiko auf – und risikofreudig ist der Enthusiast: Als er sich 2001 mit einer richtigen Erdbeerschwemme konfrontiert sah, setzte er kurz entschlossen mit Akazienhonig Erdbeerwein an – bis seine Frau angesichts der Unmengen an Honig aus verständlichen Gründen ein finanzielles Veto einlegte und beim Marmeladekochen einen Gang höher schaltete. Aber geschmacklich war das weinige Ergebnis wunderbar.

Druckempfindlich sind alle reif gepflückten und somit wahrhaft wonnigen Erdbeeren. Sie müssen in möglichst flachen Körben transportiert werden und keinesfalls bis nach Bagdad. Wenn überhaupt notwendig, dann grundsätzlich vor dem Putzen und nur in stehendem Wasser waschen und gut abtropfen lassen. Aufbewahren lassen sie sich eigentlich nur von einem Tag auf den nächsten, auf einem Teller oder Blech ausgebreitet an einem kühlen Ort, zur Not auch im Kühlschrank.

Und dann gilt es, knappe drei Monate in Erdbeerwirklichkeit so zu schwelgen, dass man die restlichen neun von der Erinnerung zehren kann, statt auf Virtuelles hereinzufallen. Erdbeeren einfach so. Oder mit frischer kalter Milch (aber bitte auch hier Wirklichkeit in Form von guter Vollmilch und nicht geschmackskastrierte, fettarme H-Milch!). Oder mit Rhabarber. Oder als Tarte auf einem Mürbteigboden, mit Johannisbeergelée überzogen. Oder mit Schlagsahne zwischen schnell gebackenen Blätterteigplatten. Oder in einer der aufgeführten Varianten.

Beim Erhitzen werden Erdbeeren

Moderne Erdbeer-Bowle mit Rosé-Sekt

Um den Sommer und das Leben überhaupt zu feiern – Lichtjahre entfernt von der Dröhnung früherer Generationen!
In große Gläser (Cocktailschalen, Rotweingläser) jeweils einen guten Esslöffel geputzte und eventuell halbierte Erdbeeren geben (idealerweise Walderdbeeren oder Mara des Bois). Mit wenigen Tropfen Erdbeerlikör besprenkeln und mit gutem, trockenem Rosé-Sekt auffüllen, z. B. von Johanninger aus Biebelsheim.

ziemlich schnell matschig und grau, auch beim Einfrieren leidet die Konsistenz. Für den unmittelbaren Frühstücksbedarf gefällt mir deshalb selbstgemachte roh gerührte Erdbeerkonfitüre am besten, für die erdbeerlosen neun Monate muss es jedoch ein traditionelles Rezept mit einem gewissen Mindestanteil an Zucker sein, damit Aroma und Farbe erhalten bleiben. Beste kommerzielle Alternative ist für mich der Erdbeer-Fruchtaufstrich von d'Arbo aus Tirol: ein wenig blass ob des geringen Zuckeranteils, doch von betörendem Duft und wie frisch gekocht im Geschmack. Für Desserts lassen sich Erdbeeren am besten als rohes Püree, küchentechnisch: Coulis, mit etwas Zucker einfrieren: zu Panna Cotta, Grießpudding, Quark, Eis, Parfaits . . .

Erdbeeren Romanow

für 4 Personen

Superklassisch und superelegant, durch den Portwein mit dem gewissen luxuriösen Etwas, das die Verbindung mit den russischen Zaren plausibel macht – steht und fällt wie alle Klassiker mit der Qualität der Zutaten.

500 g geputzte und halbierte Erdbeeren
1 El Zucker
150 ml roter Portwein
alles vorsichtig vermengen und eine knappe Stunde an einem kühlen Ort, notfalls im Kühlschrank, marinieren lassen.
Auf Tellern oder Schalen anrichten.
150 ml halb steif geschlagene Sahne
darauf verteilen und servieren

Über die erdbeerlose Zeit tröstet außerdem ein Schneider-Produkt hinweg, das ursprünglich auch der Erdbeerschwemme von 2001 zu verdanken ist. Im Gegensatz zum Erdbeerwein haben die gedörrten Erdbeeren aber den Sprung ins feste Repertoire geschafft. Ungeschwefelt und ohne Konservierungsstoffe sind sie nicht gerade ein günstiges, aber ein köstliches Vergnügen, das auf dem Etikett treffend als „Gummibärchen der Steinzeit" beschrieben ist.

Der Deutschen liebstes Joghurt ist übrigens laut Statistik das Erdbeerjoghurt. Nach einem ausführlichen Erdbeerjoghurt-Testessen würde ich das allerdings eher so ausdrücken: der Deutschen liebstes Joghurt ist die Virtual-Reality-Form von Erdbeerjoghurt. Wären die roten Früchte nicht auf dem

Becher abgebildet, würde man bei der Farbe nämlich oft eher auf Kirsche und im Geschmack allenfalls auf Dosenpfirsich oder ähnlich Neutrales tippen. Und das trotz der Aromen, die den meisten dieser Joghurts zugesetzt sind! Vielleicht liegt das daran, dass Erdbeeraroma wegen der weit über 250 mehr oder weniger flüchtigen Komponenten, aus denen es sich zusammensetzt, im Labor schwierig nachzubauen ist. Frische Früchte oder einen Löffel gute Konfitüre in Naturjoghurt machen einen unabhängig von den Bemühungen der Aromenindustrie.

Der Kick der Kirschen

Die Kirschen sind Solistinnen in der Lustszene der Sommerfrüchte, jede ein kleiner Kick für sich: das Fassen des Stiels, die glatte, pralle Haut an den Lippen, das Aufplatzen beim vorsichtigen Zubeißen im Mund, ein Feuerwerk von Süße und Säure im Saft, und schließlich beim lustvollen Ausspucken des Steins der Energiestoß durch die zugespitzten Lippen, der der Lust ein klar definiertes Ende setzt. Bis zur nächsten Kirsche. Der Kirschenkitzel lässt sich je nach Neigung steigern: Sauerkirschen sind wie eine Gratwanderung der Sinne, wie kleine Bissen an Brausepulverwürfeln. Schaukeln wie als Kind, dabei Kirschen essen und das Steinespucken mit dem Schwung der Schaukel zusammenbringen. Kirschen essen gehört zu den elementaren sinnlichen Vergnügen, bei denen man einfach gute Laune bekommen muss.

Auch unsere Altvorderen haben sich in grauer Vorzeit schon mit den Kirschen verlustiert; in der Jungsteinzeit haben sie von den Pfahlbauten in Unteruhldingen Kirschstein-Weitspucken in den Bodensee geübt. Fleisch war an diesen wilden Kirschen wohl allerdings eher weniger, und wie sie diese Gute-Laune-Früchte genannt haben, werden wir nie erfahren. Denn das Wort Kirsche hat sich erst übers Westgermanische aus dem lateinischen *Ceresia* entwickelt, als die Römer den Obstanbau mit zu den „Barbaren" brachten. Sie selbst hatten Früchte und deren Bezeichnung – wie so vieles andere – den Griechen zu verdanken, die irgendwann mehrere Jahrhunderte vor unserer Zeitrechnung wahrscheinlich in Kleinasien auf Kirschbäume gestoßen sein müssen, begannen, sie gezielt anzubauen und sich über besonders schmackige Sorten Gedanken zu machen. Der Römer Plinius der Ältere beschreibt dann im ersten Jahrhundert unserer Zeitrechnung in seiner bahnbrechenden „Naturgeschichte", der ersten Enzyklopädie dieser Art, zehn Kirschsorten, die bis ins 18. Jahrhundert die Grundlage der Kirschenklassifizierung und Sortenbeschreibungen bildeten.

Heute gibt es eine unglaubliche Vielfalt an Sorten. Im Gegensatz zu den Erdbeeren, bei denen eine Sorte mehrere Schübe von Blüten und Früchten hervorbringt, oder zu Äpfeln, die eingelagert werden können, geht es bei den Kirschen nämlich kurz und heftig zu; wie bei der Blüte ist ungefähr innerhalb einer Woche alles gelaufen und will mehr oder weniger umgehend genossen werden. Viele verschiedene Sorten, von ganz frühen bis sehr späten, bedeuten eine Ausweitung der Kirschenlust von einer Woche auf zwei Monate, in Deutschland typischerweise Mitte Juni bis Mitte August.

Im Sortendickicht der Kirschen lassen sich zuerst einmal Süß- und Sauerkirschen unterscheiden, die auch als Bäume deutlich zu erkennen sind: die süßen wachsen zu großen Bäumen heran, die sauren bleiben kleiner und eher strauchartig. Darüber hinaus werden Sauerkirschen, die im Englischen *Morello Cherries* heißen, in Amarellen mit nichtfärbendem Saft und Weichseln mit färbendem Saft eingeteilt. Bei den Süßkirschen gibt es wiederum die weichfleischigen Herzkirschen, auf französisch *Guignes*, englisch *Heart Cherries*, im Gegensatz zu den festfleischigen Knorpelkirschen *(Bigarreaux)*, die in Berlin auf dem Markt als Knupper angepriesen werden. Das klingt alles logisch, wird aber regional teilweise vollkommen willkürlich miteinander vermischt. Außerdem lässt sich die Natur gerade bei den lustvollen Kirschen nicht einfach so stringent sortieren. Es gibt deshalb den wunderbaren Begriff der Bastardkirschen, die irgendwo zwischen süßen und sauren liegen. Süßweichseln sind demzufolge Bastardkirschen mit färbendem Saft, während Glaskirschen Bastarde mit nichtfärbendem Saft sind, beide werden allerdings im Englischen als *Duke Cherries* bezeichnet . . . Hilfe! Schnell einen Kirschkick!

Schöne Namen haben sie aber, wie die meisten traditionellen Obstsorten: Diemitzer Amarelle zum Beispiel, Große Prinzessinnenkirsche oder Mai-Bigarreau. Farblich gibt es nicht nur sämtliche Rotvariationen, sondern auch gelbe Sorten, wie die in der Literatur als schwefelgelb beschriebene Dönissens Gelbe Knorpelkirsche. Am bekanntesten sind zweifellos die Schattenmorellen, nicht zuletzt deshalb, weil sie für Sauerkirschen außergewöhnlich groß sind. Bei meinem Obstenthusiasten, der nur Süßkirschen anbaut, um das

Problem der Kirschfruchtfliege im Bio-Anbau zu umgehen, schmecken mir die frühen Sorten Burlat und Souvenir des Charmes und vor allem die dann folgende Naprumi.

Der Kirschkick ist übrigens erfreulicherweise ausgesprochen kalorienarm

Quarktimbale mit Kirschsuppe

für 6 Personen

Kirschsuppe war eines der typischen Hochsommer-Mittagessen meiner Kindheit. Dies ist eine Luxus-Dessertversion: die Kirschen werden nämlich im Gegensatz zu früher bereits in der Küche entsteint!

4 Blatt Gelatine	in reichlich kaltem Wasser 10 min quellen lassen
4 Eigelb	
80 g Zucker	schaumig-hell rühren
300 g Magerquark, glattgerührt	
abgeriebene Schale einer Zitrone	
1 cl Grand Marnier o. ä.	gründlich unterziehen
50 m l Milch	leicht erwärmen, die ausgedrückte Gelatine darin auflösen, etwas von der Quarkmasse einrühren, dann das Ganze schnell und sorgfältig unter den Quark ziehen, damit es keine Klümpchen gibt
300 g Schlagsahne	vorsichtig unterheben, die Masse in sechs Förmchen verteilen (z. B. Souffléförmchen), mit Klarsichtfolie abdecken und mindestens 2 Std. kaltstellen
300 g Sauerkirschen	entsteinen und grob hacken
100 g Zucker	
100 ml Wasser	aufkochen, bis sich der Zucker gelöst hat, die gehackten Kirschen zum Sirup geben, einmal aufkochen lassen, vom Herd ziehen und 15 min ziehen lassen; die Suppe im Mixer pürieren, durch ein Sieb drücken, kaltstellen
250 g große Süßkirschen	entsteinen und halbieren

Zum Anrichten den Förmcheninhalt am Rand mit einem spitzen Messer lösen, seitlich auf den Tisch stoßen und auf tiefe Teller stürzen. Die halbierten Kirschen um die Timbales verteilen und die Suppe darum gießen, evtl. mit Zitronenmelisse garnieren.

Grießflammeri auf Kirschen

eine große Schüssel für 6 Personen
Das ist wiederum so richtig nostalgische Kindheitserinnerung, deshalb die große Schüssel, die mit einer Suppe vorweg auch ein gutes Mittagessen darstellt. Richtiger Flammeri wie dieser ist durch den Eischnee ganz leicht und schmeckt zumindest mir lauwarm am besten!

1 l Vollmilch	
Mark einer halben Vanillestange	
abgeriebene Schale einer Zitrone	
1 Prise Meersalz	aufkochen
65 g Grieß	unter Rühren einstreuen und bei geringer Hitze unter ständigem Rühren ausquellen lassen, bis der Grieß ganz weich ist, vom Herd nehmen
3 Eigelb	sofort, schnell und gründlich unter die Grießmasse rühren
3 Eiweiß	
100 g Zucker	zu noch leicht kremigem Schnee schlagen und ebenfalls unter den Flammeri ziehen, dann schnell und unter Rühren einmal aufkochen lassen – Vorsicht: kann spritzen!
500 g Süßkirschen, entsteint	in eine große Glasschüssel geben und den Grießflammeri darauf glatt streichen, abkühlen lassen.

und gesund, besonders die dunklen Sorten enthalten viel Mineralien, vor allem Kalium, Eisen, Magnesium, Phosphor und Kieselsäure und obendrein viele Vitamine. Es muss an diesem gesunden Cocktail liegen, dass ich als Kind, wenn ich Fieber hatte, Kirschsaft zu trinken bekam – alles hat seine guten und schlechten Seiten! Dagegen war es streng verboten, nach dem Kirschenessen Wasser zu trinken; Bauchschmerzen und schlimmster Durchfall würden sonst drohen. Ich empfand das damals als gängelnde elterliche Strenge. Im Nachhinein muss ich Abbitte tun: Auf der Kirschhaut sitzen besonders viele fruchteigene Hefen, die zusammen mit Wasser im Magen schnell und munter anfangen, die Kirschen zu Obstwein zu vergären, ohne sich dabei groß um die Magensäure zu kümmern. Das geht aber erst bei größeren Verzehrmengen los.

Kirschen müssen vollreif sein beim Pflücken, weil sie nicht im Geringsten nachreifen, und für den richtigen Kick sollten sie einem am Baum oder auf dem Markt so richtig prall entgegen leuchten. Dann sind sie in hochstieligen Gläsern auf einem Bett von zerstoßenem Eis ein wunderbar erfrischendes, trotz aller Einfachheit sehr luxuriös wirkendes Dessert. Zum Kuchenbacken – Kirschstreuselkuchen! – und ähnlichem lassen sie sich bestens einfrieren. Der lustvolle Höhepunkt des Steinspuckens beim Kirschenessen wird beim Kirschenbacken oder -kochen allerdings zugegebenermaßen zur Geduldsprobe.

Tarte aux cerises – Kirschtarte

Sehr schlichte, klassische französische Pâtisserie nach Art der großen alten Meister wie Lenôtre oder Bocuse, sollte am besten erst kurz vor dem Verzehr bzw. Genuss gebacken werden und gewinnt noch durch mit etwas Kirschwasser parfümierte Schlagsahne.

250 g Mehl	
1 Prise Meersalz	
1 Tl Zucker	
125 g kalte Butter in Würfeln	mit den Fingerspitzen zu Streuseln verreiben
etwas kaltes Wasser	gerade soviel dazugeben, dass sich die Masse schnell zu einem Ball zusammendrücken lässt, in Klarsichtfolie verpackt mindestens 1 Stunde im Kühlschrank ruhen lassen. Eine Springform (25 cm Ø) damit auslegen: dafür zwei Drittel des Teiges zu einem entsprechenden Kreis ausrollen, aus dem restlichen Drittel eine lange Wurst rollen und als Rand in die Form drücken
1 El Zucker	den Boden damit bestreuen
750 g große dunkle Kirschen	entsteinen und die Form ringförmig sehr dicht auslegen, im vorgeheizten Ofen bei 180°C ganz unten, d. h. mit starker Unterhitze 45 min backen
2 El Puderzucker	sofort bestäuben.

Meine Großmutter hat früher mit einer Haarnadel (einer neuen, wird in alten Kochbüchern betont!) entsteint, für größere Mengen gibt es zangenähnliche Instrumente. Wer nicht an eigener Vorratshaltung interessiert ist, findet sowohl gefroren als auch als Kompott im Glas gute Qualitäten.

Die ultimative Potenzierung des Kirscharomas ist für mich Schwarzwälder Kirschtorte, ohne die mein Geburtstag lange Zeit für mich undenkbar war. Manche werden vielleicht Zuger Kirschtorte noch als Steigerung empfinden, die ganz auf Kirschen in Fruchtform verzichtet und dafür beinahe einen Viertelliter Kirschwasser in Tortenform bringt: ein großzügig getränkter Biskuitboden zwischen Japonaisböden mit einer ebenfalls gut alkoholisierten Butterkrem. Ich fahre aber eher auf das Zusammenspiel von Kirschenfrucht, Sahne und Kirschwasser der traditionellen Schwarzwälder ab. Das beste Kirschwasser, das ich kenne, ist übrigens der Wildkirschbrand von Paul Fürst in Bürgstadt/Franken, zugegebenermaßen eine ziemliche Investition, aber jeden Euro wert.

Die saure Lust der Gurken

Die Lust überfällt mich in dem kulinarisch schwarzen Loch zwischen Afternoon-Tea und Aperitif. Ich schleiche mich möglichst unbeobachtet zum Kühlschrank – der Griff zur sauren Gurke hat so oft zu den immer gleichen Kommentaren geführt, dass ich sie auch dann höre, wenn ich ganz allein bin: ich sei wohl schwanger oder habe am Abend zuvor zuviel getrunken. Dabei schmecken sie mir einfach, und das bereits seit frühester Kindheit, ob nun „einfach so aus der Faust", auf einem Brot mit grober Leberwurst oder im Rinderherz-Ragout. „Beamtenwurst" nannten wir sie, als ich Kind war, und kauften sie entweder in einem kleinem Fischgeschäft in Spandau, zusammen mit einem geräucherten Bückling, oder in der Fischabteilung des KadeWe. An der Ecke, an der heute „Beautiful People" Austern und Champagner schlürfen, wurde die Gurke – stets als lose Ware, die kleineren Cornichons im Glas waren Luxus für Weihnachten oder Geburtstage – mit einer Holzzange aus dem Holzfass gefischt, gewogen und erst in Wachspapier und dann in rosa Fleischerpapier gewickelt.

Spätestens an dieser Stelle ist nun ein Geständnis fällig – auch auf die Gefahr hin, bei den Spreewäldlern in Ungnade zu fallen: lange Zeit waren saure Gurken für mich nämlich Gewürzgurken, mit Kräutern, Gewürzen, Essig und ein wenig Zucker eingelegt. Erst vor einigen Jahren bin ich auf die nach Spreewälder Tradition „echten" sauren Gurken gekommen, Salzgurken, die nicht durch Essig, sondern allein durch die Milchsäuregärung des in den Gurken vorhandenen Fruchtzuckers sauer werden. Karl Friedrich von Rumohr beschreibt das in seinem schon erwähnten „Geist der Kochkunst" und meint mit den Lausitzern zweifellos Spreewälder: „Indes ist es die wahre Bestimmung der Gurken, auf mancherlei Weise eingemacht zu werden; denn gerade ihr glasartig-schwammiges Zellgewebe macht sie außerordentlich empfänglich für jeglichen Geschmack, den man aus ihnen selbst entwickeln oder in sie hineintragen will ... Größere, doch noch ungereifte Gurken, mit Fencheldill, mit Wein- und Kirschblättern unter eine Salzlake legen; sie einer leichten Gärung aussetzen, so dass sie die Mitte zwischen dem Salzigen und Essigsauren halten, gerade wie ein leckerhaftes Sauerkraut. Diese gesäuerten Gurken werden in Böhmen, in der Lausitz und in einem großen Teil des slawischen Nordens in großer Menge und ganz vortrefflich eingemacht."

Vielleicht hat meine späte Erkenntnis damit zu tun, dass die essigsauren Gewürzgurken für mich nie mit einer bestimmten Herkunft verbunden waren. Der Spreewald liegt zwar nur um die 70 Kilometer von Berlin entfernt kurz vor Cottbus und gilt seit Jahrhunderten als Gemüse- und Gurkenkammer Berlins, aber aus damaliger Westberliner Sicht war es ein unendlich weit entfernter Ort. Wie die meisten Nachkriegswestdeutschen orientierte man sich in Westberlin ab Anfang der 1960er Jahre auch kulinarisch bewusst oder unbewusst immer stärker nach Westen, Richtung Amerika, wandte sich ab von allen östlichen Einflüssen – während des Kalten Krieges bedeutete Osten feindliche Bedrohung statt kulturelles Potential.

Sicher, großelterliche Generationen schwärmten in Berlin von der alten Heimat in der landschaftlichen Weite Schlesiens, Pommerns oder Ostpreußens und kochten Hammelfleisch mit Kümmel, Karpfen in süßsaurer Sauce und Mohnpielen, Beetenbartsch, Königsberger Klopse und Gänseschwarzsauer. Doch solche slawischen Reminiszenzen sind wie der ausgeprägt salzigsaure Geschmack wahrer Spreewälder Gurken, anderem sauer Eingelegten, Dill und Roten Beten durch die zunehmende kulinarische „Mediterranisierung" nahezu vollständig von Olivenöl, Basilikum und Tomaten verdrängt worden – dass die mediterrane Küche im übrigen ganz und gar nicht so balsamico-süß ist, wie wir uns das oft vorstellen, wird beim spanischen *Escabeche* deutlich, das im Italienischen *Scavece*, *Scapece* oder *Scabeccio* heißt und arabisch-jüdischen Ursprungs ist. Dahinter verbirgt sich Fisch, in Italien gelegentlich auch Gemüse, der gebraten und kräftig essigsauer eingelegt wird!

Seit dem Fall der Mauer steht auch „Westlern" der Weg in den Spreewald und zu neuen alten Wurzeln wieder offen: der Weg in die Landschaft, die auch heute noch in ihrem Kern zwischen Lübbenau und Burg urtümlich und verwunschen wirkt, wo sich durch das extrem geringe Gefälle der Spree im Baruther Urstromtal Wälder und Fließe abwechseln und in der auch heute noch Roterlen, Stieleichen und Eschen wachsen, wilde Seerosen, Wasserschwertlilien und Sumpfgräser, gelegentlich noch flache Kähne durch schmale Kanäle und unzählige Nebenarme der Spree gestakt werden. „Das Vaterland der sauren Gurken . . . die Gurkenzucht blüht im Spreewald, und mehrere Händler und Kaufleute leben von dem An- und Verkauf eines Artikels, den man ohne Frage mit zu den Attributen Berlins oder der Spreegöttin zählen kann“, schwärmt Theodor Fontane.

Fontane hätte es sicher gefallen, dass eingelegte Spreewälder Gurken zu den lediglich 64 von der EU herkunftsgeschützten Produkten aus Deutschland gehören. Und als ehemaligem Kriegsberichterstatter hätte ihn auch die Story hinter dem gelbblauen EU-Siegel interessiert: Nach dem Mauerfall hatten die Spreewälder schwer mit der massiven Konkurrenz freier Marktwirtschaft zu kämpfen, bundesweit vermarkteten Anbieter ihre Produkte unter der – auch schon vor dem Film „Good bye Lenin“ – wohlklingenden Bezeichnung „Spreewälder Gurken“. In Lübbenau, Gurkenzentrum des Spreewalds, sann man also auf Abhilfe und beantragte 1996 durch den Spreewaldverein e.V. die von der EU 1992 geschaffene geschützte geographische Angabe. Siebzig Prozent der Gurken müssen dabei aus dem „Wirtschaftsraum Spreewald“ stammen und von dort ansässigen Betrieben eingelegt werden. Das löste einen regelrechten „Gurkenkrieg“ aus: nicht im Spreewald ansässige Firmen zogen vor den Europäischen Gerichtshof und erhoben Einspruch. Doch die „geschützte geographische Angabe“, unter die auch die Bezeichnung „nach Spreewälder Art“ fällt, wurde im März 1999 von der EU bestätigt, und die Spreewälder Gurkenwirtschaft liegt seit einigen Jahren im Aufwärtstrend; Anbaufläche und Durchschnittsertrag sind seit 1993 deutlich gestiegen. Auf den ersten Blick ein voller Erfolg und Bilderbuchbeispiel für die innige Verbindung zwischen charaktervollem Produkt und malerischer Landschaft.

Die westslawischen Vorfahren der *Serbja* oder *Serby*, wie sich die in der Niederlausitz lebenden Sorben nennen, fanden den Spreewald wahrschein-

Herzragout

für 4 Personen

Das mag besonders für Norddeutsche heute ziemlich exotisch klingen. Das feste Muskelfleisch ist jedoch sehr geschmackvoll, und ein guter Fleischer wird es auf Wunsch auch küchenfertig herrichten. Bei meiner Großmutter gab es dazu – ganz preußisch – Salzkartoffeln, es passen aber auch Serviettenknödel sehr gut, wie zu einem österreichischen Beuscherl, oder Spätzle wie zu schwäbischen Kutteln. Und ein kräftiger trockener Veltliner!

500 g geputztes Rinderherz in eher kleinen Würfeln	
1 Zwiebel in feinen Würfeln	
1 gutes Stück Butter	anschwitzen
1 El Mehl	kurz mitrösten
0,5 l Brühe	ablöschen
1 Lorbeerblatt	
2 Gewürznelken	
Meersalz	
frisch gemahlener	
schwarzer Pfeffer	würzen und 90 min leise wie ein Gulasch schmoren lassen
2 Gewürzgurken in Streifen	untermischen
1 Schuss Essig	evtl. abschmecken.

lich gar nicht so idyllisch. Sie kamen im Zuge der großen Völkerwanderungen beim Zerfall des Römischen Reichs vor etwa 1500 Jahren hierher und rangen dem moorigen Terrain winzige Äcker und Wiesen ab. Ständig vom Hochwasser bedroht, bauten sie neben Hirse, Buchweizen und Lein höchstwahrscheinlich auch Gurken an. Die deutsch-slawischen Beziehungen fanden im 10. und 11. Jahrhundert mit brutaler Kolonialisierung, Christianisierung und Unterdrückung unter Otto I. ihren Höhe- bzw. Tiefpunkt – die zweisprachigen Ortsbeschilderungen in Sorbisch und Deutsch an Straßen und Bahnhöfen sind ein Zeichen harmonischer Toleranz aus neuester Zeit.

Auch das deutsche Wort Gurke weist auf die Verbindung zum Slawischen: Es lässt sich auf das mittelgriechische *angurion/águros*, grün, unreif zurückführen, das sich wiederum von *áoros*, unzeitig, unreif ableitet. Beide mittelgriechischen Formen sind in die slawischen Sprachen gelangt und erscheinen dort als Bezeichnungen der Gurke. Mein etymologisches Wörterbuch meint zwar, „Gurke" sei sicherlich aus dem altpolnischen *ogurek* (polnisch *ogórek*) entlehnt, das seinerseits auf das mittelgriechische *águros* zurückgehe, doch scheint mir das niedersorbische *górka* doch sehr naheliegend.

Der Ursprung der subtropischen Gurkenpflanze selbst, botanisch *Cucumis sativus L.* – ob frisch oder eingelegt mit extrem niedrigem Kalorien- und hohem Mineralstoffgehalt ein Nahrungsmittel der modernen Gesundheitsbewussten par excellence – ist noch weniger eindeutig geklärt. Für die einen liegt er an den Hängen des Himalajas, für andere im tropischen Afrika – in Ägypten wurden Gurkensamen in Grabbeigaben aus der Zeit um 2000 v. Chr. gefunden. Die Griechen übernahmen die Gurkenzucht aus Kleinasien, bei den Römern erfreute sich *Cucumis* großer Beliebtheit und wurde sowohl frisch als auch salzig oder süßsauer eingelegt gegessen. Das englische *cucumber* ist beinahe unverändert aus dem Römischen übernommen – während die sauer eingelegten in Großbritannien interessanterweise *gherkins* heißen.

Es ist auch nicht bekannt, ob die ersten Sorben im Spreewald ihre Gurken zur Vorratshaltung eingelegt haben. Die Tuchweber aus Holland, die Joachim II. von der Schulenburg 1580 nach Lübbenau kommen ließ, das damals noch zu Sachsen gehörte, sahen darin jedoch ihre Chance. Sie hatten mit der Weberei keinen besonderen Erfolg, erkannten aber, dass die feuchtwarmen, torfhaltigen Sand- und Moorböden für die windempfindlichen und extrem wasserbedürftigen Gurken bestens geeignet waren und damit Geld zu verdienen war. Anfang des 18. Jahrhunderts stakten sie kähneweise Gurken nach Berlin, wo sie sich als echter Verkaufsschlager erwiesen – sehr zum Ärgernis des sparsamen Friedrich Wilhelm I.: preußisches Geld sollte in Preußen bleiben und nicht für Gurken nach Sachsen fließen! Er warb August dem Starken 30 Lübbenauer Familien ab und siedelte sie im preußischen Unterspreewald an. Dort sollten sie Gemüse einschließlich Gurken anbauen und gleichzeitig die innere Kolonisation vorantreiben. Die ganze Sache führte wie in unserer Zeit zu einer „Gurkenkrise", Diplomaten in Preußen und Sachsen sprachen strenge

Worte, und irgendwann verlief die ganze Aktion im Sande. Die Berliner ließen sich nicht vom Gurkenkonsum abhalten, auch auf dem Speisezettel Friedrich des Großen tauchen sie Ende des 18. Jahrhunderts auf, und schließlich fiel 1815 die gesamte Lausitz im Zuge des Wiener Kongresses an Preußen.

Der Gurkenversand florierte. Über 400 000 Zentner saure Gurken wurden 1908 aus Lübbenau in Holzfässern verschickt, nicht nur nach Berlin, sondern an Privatkunden in ganz Deutschland – wobei, Fluch des Erfolgs!, die frischen Gurken beileibe nicht immer aus dem Spreewald stammten, sondern zum Beispiel auch aus der Liegnitz. Nach original Spreewälder Rezepturen „veredelt", wurden sie dann als „echte" Lübbenauer verschickt. 1932 wurde die Sterilisierung erfunden, somit besonders Senf-, Knoblauch- und Gewürzgurken haltbarer und allgemein die Produktion in industriellem Ausmaß möglich. Auswärtige Konservierungsbetriebe gingen dazu über, den Bekanntheitsgrad und guten Ruf der Spreewälder zu nutzen und ihre Gurken als „Lübbenauer" zu vermarkten.

Das war um so misslicher, als die wirtschaftlichen Bedingungen im Spreewald selbst nach wie vor schwierig waren. Der Kahn, heute Touristenattraktion, war das einzige Transportmittel, die durch die unzähligen Wasserläufe kleinen Äcker waren mühsam und nur von Hand zu bearbeiten, und Hochwasser bedrohte regelmäßig Besitz und Ernte. Zu DDR-Zeiten wurden Talsperren und Staubecken gebaut sowie ein großes Umflutersystem, mit dessen Fertigstellung 1973 die Hochwasser mehr oder weniger der Vergangenheit angehörten. Allerdings sind seitdem auch Dörfer in Randlagen vom landschaftlichen Zentrum abgeschnitten. Im Zuge des Kohle- und Energieprogramms wurde in Schlabendorf mit dem Braunkohletagebau begonnen, in Vetschau und Lübbenau große Kraftwerke gebaut. Durch den Zuzug der dort benötigten Arbeitskräfte wuchsen die Städte auf das Drei- bis Vierfache, die gesamte Struktur des Gebiets veränderte sich grundlegend. Für den Gemüseanbau wurden Folienzelte und neue, ertragreiche Sorten eingeführt, der Gurkenpreis wegen des starken Exportmarktes kräftig subventioniert.

„Jeder hat damals Gurken angebaut, es hat sich gelohnt!", höre ich bei einem Herbstausflug von einem alten Spreewälder. Dann erzählt er jedoch weiter, wie sich im Laufe der 1970er Jahre der falsche Mehltau ausbreitete, vielleicht durch die zunehmende Monokultur oder die neuen Sorten, vielleicht auch durch die modernen Düngungs- und Bewässerungssysteme. Die Bekämpfung sei mühsam, zumindest auf natürliche Weise, man müsse die Pflanzen vorziehen und unter Folie aussetzen, um bereits im Juni ernten zu können statt traditionell von Ende Juli bis Anfang Oktober, und so die warmen Nächte vermeiden. Die meisten privaten Anbauer hätten im Laufe der Zeit aufgegeben, und Biogurken gebe es verschwindend wenig, weil die dafür notwendigen Preise am Markt praktisch nicht durchsetzbar seien . . .

Ich denke über seine Worte nach, während ich durch das alte Städtchen Lübbenau laufe. Wie eng ist die Verbindung zwischen Landschaft und Produkt wirklich? Spielt es auf den Gurkenfeldern der großen Marken wirklich noch eine geschmackliche Rolle, ob sie dreißig Kilometer westlich von Lübbenau in Golßen an der Dahme liegen, aber innerhalb des großzügig definierten „Wirtschaftsraums Spreewald", oder weitere dreißig Kilometer westlich im Fläming bei Jüterbog? Hat das noch mit dem lockeren, humusreichen, leicht erwärmbaren Boden des Spreewalds an sich zu tun, mit seiner ursprünglichen, natürlichen Wasserversorgung und den windgeschützten Lagen, die Gurken so schätzen? Um mich herum wogt ein wahrer Menschenstrom auf den Hafen zu. Auf den Bänken der flachen Holzkähne sind vorsorglich Decken ausgebreitet, Thermosflaschen mit Kaffee und kleine Fläschchen mit Pflaumenschnaps bereitgestellt. Natürlich ist der Spreewald auch touristisch, und Kahnpartien sind eine eher lustiglaute denn besinnliche Angelegenheit. Die Grenze zwischen Folklore und echter kulinarischer Wertschätzung bzw. lebendiger Kultur ist wie überall auch hier schwer auszumachen. Man braucht sich aber nur zu Fuß oder mit dem Fahrrad aufzumachen, um abseits der Massen die ganze Schönheit des Spreewalds zu erleben.

Entlang des Wegs hinunter zum Hafen stehen die Stände der Spreewälder Gurkenproduzenten und bieten Saures an. Ich probiere hier und dort. Gute „saure Gurken" sind knackig, doch nicht zäh, sondern saftig. Für Gurkenneulinge schmecken sie im ersten Moment schockierend salzig. Diese Salzigkeit wird jedoch von der milden Säure, dem erfrischenden Gurkengeschmack

Rainer Belaschk

und dem feinen Dillaroma ausbalanciert, statt aufdringlich am Gaumen zu kleben. Nicht alle „Spreewälder Gurken", auch mit gelbblauem EU-Herkunftszeichen, schmecken so ausgewogen. Vielleicht sind heute am ehesten die einzelnen Rezepturen beim Einlegen ausschlaggebend für geschmackliche Variationen. Eins wird mir jedoch klar beim Probieren am Lübbenauer Hafen: es besteht ein enormer Unterschied zwischen „eingekochten" Gurken im Glas und den „frisch" eingelegten im Eimer oder aus dem Fass, die hier angeboten werden – „frisch gezuckerte Erdbeeren und eingekochtes Kompott sind doch auch etwas ganz anderes", bringt es die freundliche Dame am Stand auf den Punkt. Ein Grund mehr für einen Ausflug in den Spreewald. Ein Grund mehr, im kulinarischen Gedächtnis nach lange vernachlässigten sauren Geschmackserinnerungen zu forschen.

Eine Woche später bin ich wieder in Lübbenau. Oder genauer gesagt zwei Kilometer weiter in Boblitz bei der Firma Rabe. Ich habe Glück: der Chef persönlich leitet heute im grünen Overall die Betriebsführung und erzählt von Höhen und Tiefen der Geschichte des Familienbetriebs, die bis 1880 zurückreicht, und somit zwei Weltkriege, Sozialismus und Wende überdauert hat. Der sportlich wirkende Rainer Belaschk, der den Betrieb 1979 von seinem Vater übernommen hat, hat selbst noch Gurken in Kastanien- und Eichenholzfässer eingelegt – ganz schön mühsam, das Einfüllen durch das Spundloch, sagt er. Heute gibt es Großbehälter, doch der dillwürzige, einhüllend und angenehm säuerlich-warme Duft war sicher der gleiche. Die Gurken kommen von Spreewälder Vertragsbauern, werden angestochen, damit sie nicht hohl werden, und dann in Salzlake eingelegt. Ständiges Auffüllen verhindert den Luftkontakt bei der dann einsetzenden Gärung, da sich sonst Buttersäure bildet. Mindestens drei bis vier, besser noch sechs Wochen dauert dieser Prozess. Moderne parthenokarpe Sorten – das heißt nicht befruchtete, rein weibliche – seien für Salzgurken übrigens gar nicht geeignet, sagt Belaschk, weil sie in der Mitte matschig würden. Wir gehen in die Halle, die erfüllt ist vom Klappern der Gläser und dem Zischen des Dampfes zum Sterilisieren. Die Gurken werden auf eine Wanne geschüttet – die Lake dabei separat aufgefangen –, kurz erhitzt und wieder abgekühlt, laufen über ein Band in den Abfüller und fallen dort in die mit Dill vorbereiteten Gläser, die Lake wird wieder zudosiert, das Ganze mit einem Deckel versehen, etikettiert, fertig. Was sich aber auf dem Papier so technisch und maschinell liest, geschieht hier doch unter der Aufsicht und tatkräftigen Mitwirkung von sieben oder acht Frauen, die nachsortieren, Dill einfüllen und Gurken nachstopfen. Aller Technik zum Trotz sind Gurken eben nicht genormt, und während ich den Frauen zuschaue, denke ich, dass das alles zwar ein wenig anders als vor hundert Jahren aussieht, sich aber an der Sache doch erstaunlich wenig verändert hat.

Ausgewachsene, große Gurken werden traditionell als Senfgurken eingelegt – und da scheint sich der Geschmack seit Ende des 19. Jahrhunderts allerdings doch erheblich gewandelt zu haben. Seine Großtante habe davon berichtet, wie man damals die geschälten, entkernten Gurkenhälften mit Perlzwiebeln in die Fässer geschichtet und mit reinem Essig übergossen habe, erzählt Belaschk, und es schüttelt uns beide förmlich. Die zart süßsäuerlichen Senfgurkenstücke, die ich anschließend verkoste, schmecken dagegen nahezu elegant und erinnern an die enge Verwandtschaft zwischen Melone und Gurke. Überhaupt ist alles hier sehr ausgewogen im Geschmack, ohne jedoch charakterlos zu wirken, von den „sauren" über die Pfeffer- bis hin zu den Senf- und Gewürzgurken.

Warum zieht es mich immer wieder zum Gurkenglas? Ein verirrtes Gen meiner ostpreußischen Vorfahren? Allen, denen der rechte Zugang zu den „Sauren" bis jetzt fehlt, sei geraten, sie tatsächlich nach übermäßigem Trinken auszuprobieren – Salz und Milchsäure tun Wunder bei verkorkstem Magen und irgendwann gelüstet einen danach auch ohne Kater!

Die Versöhnung mit den Tomaten

Der entscheidende Tomaten-Moment meines Lebens war ein Krustenbrot mit kalter Butter, dicken Scheiben Tomaten und frischem Schnittlauch aus dem Garten meiner Großeltern. Dieses saftige, erfrischende Geschmackserlebnis liegt über dreieinhalb Jahrzehnte zurück. Tomaten gehörten damals genauso eindeutig und ausschließlich zum Sommer wie der herbe Duft von Petunien und Geranien in den Balkonkästen und Hitzefrei in der Schule. Die einzige Ausnahme waren im Januar oder Februar importierte Früchte von den Kanarischen Inseln, deutlich teurer als die heimischen im Sommer, aber verführerisch süß und aromatisch.

Heute jedoch gehört die Tomate zum Ganzjahresinventar deutscher Gemüseregale und wird über große Entfernungen vor allem aus Italien, Spanien, Frankreich und Holland nach Deutschland importiert. Das könnte man natürlich als Fortschritt und Bereicherung betrachten. Doch die Allgegenwart hat ihren Preis; was da rund ums Jahr angeboten wird, sind mehr oder weniger rote Karikaturen, dickhäutig, stets schnittfest und säuerlich-wässrig bis geschmacksneutral.

Nach den Gesetzen der freien Marktwirtschaft ist das alles ganz logisch. Eine voll ausgereifte Tomate einer traditionellen Sorte ist druckempfindlich und platzt leicht. Sie übersteht weder maschinelles Ernten, automatisches Sortieren und Verpacken, noch den Transport über Tausende von Kilometern. Also wird sie in unreifem Zustand geerntet und gegebenenfalls mit Ethylen behandelt, damit sie rot wird. Ethylen ist ein Reifegas, das die Tomate auch selbst freisetzt, und an sich nichts Schädliches. Die forcierte Nachreifung ist aber weitgehend eine optische – Aromen und Inhaltsstoffe entwickeln sich so nur in sehr begrenztem Maße.

Mein zweiter Tomaten-Moment ist eigentlich ein einziges großes Klischee. Frühsommer in der Toskana. Zwischen Weingutsbesuchen hatten mein Mann

Tomaten-Törtchen mit Ziegenkäse

für 6 Personen als Vorspeise

Wie bei der Version mit Spargel ist auch hier alles möglich, von der Miniversion als Fingerfood zum Aperitif bis zur ausgewachsenen Tarte mit einem kräftigen Blattsalat als Hauptgang – dann passt die Menge für drei Genießer.

140 g Mehl *80 g kalte Butter in Würfeln*	mit je einer guten Prise Salz und Zucker sowie verreiben und schnell mit 2 bis 3 El kaltem Wasser zum Mürbteig verkneten. Mindestens 30 min kaltstellen, dann eine Spring- oder Tarteform von 26 cm Ø damit auslegen (funktioniert aber auch zum Kreis ausgerollt auf einem Backblech mit Backpapier, dann schlägt man einfach einen 2 cm breiten Teigrand über die Füllung)
150 g frischer Ziegenkäse	zerbröckeln
250 g kleine Tomaten	halbieren, beides auf dem Teig verteilen, die Tomaten mit der Schnittfläche nach oben
Meersalz *frisch gemahlener* *schwarzer Pfeffer*	würzen
2 El Olivenöl	beträufeln
	bei 180°C 20 min goldbraun backen und vor dem Servieren etwas Pesto oder grob gezupftes frisches Basilikum darauf verteilen.

und ich einen freien Nachmittag in Siena eingeschoben, schlenderten durch die Altstadt um die Piazza del Campo und kamen an einem kleinen Feinkostladen vorbei. In Spankörben lagen dort fünf oder sechs verschiedene Sorten Tomaten; von kleinen runden Früchten über größere Flaschentomaten bis zu dickgerippten, die wie flachgedrückt aussahen. Sie leuchteten in allen Schattierungen von hellem bis tiefdunklem Rot mit gelben, grünen, orangfarbenen und violettbraunen Streifen und Flecken und waren in ihrer urwüchsigen Unregelmäßigkeit das Gegenteil handelsklassengerechter Norm. Diese Früchte waren ganz eindeutig aus der Umgebung von Siena und hatten sicher nie ein Kühlhaus von innen gesehen. Wir verfielen in einen wahren Kaufrausch und feierten an diesem Abend in den alten Gemäuern des Hauses, das uns Freunde in Gaiole überlassen hatten, eine Tomaten-Orgie. Die kleinen runden aßen wir einfach so zum ersten Glas Wein als Aperitif auf der Bank vor dem Haus, dann gingen wir hinein und schnitten Salat, grillten, brieten in Olivenöl und verkochten zu dickem Sugo.

Bei unserer Rückkehr sprang mir in Berlin die Realität der heimischen Tomaten mit frustrierender Klarheit ins Auge: selbst in der Saison von Juli bis Oktober kommen aus Holland charakterlose Einheitsfrüchte, denen auch die Rispen nicht zu mehr Aroma verhelfen. Es werden immer robustere Sorten mit dem Ziel „wettbewerbsfähiger Qualitäten und Erträge" gezüchtet. Dass dabei Geschmack und Saftigkeit leiden, ist für die Produzenten erst dann ein

Salsa Mexicana

Mengenangaben pro Person

Voller gute Laune und Energie, macht aus Gebratenem oder Gegrilltem jeglicher Art ein vollständiges Gericht, wird mit einer aufgefächerten halben Avocado zur vegetarischen Vorspeise und mit Shrimps zum mexikanischen Shrimpscocktail.

1 große Fleischtomate	vierteln und entkernen, in kleine Würfel schneiden
1 Tl fein gehackte weiße Zwiebel	
1/2 fein gehackte Knoblauchzehe	
1/2 entkernte, fein gehackte frische rote Chilischote	(zum Beispiel Jalapeño oder Serrano; thailändische tun es auch)
1 gute Prise Zucker	
1 bis 2 Tl frischer Limettensaft	
Meersalz	
frisch gemahlener schwarzer Pfeffer	alles vermischen und kräftig abschmecken

Für den Shrimpscocktail 100 g Shrimps (wenn tiefgekühlt in einer kräftig mit Salz und Zucker abgeschmeckten Lake im Kühlschrank auftauen lassen) zugeben. Auf jeden Fall aber einige Stunden im Kühlschrank ziehen lassen und vor dem Servieren mit reichlich frischem, grob gehacktem Koriander vermengen.

Klare Gazpacho

für 4 Personen

Es gibt zwei Möglichkeiten, klare Tomatenbrühe zu machen. Als Kochlehrling musste ich dafür ganz klassisch Brühe mit Klärfleisch und viel Tomaten ansetzen. Hier ist die „moderne" ungekochte Variante – nach einem Rezept des Chicagoer Spitzenkochs Charlie Trotter – für kalte Gerichte, die auch ein tolles Tomatenrisotto ergibt. Einfach Wein und Brühe damit ersetzen und unter das fertige Risotto etwas Tomatenpüree und Tomatenwürfel ziehen. Als klare Gazpacho wunderbar erfrischend, besonders mit einem nicht ganz trockenen jungen Moselriesling.

1,5 kg fleischige reife Tomaten	grob zerschneiden und mit
1 Tl Meersalz	im Mixer pürieren. Erst durch ein grobes, dann ein feines Sieb oder Tuch passieren und schließlich einige Stunden im Kühlschrank absetzen lassen, bis die Flüssigkeit klar ist
1 Avocado *3 große gelbe Pflaumen (oder Mirabellen)* *1 säuerlicher Apfel* *1 kleine Salatgurke* *1 kleine Zucchini* *je eine halbe rote und gelbe Paprikaschote* *1 frische rote Chilischote* *16 kleine Kirschtomaten (wenn möglich zur Hälfte gelbe)*	aus den Früchten und Gemüsen Perlen ausstechen bzw. kleine Würfel schneiden. Mit den halbierten Tomaten und der entkernten, fein gehackten Chili mischen und in gekühlte Teller verteilen, die Brühe darüber gießen
frischer Kerbel, Schnittlauch, Basilikum, Estragon	zupfen
Saft einer halben Zitrone *1 El Olivenöl* *Meersalz*	damit vermengen und als Bouquet in der Mitte der Suppe anrichten.

Nachteil, wenn die Frankenstein-Tomaten zum Ladenhüter werden. Auch im deutschen Anbau dominieren heute diese wenigen Sorten, die vor allem den Forderungen der Supermärkte nach Haltbarkeit entgegenkommen.

Ist die Tomatenlangeweile in Deutschland vielleicht ein verspäteter Racheakt der roten Lady selbst? Als sie nämlich 1523 nach der Eroberung Mexikos durch Cortes erstmals nach Europa kam, traten ihr unsere Vorfahren aufgrund ihrer giftigen Verwandten in der Familie der Nachtschattengewächse wie Tollkirsche oder Stechapfel mit äußerstem Argwohn entgegen. Bis ins 19. Jahrhundert wurde sie in Deutschland weithin nur als Zierpflanze angesehen und Gold- oder Liebesapfel genannt. Das geht aufs italienische *Pomo d'oro* zurück – vielleicht waren die ersten Tomaten, die nach Italien kamen, goldgelb. Die Liebe hingegen beruht anscheinend auf einer sprachlichen Verwechslung. Unter anderem kamen nämlich Tomaten mit den Mauren über Nordafrika nach Italien, und aus *Pomo dei Mori*, Apfel der Mauren, entstand in Frankreich *Pomme d'Amour*. Als man die rote Lady dann in Deutschland allmählich als Gemüse betrachtete, setzte sich die von den Spaniern übernommene Bezeichnung Tomate durch; das aztekische *tomatl* bedeutet soviel wie angeschwollene Beerenfrucht. Erst seit der Zeit zwischen den beiden Weltkriegen werden Tomaten in Deutschland in nennenswerter Menge angebaut.

In ihrer Heimat in Mexiko und den Vor-Anden im Westen Mittel- und Südamerikas kommt die Lady in Red auch heute noch wild vor, und zwar nicht nur in Rot, sondern auch in Kremweiß, Gelb, Grün und Orange. Kulisse meines dritten Tomaten-Moments war vor wenigen Jahren der Farmers' Market in San Francisco im Spätsommer, wo regionale Produzenten neben einer Fülle anderer Köstlichkeiten eine unglaubliche Bandbreite von Tomatensorten anbieten. Sie bezeichnen sie als *Heirloom Tomatoes. Heirloom* lässt sich vielleicht am ehesten mit Kulturerbe übersetzen und ist hier weder schwärmerische Nostalgie noch aus der Luft gegriffener Marketing-Talk: Baja California, der Süden des Gebietes, liegt auf mexikanischem Boden, und mexikanische Arbeiter bilden das Rückgrat der kalifornischen Landwirtschaft. Die Fülle war überwältigend: von riesigen fleischigen *Beefsteaks* über grüngestreifte *Zebras* bis hin zu zitronenfrischen gelben *Lemonwonders*. Für

Hummer mit pikanter Tomatensauce und Nudeln

für 2 Personen

Ein weiterer italienischer Tomatenmoment: wir hatten im „Torre del Saracino" in dem winzigen Fischerort Marina dei Seiano bei Neapel für irgendetwas Leichtes zum Mittagessen angehalten. Doch eigentlich hätten wir Giovanni Esposito ansehen sollen, dass er ein Entweder-Oder-Typ ist. Er ist ein wahrer Hüne und Koch mit Leib und Seele. Nach verschiedenen wunderbaren Kleinigkeiten schickte er seinen Lehrling mit dem größten Hummer durchs Restaurant, den ich je gesehen habe – ob uns (und den zwei anderen besetzten Tischen) der recht sei. Eine Viertelstunde später wurde uns auf großen Tellern ein rustikales Tomatengericht serviert, mit Hummerstücken darin wie die Fleischwürfel in einem Gulasch und großen Nudeln. Die Tomatensauce war deutlich pikant (weshalb ich in meiner Version zum Nachkochen auch ein Puttanesca-Rezept als Grundlage nehme) und damit ein toller Gegensatz zum leicht süßlichen Aroma des Hummers. Sicher, in nördlicheren Breitengraden, mit normaleren Hummergrößen (oder Riesengarnelen oder Seeteufelmédaillons) wirkt das Ergebnis etwas zahmer. Aber es macht richtig Spaß, Hummer aus der Langeweiler-Luxuszwangsjacke zu befreien! In Seiano haben wir dazu den erstaunlichen weißen Kratòs von Luigi Maffini getrunken, einen Fiano, zu Hause aber auch schon üppigen australischen Grenache-Rotwein.

500 g enthäutete, entkernte und
grob gehackte frische Fleischtomaten (oder ein großes Glas/Dose Pelati oder Passata)

1 El Olivenöl	5 min lang kräftig einkochen
1 entkernte, gehackte frische Chilischote	
30 g Butter	
2 halbierte Knoblauchzehen	
3 El Olivenöl	in einer Pfanne unter Rühren anschwitzen
40 g entsteinte, halbierte Nizza- oder Gaeta-Oliven	sowie die eingekochten Tomaten dazugeben und einmal unter Rühren durchkochen
Concassée aus 2 großen Tomaten	beigeben
Meersalz	
frisch gemahlener schwarzer Pfeffer	abschmecken

1 Hummer (Größe je nach Möglichkeiten)	vielleicht von einem befreundeten Koch töten, kochen und ausbrechen lassen. Ansonsten in sehr viel kochendes Salzwasser werfen, einmal aufkochen und dann 10 min ziehen lassen. Den Hummer herausnehmen und abkühlen lassen. Mit gezielten Schlägen eines großen Messers (zur Not auch Hammers) knacken (darauf gefasst sein, dass die Küche danach komplett geputzt werden muss – aber das Opfer lohnt sich!). Die Scheren ganz lassen, den Schwanz in dicke Scheiben schneiden. In der Sauce warm werden lassen – auf keinen Fall kochen!
150 g große Nudeln	al dente kochen und mit den Hummer-Tomaten servieren.

beste Ergebnisse ist Sortenvielfalt wegen unterschiedlicher Standortbedingungen unerlässlich – „one size fits all" funktioniert, wenn überhaupt, nur als Notbehelf, man denke in Deutschland etwa an die landschaftlichen Gegebenheiten im Kaiserstuhl im Gegensatz zur Lüneburger Heide.

Wer jetzt sagt, bei uns im kühlen Norden könnten sowieso keine vernünftigen Tomaten wachsen – weit gefehlt, es geht durchaus. Tomatenpflanzen brauchen im Frühjahr vor allem eine gute Wasserversorgung und erst dann Wärme und Sonne; erst wenn die Früchte voll ausgewachsen sind, werden Inhaltsstoffe und Aromastoffe gebildet. Außerdem reifen Tomaten durchaus nach, aber sie brauchen auch dabei soviel Licht wie möglich, zum Beispiel auf einer sonnigen Fensterbank im Gegensatz zu einem mit Ethylen begasten Lagerhaus. Nach der Ernte hasst die rote Lady die Kälte allerdings so richtig. Der Kühlschrank ist ihr ein Graus und Anlass zur vollständigen Aromenverweigerung. Interessant ist außerdem, dass sie im Gewächshaus nachgewiesenermaßen weniger Vitamin C als im Freilandanbau bildet.

Die Chancen für gute Tomaten sind also am höchsten, wenn von Juli bis Oktober regionale Früchte aus dem Freilandanbau auf den Markt kommen. Für die restlichen acht Monate gibt es wunderbare Konserven, ob nun in Öl, als Pelati oder Passata.

Woran erkennt man eine gute Tomate? Sie braucht farblich keineswegs gleichmäßig zu sein. Die Schale wirkt eher transparent. Sie ist zwar noch elastisch, aber nicht hart oder kompakt. Bei kleineren runden Sorten im Gegensatz zu Fleischtomaten ist nachlassende Elastizität ein Zeichen für Überreife: die Säure baut sich dann geschmacklich bereits ab, und die Tomate schmeckt müde. Überhaupt schmeckt eine richtige Tomate selten zuckersüß wie manche moderne Züchtungen von Cherrytomaten, sondern erfrischend säuerlich.

In Weinkreisen gilt die Tomate deswegen in Verbindung mit Rotwein als ausgesprochen schwierig. Wein reagiert aber nur dann empfindlich auf Tomaten, wenn er aus nicht voll ausgereiften Trauben stammt. Die Säure der Früchte spürt unreife grüne Töne erbarmungslos auf und lässt die betreffenden Weine – ob weiß oder rot – gnadenlos dünn, hart und metallisch schmecken. Eine meiner wenigen unumstößlichen Grundregeln lautet deshalb: Bordeaux nie mit Tomate. Zu selten sind die Ausnahmejahre, in denen auch bei bezahlbaren Bordeaux-Gewächsen jede einzelne Beere der spätreifenden Cabernet-Trauben durch und durch reif geworden ist. Ansonsten habe ich neben allen Arten von Weißwein schon viel mediterranen Rotwein mit größtem Vergnügen zu Tomaten in unterschiedlichster Form getrunken: Südtiroler Lagrein Rosé und Bandol rouge, Tempranillo und Valpolicella – es gilt nur zu probieren!

Probieren lassen sollte einen auch ein guter Gemüsehändler, und es lohnt sich, nach denen zu suchen, die den Frankenstein-Tomaten noch nicht oder nicht mehr verfallen sind. Der Verein zur Erhaltung der Nutzpflanzenvielfalt VERN (www.vern.de) propagiert grüngelb gestreifte säuerliche Green Zebras und bräunlichrote, fleischige Purple Calabash. Die habe ich bis jetzt leider noch nicht gesichtet. Aber bereits eine wirklich voll ausgereifte Harzfeuer oder eine Campari sind positive Anzeichen für eine Versöhnung mit der Lady in Red – selbst wenn es sich dabei um von „wahren Kennern“ geschmähte Hybriden handelt. Als solche werden Sorten bezeichnet, die durch die Kreuzung genetisch unterschiedlicher Elternpflanzen entstanden sind. In den Folgegenerationen sind sie unstabil und deshalb über Samen nicht zuverlässig zu vermehren, aber letztendlich sind sicher alle „alten“ Sorten ursprünglich so entstanden.

Axel Szilleweit in Teltow südlich von Berlin, der große Prophet der Teltower Rübchen (über die mehr auf Seite 146), beschäftigt sich seit seinem zwölften Lebensjahr mit Tomaten. Die Vielfalt der verschiedenen Sorten, die er auf Berliner Wochenmärkten anbietet, ist Welten entfernt von den charakterlosen pseudoroten Wasserbomben. Campari passt gut für die Aperitifstunde auf dem Balkon, Harzfeuer – „eine echte Geschmackssorte", sagt Szilleweit, „aber sie ist dünnhäutig und platzt leicht, deshalb nehmen sie einem die Großhändler gar nicht erst ab" – für die mediterrane Version des eingangs erwähnten Tomatenbrots, auf leicht getoastetem Vollkornbrot, mit Olivenöl und Basilikum, und zum Kochen gibt es eine kleine fleischige Roma. „Tomatenanbau ist ein gehöriger Aufwand in unseren Breitengraden", sagt Szilleweit und verweist mit einem Seufzer auf Marktkollegen, die einfach auf dem Großmarkt italienische Ware zukaufen, „und es ist auch viel schwieriger als vor dem Mauerfall, die richtigen Verbraucher zu erreichen. Früher sind sie an unseren Ständen Schlange gestanden." Das ist keinesfalls DDR-nostalgisch gemeint und gibt mir daher um so mehr zu denken: sind wir wirklich so übersättigt und träge, sind wir Frankenstein schon derart verfallen?

A propos: was tun, wenn nur Frankenstein-Tomaten zur Verfügung stehen? Dann hilft nur eins: Doping mit Tomatenpüree, um den kleinen Monstern wenigstens annähernd so etwas wie eine Seele einzuhauchen. Auch Pelati sind nicht immer gerade ein Aromenfeuerwerk, und es lohnt sich nach einem guten Püree als Vorrat für die Tomatenküche zu suchen. Das Beste, das ich kenne, kommt von Bernard Lafon vom Château de Belloc in Sadirac bei Bordeaux. Er baut auch vergessene Gemüse wie Sauerampfer und Brennesseln an und kocht Tomaten der alten südwestfranzösischen Sorte Marmande mit ein wenig Basilikum zu unglaublich aromatischer Süße ein, die bereits in kleinsten Mengen Wunder wirkt.

Tomate concassée, die in vielen Rezepten verlangt wird, heißt wörtlich einfach nur zerkleinerte Tomate. Es ist damit aber die enthäutete, entkernte und dann in Würfel geschnittene Frucht gemeint. Häuten lassen sich Tomaten am besten, wenn man sie unten leicht kreuzweise einritzt und mit einem Schaumlöffel erst ganz kurz in kochendes und dann in sehr kaltes Wasser hält.

Die Heimat der Äpfel

Der Durst meiner Kindheit wurde lange Zeit aus dunkelbraunen Flaschen mit goldenem Kronkorken gestillt, auf deren Etikett ein großer orangegelber Apfel prangte. Wegen der besonderen Situation Westberlins war es sicher kein regionaler Apfelsaft, aber wie Kiefern und Birken gehörten Äpfel und Apfelbäume zu meiner Vorstellung von Heimat und Normalität. Bei Bananen und Apfelsinen, ja selbst Weintrauben hatte ich keine klare Vorstellung, wie und wo sie wuchsen, Ananas kam aus Büchsen, Erdbeeren waren saisonale Extravaganz – Äpfel in jeglicher Form hingegen einer der verlässlichen und unverzichtbaren Grundpfeiler, auf denen mein kulinarisches Universum ruhte.

Meine Lieblingsäpfel waren die länglichen Hasenköpfe von einem Baum im Garten meiner Großeltern, deren treffender Name mir als mysteriöse Vermischung von Tier- und Pflanzenwelt lange und viel zu denken gab. Als ich sechs oder sieben war, tauchten dann die ersten Granny Smiths beim Obsthändler auf. Sie sahen neu und anders aus, und ich war eine Zeitlang überaus begeistert von den grasgrünen, harten, sauren Dingern, die tatsächlich von einer „Oma Schmidt" in Australien gezüchtet worden sind. Doch bald langweilten sie mich; sie schmeckten einfach immer gleich. Globalisierung war damals noch kein Thema, Oma Schmidts Apfel aber einer ihrer ersten kulinarischen Vorboten.

Viele Jahre später verschlug mich das Schicksal an den Bodensee, und aus den Hasenköpfen wurden bei schwäbischen Verwandten Schafsnasen. Meine bevorzugte Jahreszeit war damals der Herbst mit seinem Licht wie schwerem Altgold, das sich balsamgleich auf die Seele legte; mit langen Radtouren durch die Apfelgärten entlang des Sees. Bei vielen Höfen standen am Tor ein paar Kisten unterschiedlichster aromatischer Apfelsorten zur Selbstbedienung mit einer kleinen Kiste als Kasse daneben: perfektes Fastfood für Pfennigbeträge. Vom Lindavia-Werk wehte warm-süßlicher Apfelmostgeruch herüber, als schmorten Bratäpfel in einem unsichtbaren Riesenofen.

Mit der Rückkehr vom See „in die Stadt“ nach Berlin verging mir die Apfellust jedoch erst einmal. Handelsüblicher Apfelsaft schmeckt eindimensional süßsauer bis unangenehm streng. Das sollte eigentlich keine Überraschung sein; im Gegensatz zum ausdrücklich gekennzeichneten „Direktsaft“ entsteht er aus Konzentrat – das anscheinend aus China besonders günstig zu haben ist – und durchläuft von der Frucht bis zum Tetrapak im Supermarktregal viele Verarbeitungsschritte. Vom Zerkleinern der Äpfel übers „Einkochen“ im Vakuumverdampfer bis hin zu Transport und Wiederverdünnen gehen bei jedem einzelnen Schritt Geschmacks- und Inhaltsstoffe verloren. Die plastikartigen, einheitlich glänzenden Golden Delicious, Royal Gala und Jonagold aus Neuseeland oder Argentinien, die die Supermarktregale endgültig erobert haben, wirken ihrerseits wie seelenlose Karikaturen, die schwer an den endlosen Transportkilometern zu tragen scheinen. Aus ihnen etwa Apfelmus zu kochen wäre reine Zeitverschwendung.

Dem Wesen des Apfels entspricht dieses Gesamtbild fader Uniformität keineswegs. Da er selbst unfruchtbar und genetisch äußerst instabil ist, birgt jeder Apfelkern in sich die Möglichkeit einer neuen Sorte. Dadurch kann er sich an unterschiedlichste klimatische bzw. geographische Gegebenheiten anpassen, und durch Selektion von Sämlingen, Kreuzungen und Mutationen entsteht eine ungeheure Vielfalt. Im Lesesaal der Staatsbibliothek Unter den Linden habe ich in einem großen, rehlederbraun gebundenen Buch mit dem goldenen Wappen Friedrichs des Großen auf kolorierten Stichen die 103 Apfelsorten bewundert, die der Gärtner Johann Hermann Knoop 1760 in der ersten Pomologie aufgeführt hat, einer „Beschreibung und Abbildung der besten Sorten der Äpfel und Birnen, welche in Holland, Deutschland, Frankreich, Engeland und anderwärts in Achtung stehen“. Bei seinem Nürnberger Kollegen Dochnahl ein Jahrhundert später waren es sage und schreibe 1263. Doch strebte der deutsche Pomologenverein schon 1853 mit der Aufstellung eines „Reichsobstsortiments“ eine Sortenvereinheitlichung an. Markt- und betriebswirtschaftliche Aspekte wurden beim Erwerbsanbau immer maßgeblicher, und die unglaubliche Vielfalt, die dem Apfel so fein abgestimmte Ausdrucksmöglichkeiten bot, wurde im Laufe des 20. Jahrhunderts auf eine

Klassisches Apfelmus

Schmeckt am besten aus einer Mischung kräftiger Apfelsorten wie Gravensteiner, Cox, Boskoop oder auch Kläräpfeln. Die Äpfel waschen, vierteln und entkernen und mit wenig Wasser und Zucker nach Geschmack weich kochen. Durch eine flotte Lotte oder mit dem Passierstab durch ein Sieb treiben, abkühlen lassen und gegebenenfalls einfrieren – einfach und köstlich zu allen Arten von Eis und natürlich zu Kartoffelpuffern!

knappe Sortenpalette reduziert, reguliert vom EU-weiten Handelsklassensystem; ein wirtschaftlich rationelles Korsett weniger, staatlich empfohlener Listensorten, darauf getrimmt, supermarkt-geeichte, unnatürlich makellose Früchte in Einheitsgröße hervorzubringen. Essen wir in Deutschland wirklich jeder rund 40 Kilogramm jährlich dieses faden Wasser-Zellulose-Zucker-Apfelsäure-Gemischs?

Der Apfel hat schon vor unserer verirrten Dekadenz Höhen und Tiefen erlebt. Die Adam-Eva-Schlangen-Story beruht allerdings anscheinend auf einem Übersetzungsfehler, der aus dem Bösen, malum, kurzerhand den Apfel, malus, machte, während eigentlich nur von der Frucht ganz allgemein die Rede ist. Lange vor dem Baum der Erkenntnis trafen acht Paar Chromosomen einer winzigen Pflaume aus der Familie der Rosengewächse auf neun der Mädesüßblume, und aus dieser Zufallsbegegnung in der Steinzeit irgendwo in den Urwäldern Kasachstans entsprang Malus, der Stammvater aller Äpfel, der bei den Assyrern und Ägyptern zum Liebessymbol avancierte. Bei den Griechen plagte sich Paris bei der Wahl zwischen drei Göttinnen mit dem *malus discordiae*, dem Apfel der Zwietracht, während seine Erwähnung sich bei Sappho und Virgil stets mit viel Techtelmechtel verband. In England war er Herrn Newton unerwartete, wenn auch schmerzhafte Quelle wissenschaftlicher Inspiration, und Herr Tell dachte praktisch, wenn auch mit hohem symbolischen Wert. „Über Rosen lässt sich dichten, in die Äpfel muss man beißen!", schrieb Herr von Goethe viel zitiert – doch da gab es noch keine Supermärkte.

Was also tun? Sich als gartenloser Stadtbewohner mit globalisierten Plastikäpfeln abfinden, die wie McDonalds' Fleischklopse stets gleich ausdruckslos schmecken, ob nun in San Francisco, Berlin, Rom, Tokio oder Paris? Ich war frustriert. Doch hatte ich den Apfel unterschätzt – so schnell geben sich die Nachkommen von Pflaume und Mädesüßblume nicht geschlagen, es lag vielmehr bei mir, dies auch wahrzunehmen. Keinesfalls aus Zufall lernte ich bei einer Slow-Food-Veranstaltung in Hamburg Uwe Engelmann kennen.

„Makelloses Aussehen und praktisch unbegrenzte Haltbarkeit sind dem Verbraucher heute als Qualität suggeriert worden", sagt der wettergegerbte, knorrige Niedersachse. Wir stehen, vor dem strömenden Regen nur notdürftig durch eine Plane geschützt, auf dem Gelände des Freilichtmuseums am Kiekeberg. Trotz des widrigen Wetters finden die Stände mit regionalem Käse, Galloway-Rindfleisch, Spargel, Rapsöl und vielem anderen regen Zuspruch. Uwe Engelmann und seine Frau bieten Apfelsaft aus der eigenen Mosterei in Fintel unweit von Hamburg an. „Möchten Sie probieren?", fragt er und schenkt mir von einem dunkelorangegelben, leicht trüben Saft ein. Aus reiner Wein-Gewohnheit rieche ich zuerst an dem Glas – und bin vollkommen überrascht: das ist ein ganzer Früchtekorb an Aromen! Ananas, Apfelsinen, Aprikosen – ich vergesse Kälte und Nässe und probiere den Saft wie einen hochwertigen Wein. Zu den vielen Fruchtaromen gesellt sich tolle Würze; Süße und Säure ergänzen sich zu einem harmonischen Ganzen, das lange, lange anhält. Apfelerinnerungen blitzen kaleidoskopartig in mir auf – so etwas kann nichts mit faden Plantagen-Golden-Delicious zu tun haben!

„Nein, nein", bestätigt Engelmann, „das ist unsere Spitzensorte, der Finkenwerder Herbstprinz. Probieren Sie dagegen einen Jamba." Ganz anders, zurückhaltend im Aroma, quasi leichter, aber glockenhell. Es folgt ein Gravensteiner: richtig stoffig – wie Spitzen-Apfelmus in Saftform! Jetzt fühle ich mich wirklich wie bei einem Winzerbesuch, und mir schießen alle möglichen Fragen durch den Kopf: Wenn die Apfelsorten eine so entscheidende Rolle spielen, wie ist es dann mit Standort, Klima bzw. Jahrgängen und Herstellungsmethoden?

„Naja", sagt Engelmann, „eigentlich ist alles ganz einfach, und ich mache gar nichts Besonderes. Wir verwenden nur Äpfel von alten Streuobstwiesen aus der Region, die weder gespritzt noch gedüngt werden, sondern nur von Zeit zu Zeit gemäht. Und die Sorten müssen einfach zum Klima passen. Der Finkenwerder Herbstprinz zum Beispiel braucht viel Luftfeuchtigkeit, wie

Uwe Engelmann

eben hier an der Niederelbe. Boskoop eignet sich auch sehr gut, und manchmal findet man zum Beispiel noch Jakob Lebel, eine alte Wirtschaftsapfelsorte. Fauliges, grünes oder überreifes Obst kommt nicht in Frage. Wir waschen und zerkleinern, d. h. mahlen die Früchte, dann werden sie in einer 2500-kg-Packpresse 10 Minuten kalt gepresst. Der Pressmost wird zentrifugiert, um ihn von den gröbsten Trubstoffen zu trennen, und anschließend in einem Durchflusserhitzer ganz kurz und schnell auf 83 bis 85° Celsius erwärmt und direkt in 0,7-l-Flaschen mit Schraubverschluss gefüllt. Ich bin immer am Experimentieren, um das Äußerste an Geschmack herauszuholen. Man muss dabei auch Risiken eingehen – eine gewisse Menge Trub erscheint mir zum Beispiel sehr positiv, aber man muss aufpassen, dass das nicht zuviel wird, das heißt, die Trubpartikel nicht zu groß sind und deshalb dann nicht mehr durcherhitzt werden, so dass der Saft verdirbt. Wir arbeiten ohne irgendwelche Zusatzstoffe wie Enzyme oder Ascorbinsäure. Wenn die Äpfel gut sind und man richtig arbeitet, ist das nicht nötig." Und die Jahrgänge? „Natürlich gibt es Unterschiede zwischen den einzelnen Jahren, in einem kühlen, feuchten Jahr schmeckt der Saft ganz anders als in einem heißen, trockenen." „Warum dann keine Jahrgangsangaben?", fragt der Weinmensch in mir. „Das ist eigentlich nicht nötig, weil wir einen sehr engen Kundenkontakt haben; die meisten kommen zu uns auf den Hof und fragen und kosten." Inzwischen ist die Sonne herausgekommen, und am Stand wird es voll. Ich überlasse die Engelmanns ihren Kunden und wandere weiter über den Markt.

Der Herbstprinz hätte auch Gärtner Knoop entzückt. „Er birgt in sich", wie sein größter Verfechter, der leidenschaftliche Pomologe Eckart Brandt es ausdrückt, „die ganzen Aromen eines norddeutschen Sommers. Kein sonnenverwöhntes Kind eines südlichen Weinbauklimas, keine milde, sondern eine rauere, robuste Süße. Die nahe See grüßt herüber." Mir schien, als hätte ich ein Stück verloren geglaubter Kultur wiederentdeckt, und im folgenden Herbst tauchte im Ökoladen bei uns um die Ecke wie zur Bestätigung eine Kiste mit Herbstprinzen auf.

Dann ließ sich ganz überraschend die Apfelsprache der Heimat Goethes vernehmen. Aus Frankfurt traf ein Päckchen mit fünf auf Holzwolle gebetteten Äpfeln ein. Ananasreinette, Goldparmäne, Erdbeerapfel, London Pepping und rote Sternreinette waren sie beschriftet. Sie sahen aus, als seien die kolorierten Stiche von Gärtner Knoop wieder lebendig geworden, und schmeckten so fein nuanciert wie in seinen Beschreibungen:

„Pomme d'Ananas, oder roth gesprengter Schlotter-Apfel. Ist zu Ende September reif, dauert zu Ende des Jahrs, auch bis in Februar. Bey dieser so schweren Frucht ist sich zu verwundern, wie dieselbe ein so geringer dünner Stiel ertragen kann. Sonstig wird dieser Apfel etwas länger und schmäler, ist von ungemein sanftem weißem Fleisch, und manchmal röthlichten Adern, genugsamen Saft, und vortrefflichem Geschmack, süß und säuerlich meliert, die äußerliche schöne Qualität stimmt vollkommen mit der innerlichen überein, und verdienet die Frucht allerdings hochgeachtet zu werden, es siehet unvergleichlich, wenn sie unter den grünen Blättern am Baum hänget. Der Krips ist von besonders weitläufiger Einrichtung, wie ein Spelunca oder Höhle, oder auch eine gewölbte Zelle, woran die Kerne ganz leicht anhängen, und wenn man den Apfel schüttelt, abfallen, und darinnen im Krips herum schlottern, dass man es hören kann . . .

Luxusfrühstücksapfeljoghurt

Für 3 bis 4 Personen

Sanfter als Obst pur, zum langsamen genüsslichen Aufwachen bei einem relaxten Frühstück am nicht zu frühen Sonntagmorgen – wenn man das Joghurt am Samstagabend macht und mit Klarsichtfolie abgedeckt in den Kühlschrank stellt, verfärbt es sich ein klein wenig, aber das tut dem Genuss keinen Abbruch.

100 g steif geschlagene Sahne	
200 g Naturjoghurt	
2 El Zucker	
etwas abgeriebene Zitronenschale	
Saft einer Zitrone	alles in einer großen Schüssel vorsichtig mischen
3 mittelgroße, eher mürbe Äpfel	waschen, vierteln und entkernen und auf einer Bircherraffel direkt in das Joghurtgemisch reiben
2 El grob gehackte Walnüsse	nach Belieben darüber streuen.

Zürcher Pfarrhaustorte

Ein sehr bewährtes Rezept aus einem der Schweizer „Betty Bossi"-Kochbücher, nach denen ich schon als Teenie mit großer Begeisterung gekocht habe (und grundsätzlich die angegebene Margarine durch Butter ersetze!).

170 g Mehl	
1 gehäufter El Zucker	
1 gute Prise Salz	
80 g kalte Butter	verreiben
1 Eigelb	
2 El flüssige Sahne	dazugeben und schnell zu einem Teig zusammendrücken. In Klarsichtfolie einschlagen und 30 min im Kühlschrank ruhen lassen, dann eine ausgefettete Springform von 24 cm Ø damit auslegen; einen 3 cm hohen Rand formen
150 g Mandeln, Hasel- oder Walnüsse, fein gerieben	
2 Eigelb	
1 Tl Zimt	
100 g Zucker	
2 große Äpfel, geschält, entkernt und grob geraffelt	
Saft einer Zitrone	
2 Eiweiß, steifgeschlagen	alles gut vermischen und auf dem Teigboden verstreichen
5 bis 6 kleinere Äpfel	schälen, halbieren, entkernen und auf der runden Seite fein einschneiden, mit dieser Seite nach oben auf der Masse verteilen
2 El Johannisbeergelee	erhitzen und die Äpfel damit bepinseln, bei 200°C im vorgeheizten Ofen gut 30 min backen.

Erdbeer-Apfel. Sehr mürb und brüchig, wenig Saft, aber von ganz vortrefflichem Wein-Geschmack . . ."

Absender dieses verfrühten Weihnachtspäckchens waren Tatjana und Andreas Schneider, die sich damit bei meinem Mann für die Inspiration bedanken wollten, die ihnen die Lektüre eines seiner Weinbücher gewesen war. Sie hatten einen Prospekt ihres „Ökologischen Obsthof am Steinberg“ in Nieder-Erlenbach bei Frankfurt beigelegt. Dort war beschrieben, wie sie auf zehn Hektar neben Äpfeln auch Birnen, Quitten, Erdbeeren und Kirschen anbauen, Hofladen und Schoppenwirtschaft betreiben und sich vor allem der Herstellung von Apfelsaft und -wein widmen. Gegründet wurde der Obsthof 1965 von Andreas' Eltern, erfuhren wir später, die auch frische Kräuter für den Frankfurter Großmarkt lieferten und Spitzenköche wie Doris Hessler und Johann Lafer zu ihren Kunden zählten. Mit langen Haaren und den wilden Ideen eines 23-Jährigen übernahm Andreas 1993 den Betrieb und stellte im Laufe des folgenden Jahres auf kontrolliert biologischen Anbau um. Seitdem wird hier konsequent zugunsten von biologischen Naturpräparaten und Handarbeit auf chemisch-synthetische Pflanzenschutz- und Düngemittel verzichtet, mit Pferdemist, Gründung und Trester-Kompost gedüngt. Es dauerte eine Weile, bis ihn die alteingesessenen Landwirte und Gärtner der Umgebung ernst nahmen und grüßten. Tatjana ist von ebenso unerschöpflicher Energie wie ihr Mann und vereint in sich anthroposophische Gedanken mit gesundem Pragmatismus. Sie bestärkt den Enthusiasten in seinen Zielen und Vorstellungen und sorgt gleichzeitig für die notwendige Bodenhaftung.

1997 haben sie auf einem Brachstück einen Apfelgarten mit über zwanzig alten Sorten gepflanzt, von denen Andreas manche nur aus den Erzählungen seines Vaters kannte. Durch diesen Garten laufen wir, als ich die beiden im nächsten Jahr besuche. Es ist Herbst, Apfelzeit. Ich komme mir vor wie auf einer Zeitreise: Die zitronengelben Ananasreinetten leuchten durch die grünen Blätter, ein saftiger Kaiser Wilhelm kracht zwischen den Zähnen. Ich erlebe die Eleganz einer Grauen Reinette und schmecke die kremige Aromatik einer Zuccalmaglio-Reinette. Andreas erzählt mir dabei von der Herkunft und den Eigenheiten jeder Sorte. Erstaunliche Geschichten sind darunter, etwa die vom Korbiniansapfel mit seiner runden Süße, den der „Apfelpfarrer“ Korbinian Aigner 1944 als Häftling zwischen den Baracken des KZ Dachau gezüchtet hat. Oder die des Russenapfels, den ein deutscher Landser 1918 aus russischer Gefangenschaft im westsibirischen Omsk über zweieinhalbtausend

Tarte Tatin – klassisch

Der klassische Apfelkuchen „verkehrtherum", der angeblich von den Tanten Tatin stammt. Das Rezept ist für eine feuerfeste runde Form von ca. 22 cm Ø ausgelegt, mit einem etwa 3 cm hohen Rand (ich benutze den Deckel einer Auflaufform aus Jenaer Glas), und ergibt 4 bis 6 Dessertportionen.

140 g Mehl	
1½ El Zucker	
1 Prise Salz	
110 g kalte Butter	mit den Fingern verreiben und mit
gut 4 El kaltem Wasser	schnell zu einem Mürbteig zusammendrücken. In Klarsichtfolie einschlagen und 1 Stunde im Kühlschrank ruhen lassen
30 g Butter	Form ausreiben
2 El Zucker	ausstreuen

kleine aromatische Äpfel, z. B. Goldparmänen

schälen, entkernen und halbieren oder vierteln. Die Form damit mit der Rundung nach unten sehr dicht auslegen. Den Teig zu einem Kreis ausrollen, der etwa 2 cm größer als die Form ist, auf die Äpfel legen und den Rand sorgfältig zwischen Früchte und Form drücken. Den Teig mit einer Gabel mehrere Male einstechen und im vorgeheizten Ofen bei 180°C 40 min backen. Einen Moment abkühlen lassen, dann beherzt auf eine Platte oder ein Blech stürzen. Sollten die Äpfel noch nicht richtig karamellisiert sein, kann man sie unter dem Grill nachbräunen. Dazu passt zum Beispiel Schlagsahne mit feingewürfeltem kandiertem Ingwer oder ein Walnussparfait mit Salbei.

Kilometer in die Altmark westlich von Berlin mitbrachte und der wahrscheinlich auf einer tschechischen Unterlage der Sorte Littauer Goldpepping veredelt wurde. Von Sorten wie dem Geheimrat von Oldenburg und der Transparenten von Croncells, die in einem Behindertenprojekt in Fulda für den Obsthof zu Apfelringen getrocknet werden. Von Bohnapfel, Königlichem Kurzstiel, Rotem Trierer Weinapfel und anderen Mostäpfeln. Der Enthusiast greift in die Erde unter den Bäumen und hält mir eine Handvoll unter die Nase: „So wie die duftet, soll mein Wein schmecken, und nach der Apfelsorte, und der Lage Steinberg und dem Jahrgang!" In der Tat sind die

Schneiderschen Apfelweine, die wir nach der Reise durch den Apfelgarten verkosten, Welten entfernt vom üblichen Sachsenhäuser Schoppepetzer. Die charaktervollen „Edelstöffche" übertragen die Ideen engagierter Rieslingwinzer in die Apfeldimension. Als ich schließlich wieder im Zug zurück nach Berlin sitze, beladen mit Äpfeln, Apfelsaft und -wein, ist mir klar: Ich habe meine Apfel-Heimat wiedergefunden!

Schneiders und Engelmanns sind nicht die einzigen Obstenthusiasten. Es lohnt sich, von September an in Hofläden, Ökogeschäften und auf Wochenmärkten nach nonkonformen Äpfeln zu suchen. Sie mögen vielleicht klein sein, hier eine Druckstelle haben, da ein wenig verschorft sein, doch ihr Geschmack ist mehr als Entschädigung – Rainer Maria Rilkes Entzücken in den „Sonetten an Orpheus" erscheint so wieder nachvollziehbar:

Wagt zu sagen, was ihr Apfel nennt.
Diese Süße, die sich erst verdichtet,
um, im Schmecken leise aufgerichtet,
klar zu werden, wach und transparent,
doppeldeutig, sonnig, erdig, hiesig –:
O Erfahrung, Fühlung, Freude –, riesig!

Wenn ich mich an frischen Äpfeln satt gegessen habe, dann mache ich Apfeljoghurt und Zürcher Pfarrhaustorte und den französischen Klassiker Tarte Tatin. Und schließlich sorge ich vor für Apfelgelüste, wenn alle echten Äpfel, auch die lagerfähigen wie Boskoop und Berlepsch längst gegessen sind und die neue Ernte auf sich warten lässt: ich mache klassisches Apfelmus und friere es ein.

Die Vielfalt des Kürbis

Geister, Hexen, Gespenster – besonders nach einem langen, goldenen Oktober trifft es mich immer wieder als leichter Schock, wenn der Backshop plötzlich sein Kürbiskernbrot als Halloween-Special deklariert, orangegrüne Girlanden aufhängt und damit den Herbst nahezu für beendet erklärt. Aber der ursprünglich englische, vorchristliche Brauch setzt sich auch bei uns – über den Umweg Amerika – immer mehr durch. Und eines der wichtigsten Symbole, wenn nicht nur die Kinder in der Nacht vom 31. Oktober auf den 1. November in gruseligen Verkleidungen durch die Straßen ziehen, ist *Jack-ó-Lantern*, der ausgehöhlte und beleuchtete Kürbis mit dem Grinsegesicht.

Laut einer alten irischen Legende war Jack O. ein böser Mensch und verlogener Trunkenbold, der selbst den Teufel hereinlegte, indem er ihn auf einen Baum lockte und dann ein Kreuz in den Stamm ritzte, so dass der Höllenfürst gefangen saß. Als Jack O. starb, fand er weder im Himmel noch in der Hölle Aufnahme und musste unablässig zwischen beiden hin und her wandern. Dieses finstere Schicksal rührte den Teufel dann doch, und er gab Jack O. ein Stück glühende Kohle als Licht in der Dunkelheit, das in einer ausgehöhlten

Gefüllte Kürbisse

Dafür eignen sich sehr kleine Kürbisse wie der gelbgrün-gefleckte Jack be little oder der cremefarbene, grüngerippte Sweet Dumpling oder Patidou, dessen helles Fleisch im Geschmack an Maronen erinnert. Wegen der unterschiedlichen Größe der Kürbisse gebe ich hier keine exakten Mengen an.
Die Kürbisse waschen, das obere Viertel als Deckel abschneiden und die Kerne herauskratzen. Etwas Butter oder Olivenöl hineingeben, sowie je nach Geschmack Knoblauch, Kräuter oder auch frischen Ingwer, Zitrone und eine Prise braunen Zucker. Den Deckel wieder daraufsetzen und im Ofen bei 180°C ca. 30 min garen, bis das Fleisch weich ist. Dann entweder einfach auslöffeln oder mit etwas reduzierter Sahne und/oder sautierten Pilzen oder Entenleber füllen.

Kürbispüree

Je intensiver das Kürbisfleisch, desto besser das Püree – ob als Beilage etwa zu gebratenen Steinpilzen oder für den traditionellen Pumpkin Pie zu Thanksgiving, dem amerikanischen Erntedankfest am vierten Donnerstag im November. Das geschälte, in große Würfel geschnittene Kürbisfleisch gare ich dafür entweder über Dampf oder backe es mit Alufolie abgedeckt im Ofen auf einem geölten Backblech bei 180°C. Dann püriere ich es wie Kartoffelpüree, schmecke mit Salz und Muskatnuss ab und ziehe ein gehöriges Stück Butter darunter.

Gebackene Kürbisspalten

Eine schnelle und super-universelle Beilage, lässt sich mit Sauerkraut oder Linsengemüse und Blutwurst ergänzen oder auch einfach nur mit einem kräftigen Blattsalat servieren. Schmeckt mir am besten von Hokkaido, den man dafür auch nicht zu schälen braucht. Einfach nur waschen, wie Melone in Spalten schneiden und Fasern und Kerne entfernen. Auf einem Backblech mit Olivenöl beträufeln und salzen, dann ca. 20 min bei 180°C garen, bis das Fleisch leicht gebräunt und ganz weich ist.

Rübe steckte. Klar, dass sich mit einer solchen Laterne Geister vertrieben ließen, was besonders in der Halloween-Nacht wichtig war. Nach keltischem Glauben sind in dieser Nacht, wenn der finstere Winter den hellen Sommer ablöst, die Mächte des Bösen besonders nah, weil die Geister der Toten zurück ins Leben drängen. Feuer und gespenstische Verkleidungen sollen Schutz vor den Toten bieten. Der heidnische Brauch war so tief verwurzelt, dass die katholische Kirche im 9. Jahrhundert als christliche Legitimierung die Feiertage Allerheiligen und Allerseelen am 1. und 2. November einführte.

Im Land der unbegrenzten Möglichkeiten mutierte die Rübe der Legende zum Kürbis. In der Tat gehören die meisten Kürbissorten zu den ältesten Kulturpflanzen der Welt und wurden lange vor Kolumbus bereits von den Ureinwohnern Mexikos und Perus neben Mais und Bohnen angebaut. In Europa war zuvor lediglich der Flaschenkürbis bekannt, der von Plinius und Apicius erwähnt wird und von dessen lateinischer Bezeichnung *Cucurbita*, eigentlich Schröpfkopf, sich unser Kürbis ableitet. Das englische *Pumpkin* hingegen stammt aus dem griechischen *pepon*, gekocht, da man Kürbisse zu den Melonen zählte, sie im Gegensatz zu letzteren aber gekocht werden müssen. Die amerikanische Bezeichnung *Squash* wiederum leitet sich von einem indianischen Wort ab und wird für so genannte Sommerkürbisse, d. h. alle Zucchiniarten gebraucht, sowohl längliche als auch ufo-förmige.

Kürbis-Walnuss-Risotto

für 4 Personen als Hauptgericht

Ein Rezept von Philippa Davenport, der Foodjournalistin der englischen „Financial Times". Die Walnüsse unterstreichen die nahezu kremig zu nennende Textur des von ihr empfohlenen Butternut-Kürbis.

3 Schalotten, fein gewürfelt *40 g Butter*	anschwitzen
450 g Butternut-Kürbis in kleinen Würfeln	dazugeben, einige Minuten mit anschwitzen
400 g Vialone-Reis *2 kleine rote scharfe Chilischoten, entkernt und fein gehackt* *etwas frischer Thymian*	ebenfalls zugeben und weiter anschwitzen
1,6 l heiße Geflügelbrühe	nach und nach unter Rühren zugeben, bis Kürbis und Reis weich sind; dann vom Herd ziehen
30 g Butter *50 g frisch geriebener Parmesan* *50 g geröstete, grob gehackte Walnusskerne*	unterrühren und mit geschlossenem Deckel einige Minuten stehen lassen
3 El Traubenkernöl	in einer kleinen Pfanne erhitzen
eine kleine Handvoll frische Salbeiblätter	darin schnell braten und auf Küchenpapier abtropfen lassen. Das Risotto mit Salz und Pfeffer abschmecken und nochmals gut umrühren, mit den Salbeiblättern darauf anrichten.

Thailand-inspirierte Kürbissuppe

für 4 Personen

Wenn man die Halloween-Laternen aus Big Max statt Gelbem Zentner schnitzt, lässt sich aus dem Fleisch bestens Suppe kochen.

1 Zwiebel	
1 Knoblauchzehe	fein würfeln
2 El Traubenkernöl	leicht anschwitzen
1 El rote Currypaste	dazugeben und mit anschwitzen, bis sie duftet
1 kl Dose Kokosmilch	zugießen und rührend einen Moment köcheln
1 kg Kürbisfleisch, gewürfelt	
1 daumengroßes Stück frischer Ingwer, fein gewürfelt	
einige gehackte Korianderwurzeln	zugeben und alles gut mischen
1 l Wasser oder Geflügelfond	ablöschen, unter Rühren zum Kochen bringen
1 Tl Palmzucker	
2 El Fischsauce	zugeben und kochen, bis der Kürbis gut weich ist, dann mit dem Stabmixer pürieren
Saft einer Limone	abschmecken
Korianderblätter	damit bestreut servieren.

Es erscheint wie ein letzter Racheakt des Teufels, dass die beliebteste Kürbissorte zum Aushöhlen und Schnitzen in Amerika der ovalrunde, mittelgroße Jack O'Lantern oder St. Martinskürbis ist: dessen Fleisch ist nämlich aus kulinarischer Sicht eine echte Enttäuschung. Sein Pendant in Deutschland ist der große, wässerig schmeckende Gelbe Zentner. Er taugt eher für Gärtner-Rekorde, war aber bis vor wenigen Jahren der einzige kommerziell erhältliche, dazu meist auch noch süßsauer eingelegte Vertreter der an sich großen Kürbisfamilie.

Doch inzwischen sorgt die Ökobranche auf ihrer ständigen Suche nach neuen „alten" Gemüsesorten für immer größere Kürbisvielfalt. Ab Anfang August leuchtet mir auf dem Markt das Orange der kleinen Hokkaido entgegen und bleibt über den Winter eine nicht nur optisch willkommene Abwechslung zum Weiß, Grün und Violett von Kohl und Rüben. Es folgen Muskatkürbis, Butternut, Sweet Dumplings, Chioggia. Geerntet werden Kürbisse bis Ende Oktober, unbedingt aber vor dem ersten Frost. Ganze Kürbisse sollten sich möglichst schwer anfühlen und ohne Druckstellen sein. Je leuchtender das Fruchtfleisch aussieht, desto reifer und damit intensiver schmeckt es und ist auch dementsprechend höher im Karotingehalt. Manche Speisekürbissorten sind optisch leicht mit Zierkürbissen zu verwechseln; letztere erkennt man jedoch schnell am unangenehm bitteren Geschmack.

Bei 10 bis 15°C und geringer Luftfeuchtigkeit halten sich die meisten Kürbissorten problemlos einige Monate. Auf dem Fensterbrett im Schlafzimmer machen sie sich besonders gut und die Grundversorgung der Küche ist so auch für Überraschungsmomente sichergestellt, weil es kaum etwas gibt, was man aus Kürbis nicht machen könnte, einige andere Zutaten vorausgesetzt.

Kürbiskuchen mit Kardamom

Wirklich schnell gemacht und das Gegenteil von staubigtrockenem Teekuchen. Schmeckt am nächsten Tag noch besser!

125 g Butter	
100 g brauner Zucker	schaumig rühren
100 g flüssiger Honig	
Saft einer Limette	untermischen
250 g Mehl	
1 geh. Tl Backpulver	
1 gestr. Tl Kardamom, gemahlen	
Mehl, Backpulver und Kardamom	mischen, dann abwechselnd mit
200 g Kürbisfleisch,	auf der Bircherreibe geraspelt
100 g Kokosraspel	unter die Buttermasse ziehen. In eine gebutterte, mit Mehl ausgestäubte Kastenform (20 cm lang) füllen und im vorgeheizten Ofen bei 160°C eine gute Stunde backen, bis an einem Holzstäbchen oder einem Messer, das man in der Mitte einsticht, nichts mehr hängen bleibt, vor dem Stürzen eine Viertelstunde ruhen lassen.

Die Würze des Teltower Rübchens und anderer Wurzeln

Als Kind habe ich mich vor allem vor zwei Dingen geekelt: vor Lakritze und vor gekochtem Knollensellerie. Während eine Begegnung mit dem schwarzen Zeug relativ leicht zu vermeiden war, gab es hingegen am Samstagmittag grundsätzlich Eintopf. Ob nun Kartoffelsuppe, Bohneneintopf oder Hühnerbrühe – in Suppen kam Suppengrün, und zu einem ordentlichen Suppengrün gehörte Sellerie. Das bedeutete, dass ich allwöchentlich schwer beschäftigt war, die grauweißen Würfel mit den merkwürdigen rostig braunen Flecken auf den Rand des Suppentellers zu bugsieren. Das wurde seitens meiner Eltern missbilligend toleriert. Nach einer Weile erbarmte sich dann mein Vater regelmäßig meines Tellerrandes – was auf dem Teller war, wurde aufgegessen –, nicht ohne zu betonen, wie wunderbar würzig er Sellerie finde. Bei meiner Großmutter, die als Hauswirtschaftslehrerin größten Wert auf geordnete Verhältnisse legte, war das Aussortieren erst richtig anstrengend, da sie Suppengrün aus dem eigenen Garten in perfekten kleinen Würfeln auf Vorrat einfror. Irgendwann setzte sich allerdings ihre pragmatische Seite durch, und sie bereitete für uns einige Beutel Suppengrün ohne Sellerie vor.

Sie selbst reagierte auf die bloße Erwähnung von Kohlrüben mit Abscheu. Kohlrüben waren für sie gleichbedeutend mit Hunger im Kriegswinter 1917/18, dem „Rübenwinter“, als bei ohnehin knappen Vorräten die Kartoffelernte durch die Braunfäule ausfiel und man in Deutschland zum Überleben auf die als Viehfutter geltenden Rüben angewiesen war. Meine Mutter wiederum überkam bis vor kurzem bei dem bloßen Gedanken an rote Bete das Schaudern, weil sie die schwarzroten Wurzeln mit aufdringlich süßsaurem, gleichzeitig jedoch streng erdig schmeckendem Matsch aus Gläsern verband.

Und doch – trotz all dieser Assoziationen haben Rüben und Verwandte heute in meiner Küche einen festen Platz. Spätestens, wenn die Uhren Ende

Oktober auf die Winterzeit umgestellt werden, es endgültig keine Freilandtomaten mehr gibt, die sprichwörtlichen langen Abende immer dunkler werden, alles innerliche Festhalten an Sommer und Sonne nicht mehr hilft: Dann ist die Zeit der Knollen und Wurzeln. Sie kennen sich mit dem Dunkel aus, verbreiten Wärme mit ihrer feinen Süße und Ruhe mit ihrem erdigen Duft.

Manchmal genügt es schon, neue Zubereitungsarten auszuprobieren, um festgefahrene Beziehungskisten zu revidieren. Lakritze bringt mich immer noch dem Würgreiz nah, aber der Knollensellerie gehört inzwischen zu meinen Lieblingsgemüsen. Allen bösen Gerüchten zum Trotz, Engländer würden ihr Gemüse grundsätzlich in viel Wasser totkochen, hat mich mein Mann nämlich mit folgender Methode bekehrt: Er schneidet die geschälte Knolle in beinahe zentimeterdicke Scheiben und brät sie sehr langsam in reichlich frischer Butter, bis sie weich sind. Im Gegensatz zu den grau gekochten Suppenwürfeln fängt dies die ganze Würze des Selleries ein – „. . . vor allem Sellerie, über dessen Reiz und Vorzüge nicht leicht zwei Ansichten auseinandergehen“, sinniert Fontane im Spreewald –, die eine deutliche Affinität zu gutem Rotwein zeigt. Nahezu jedes Stück Fleisch verwandelt sich in dieser Kombination zu einem Festmahl.

Ähnlich ist es mit roten Beten: Sie müssen keinesfalls matschig, sauer oder streng schmecken. Je weniger sie mit wässriger Flüssigkeit in Kontakt kommen, desto besser! Wenn es im Herbst kleine zarte Knollen gibt, dann bette ich sie in reichlich grobes Meersalz und backe sie bei 180°C im Ofen, bis sie weich sind. Das dauert eine gute Stunde. Dann lassen sie sich wie Pellkartoffeln schälen und schmecken wunderbar mit Crème fraîche, mit Dill oder auch frisch geriebenem Meerrettich – Wurzel zu Wurzel! Oder ich schneide sie in Scheiben und mache sie als Salat mit einer senfwürzigen Vinaigrette an. Oder serviere sie „polnisch“ als Vorspeise. Die schnelle Variante hingegen besteht darin, die rohen Knollen zu schälen, in feine Streifen zu schneiden und in Butter zu braten. Den richtigen Kick bekommen sie dann durch einen Schuss Balsamico, den man unter Schwenken einkochen lässt und somit die Streifen glasiert. Zum Schluss etwas gehackte glatte Petersilie dazu, mit Salz und Pfeffer abschmecken – und vorher für eine Flasche guten Spätburgunder bzw. Pi-

Teltower Rübchen mit Ente

„Man läßet die Rüben in Butter gar schmohren und nimmt die Brühe von geschmorten Enten und gießet sie dazu. Etwas Muskaten-Blüthe, Pfeffer, ein wenig gebranntes Mehl. Dies läßet man mit den Rüben durchkochen und giebt es über die Enten."
So empfiehlt es Auguste Wilhelmine Frédérique Charlotte Fontane geborene Werner, die dritte Frau des Kabinetsekretärs der Königin Luise Anfang des 19. Jahrhunderts in Berlin. Ihr Kochbuch wurde ein Jahrhundert später von zwei Schwestern Theodor Fontanes veröffentlicht und zeigt, dass die Berliner Küche damals einiges zu bieten hatte. Ich mache es mir allerdings noch einfacher: Ich brate Entenschenkel an, lösche mit ein wenig Weißwein ab und packe das Ganze dann in den Ofen. Nach einer guten halben Stunde kommen die Rübchen dazu, die das Entenfett (und -aroma!) förmlich in sich aufsaugen und deren Würze sich mit seiner ganz eigenen Süße verbindet. Ein großer Südtiroler Gewürztraminer dazu – wie der Kolbenhof von Hofstätter – lässt einen die ungemütliche Welt vor den schwarzen Fensterscheiben dann vollends vergessen; der Wein lässt Ente und Rübchen förmlich tanzen mit seiner nahezu rieslingartigen Beschwingtheit ... was Goethe wohl zu seinen Rübchen getrunken hat?

not Noir sorgen. Ob dann außerdem noch Fisch oder Fleisch auf den Teller kommen, ist beinahe nebensächlich. Wen die roten Finger infolge des Streifenschnipselns stören, dem sei im Übrigen eine halbe Zitrone empfohlen, die auch schon ausgepresst sein darf. Wer am Schnitzen an sich verzweifelt, sollte sich vor jeglicher Küchenaktivität einen ersten Schluck Wein gönnen und dabei den Schneidekünsten des Hauptdarstellers in der Einleitung des Films „Eat Drink Man Woman" zuschauen. In der Hand eines Spitzenkochs wie dem Berliner Tim Raue birgt die Rote Bete geradezu zen-artige Erlebnisse in sich. Er hat mir ihre erdige Süße in verschiedener Gestalt zum schlicht anmutenden Perlhuhn serviert – und die Farbe wird zur Botschaft: „Rot: die Wirkung dieser Farbe ist so einzig wie ihre Natur. Sie gibt einen Eindruck sowohl von Ernst und Würde als von Huld und Anmut ... Eine Umgebung von dieser Farbe ist immer ernst und prächtig."

Goethe lässt in seiner Farbenlehre keine Zweifel, welche Farbe für ihn über allen anderen steht. Hat er dies aber in logischer, interdisziplinärer Konsequenz auch auf seine kulinari-

Gelb-Rüben-Kuchen

Lange bevor *Carrot Cake* und Rüeblitorte als exotische Bereicherungen in deutschen Kuchentheken auftauchen, untermauert Frau Fontane auch Rumohrs Ansicht von der Süßigkeit der Möhren mit einem Rezept für „Gelb-Rüben-Kuchen": „Man nimmt röthliche, gelbe Rüben, reibet dieselben, nimmt Muskaten-Blüthe, Eyer, kleine Rosinen, ein wenig mehl, etwas Zucker, und backt es wie einen Eyer-Kuchen." Da das aber für unsere Verhältnisse etwas knapp ist, hier eine nachempfundene, ausführliche Form:

100 g Korinthen *Saft und abgeriebene Schale einer unbehandelten Zitrone*	vermischen und beiseite stellen
5 Eigelb *100 g Zucker*	schaumig rühren
250 g Möhren, geschält und geraspelt *200 g Mandeln, Hasel- oder Walnüsse, gerieben*	zusammen mit den Korinthen dazugeben
80 g Mehl *1 El Backpulver* *1 Messerspitze geriebene Muskatblüte*	darüber sieben
5 Eiweiß *1 Prise Meersalz*	schlagen, wenn sie anfangen, fest zu werden
100 g Zucker	nach und nach unter Schlagen einrieseln lassen, vorsichtig unter den Teig ziehen; in eine gefettete und mit Mehl ausgestäubte oder mit Backpapier ausgelegte Springform von 26 cm Ø füllen, glatt streichen und bei 160°C im vorgeheizten Ofen eine knappe Stunde backen.

Schmeckt mindestens am nächsten, aber eigentlich drei Tage später am besten, mancher wird den Kuchen vielleicht noch mit einer Zitronenglasur überziehen wollen.

schen Präferenzen übertragen und die Rote Bete hoch über alle anderen Gemüse gestellt? Viel zu logisch gedacht für ein Genie – dort oben thronten für ihn die Teltower Rübchen aus der Mark Brandenburg. Die ließ er sich von

Axel Szilleweit

seinem Berliner Freund, dem Komponisten und Gründer der Musikakademie Carl Friedrich Zelter, von 1804 bis 1831 scheffelweise nach Weimar schicken.

Ich kannte „die kostbaren Rübchen", wie Goethe sie nennt, die „wieder mal ganz köstlich auf dem Tische stehen", lange nur aus Erzählungen. Im gleichen Maße, wie meine Großmutter Kohlrüben hasste, bekam sie bei der Erwähnung von Teltower Rübchen glänzende Augen. Da sie in Rathenow bei Berlin aufgewachsen ist, tat ich dies als Nostalgie und Heimweh ab. Die Mauer war auch für Rübchen unüberwindbar, und was im westlichen Deutschland gelegentlich als Teltower Rübchen angeboten wurde, stammte aus der Hamburger Gegend. Die weißgrünen Wurzeln schmeckten gut, aber nicht außergewöhnlich, frisch, ein wenig wässerig – mir fiel es schwer, die Begeisterung nachzuvollziehen, ob nun meiner Großmutter, Goethes oder Fontanes. Nach dem Mauerfall änderte sich daran nicht viel. Erst Ende der 1990er Jahre entdeckte ich bei einem neuen Ökostand auf dem Markt kleine, elfenbeinfarbene verwachsene Wurzeln, die als „Teltower Rübchen" ausgeschildert waren. Sie hatten mit dem, was ich sonst als solche kannte, allenfalls die Größe gemeinsam. Ich schob den Unterschied auf den Öko-Anbau und kaufte eine Tüte voll. Bei näherer Betrachtung zu Hause ähnelten sie äußerlich kleinen, fingergroßen Petersilienwurzeln, waren schief und knubbelig, mit vielen kleinen Seitenwurzeln. Das Schälen war eine echte Aufgabe. Doch bei den ersten Ansätzen des Messers begriff ich plötzlich die Schwärmerei meiner Großmutter – schon beim Schälen entfalteten die Rübchen einen wunderbar komplexen Duft, der ein wenig an Meerrettich erinnerte, an Kiefern und Birken in der weiten märkischen Landschaft. Ich schmorte die Teltower mit Entenkeulen, und ihr ausgeprägt würziger, herbsüßer Geschmack war ein echtes Erlebnis – das zudem von einer Flasche trockenem Gewürztraminer aus Südtirol noch gesteigert wurde.

Mir fiel auf, dass Goethe und Zelter immer wieder von „echten märkischen Rüben" sprachen – hier schien es um mehr zu gehen als „nur" den Unterschied zwischen konventionellem und ökologischem Anbau. Ich folgte der Spur bis nach Teltow, und so lernte ich Axel Szilleweit kennen, den Propheten der Teltower Rübchen.

Tarte Tatin von Roten Beten

für 3 bis 4 Personen als Beilage

Das „Verkehrtherum" des Klassikers der französischen Pâtisserie gefällt gerade Roten Beten ausgesprochen gut, und ich mag dazu am liebsten etwas in heller, sahniger Sauce, wie Zander oder Maispoulardenbrust in Estragonsauce (siehe Seite 70).

20 g Butter	eine runde Tarte-Form aus Keramik oder Jenaer Glas von 20 cm Ø reichlich einfetten
2 bis 3 Rote Beten (je nach Größe)	schälen, halbieren und in dünne Scheiben schneiden und damit überlappend kreisförmig die Form in zwei Schichten auslegen
1 Schalotte, fein gewürfelt	
1 El Balsamessig	darauf verteilen
Meersalz	
frisch gemahlener	
schwarzer Pfeffer	kräftig würzen
20 g Butter in Flöckchen	darauf verteilen
200 g Blätterteig	rund ausrollen, 2 cm größer als die Form; auf die Form legen und den überstehenden Rand sorgfältig zwischen Rand und Rote Bete schieben. Den Teig mehrmals mit einer Gabel einstechen und die Tarte mindestens 30 min kaltstellen. Bei 180°C im vorgeheizten Ofen 30 bis 40 min backen. Aus dem Ofen nehmen und 5 min setzen lassen, dann ein rundes Blech darüber legen und mit einer schnellen Bewegung stürzen.

Es ist grässliches Wetter, als ich ihn in seinem Gartenbaubetrieb Ende November besuche. Während der Nacht ist der erste Schnee gefallen, doch – typisch für Berlin im November – ist das Thermometer gleich wieder über den Nullpunkt geklettert. Die märkische Landschaft ertrinkt in Matsch und Pfützen, die feuchte Kälte kriecht unter die Haut. Axel Szilleweit scheint dies alles nichts auszumachen. Als verweichlichte Städterin bin ich froh über die Wärme, die der kleine Bullerofen in dem alten ausrangierten Bauwagen verbreitet, der seinen Arbeitern und Auszubildenden als Aufenthaltsraum dient.

Er öffnet jedoch erst einmal das Fenster . . . in Jeans, kariertem Flanellhemd und Vollbart erfüllt er voll und ganz meine Erwartungen an einen Ökogärtner; der kleine graue Falter, der uns umschwirrt und dann auf seiner bunten Wollmütze landet, macht das Bild perfekt.

Bevor ich noch die Rübchen erwähnen kann, erzählt er mir voller Begeisterung von seinen Plänen. Nachtkerze, *Rapontica*, will er nächstes Jahr anbauen: „Viel zu viele Pflanzen geraten in Vergessenheit!“ Seine lustigen braunen Augen blitzen vor Unternehmergeist. Die Begeisterung fürs Gärtnern – „ohne Enthusiasmus geht das nicht, es ist Lebenswerk und Hobby zugleich“ – hat er von seinem Großvater übernommen, der in Königsberg eine große Landwirtschaft hatte. Der ökologische Weg scheint ihm selbstverständlich zu sein: „Alle Lebewesen müssen ihre Chance haben, wenn ich alle Schädlinge vernichte, gibt es irgendwann keine Singvögel mehr“, sagt er, „wir sortieren aus statt zu spritzen. Gegen die Kohlfliege spannen wir zum Beispiel ein Netz übers Rübenfeld, trotzdem bleiben oft nur zwanzig Prozent vermarktungsfähige Ware übrig. Die Rübchen haben sowieso so ihre Eigenheiten! Ende der 1980er Jahre kannte kein Mensch mehr die richtigen Teltower, und als wir 1990 einen Hektar davon hatten, haben wir bis auf zwei Kisten alles wieder umgebrochen. Nur noch zwei Bauern hatten hier in Teltow echten Rübchensamen! Und was im Westen als solche angeboten wurde, war eben nicht in Teltower Boden gewachsen.“

Die „echten märkischen Rüben“ – bis zurück zum Anfang des 18. Jahrhunderts wird in verschiedensten Werken, auch aus Frankreich, betont, wie diese Rübchen nur in Teltow unmittelbar südlich von Berlin besondere Eigenschaften aufweisen und in anderen Böden sehr leicht degenerieren. Ist also der berühmte märkische Sand das Geheimnis? „Es ist nicht nur Sand, es ist anlehmiger Sand, noch schlechter als lehmiger Sand“, sagt Szilleweit, „eigentlich ist es elendiger Kiessand.“ Es ist schlechtes Ackerland, für Weizen nicht zu gebrauchen, was erklärt, warum man sich hier so um die Rübchen bemühte, die traditionell nach der Roggenernte Ende August in die Stoppeln gesät wurden, bereits nach acht bis neun Wochen geerntet werden konnten

Topinambur-Salat mit Zitrone und Speck

für 4 Personen als Vorspeise

Der würzige Kerbel ergänzt das feine Artischockenaroma der „Topis" und ist ebenso wie die Zitronenschale wirklich essentiell in diesem Salat.

800 g Topinamburknollen	schälen, in 1/2 cm dicke Scheiben schneiden und in kochendem Salzwasser bissfest blanchieren. Abgießen und in eine Schüssel geben.
abgeriebene Schale und Saft einer halben Zitrone *1 El Balsamessig* *4 El Olivenöl* *Meersalz* *frisch gemahlener schwarzer Pfeffer*	eine Vinaigrette rühren und über die Topinamburs gießen, vorsichtig vermengen und 30 min durchziehen lassen
2 El Kerbelblättchen	vermischen und anrichten
100 g durchwachsener Speck	in Streifen schneiden und auslassen; mitsamt dem Fett darüber verteilen.

und gute Preise erzielten – und bereits damals wurde schon von Nachahmern berichtet!

„Seit 1993 ist das Teltower Rübchen geschützt, nur was aus dem richtigen Samen kommt UND im Raum Teltow wächst, darf sich so nennen. 1998 haben wir einen Förderverein gegründet. Mit Spargel verdient sich zwar immer noch leichter Geld, aber inzwischen haben wir so unsere festen Abnehmer, vor allem Gastronomen, auch in Weimar und im Hessischen." Außerdem steht Szilleweit regelmäßig auf der Grünen Woche, um Aufklärungsarbeit zu leisten.

Wie kommt der wurzelliebende Normalmensch am besten an die echten Teltower? Am besten, indem man gleich zu Anfang der Saison einen Ausflug nach Teltow unternimmt oder sich einen Vorrat schicken lässt. Bei 5 bis 10°C in eine Kiste mit lockerem Sand eingeschichtet, halten sich die ungewaschenen Rübchen bestens. Auch ich decke mich reichlich im Szilleweitschen Hofladen ein, bevor ich mich wieder zwischen den Pfützen hindurch auf den Heimweg mache.

Heimatwurzeln. Auf einem Foto aus frühester Kindheit sitze ich Mohrrüben essend auf dem Küchentisch, und wenige Jahre später zählte Butterbrot mit Rettichscheiben zu meinen Abendbrotfavoriten. Schwarzer und weißer Rettich waren für mich lange Zeit der Inbegriff von deutschem Gemüse, ein Stück heimischer Kultur. Doch wie bei den meisten der uns im Gegensatz zu den „mediterranen" Tomaten oder Paprika – die ursprünglich aus Mittelamerika stammen – so „germanisch" erscheinenden Gemüse liegt der Ursprung des Rettichs im vorderasiatischen Raum. Die Globalisierung ist keine Erfindung der Gegenwart; die meisten „unserer" Wurzeln kamen erst mit den Römern über die Alpen nach Europa.

Rüben und andere Wurzeln gehören neben Hülsenfrüchten zu den ältesten bekannten Nahrungspflanzen; erste Spuren von Wildmöhren führen bis in die Jungsteinzeit zurück. Beim Bau der Cheopspyramide um 2700 v. Chr. wurden Rettiche an die Sklaven verteilt. Theophrastus von Erisos, im 4. Jahrhundert v. Chr. ein Schüler von Aristoteles, zählt u. a. verschiedene Retticharten, Runkelrübe und Sellerie zu den in Griechenland bekannten „Küchenpflanzen", und der römische Landwirtschaftsexperte Columella berichtet 500 Jahre später neben Kohl- und Zwiebelarten von Kohlrüben, Pastinaken und Radieschen.

Mit dem Untergang des Römischen Reichs gingen jedoch auch bei uns „Barbaren" viele Kenntnisse auf dem Gebiet von Botanik, Pflanzen- und Ackerbau wieder verloren. Erst um das 8. Jahrhundert wurden alte römische und arabische Schriften in Klöstern gesammelt, neu übersetzt und in den Gärten in die Praxis umgesetzt. Karl der Große vereinte in seinen Verordnungen, den „Capitulare de Villis", diese Pflanzenbaukenntnisse, die damals auch von großer medizinischer Bedeutung waren, machte sie zur Vorschrift in den staatseigenen Gütern seines ausgedehnten Reiches und trug so wieder zu ihrer allgemeinen Verbreitung bei. Der Wissensschatz von Hildegard von Bingen

Rote-Bete-„Carpaccio" auf polnische Art

für 4 Personen
Eine Vorspeise, die sich bestens vorbereiten lässt und in Verbindung mit einem stoffigen trockenen Rheingauer Riesling – zum Beispiel vom Weingut Georg Breuer in Rüdesheim – zeigt, wie sich Hell und Dunkel ergänzen.

750 g mittelgroße Rote Beten	gerade eben weich kochen oder in Salz backen, schälen, in dünne Scheiben schneiden und kranzförmig auf Tellern ausbreiten
1 Tl Dijon-Senf	
1 El Balsamessig	
2 El Olivenöl	
Meersalz	
frisch gemahlener	
schwarzer Pfeffer	eine Vinaigrette rühren und die Roten Beten damit überziehen
2 hartgekochte Eier	
1 Schalotte	
1 El glatte Petersilie	
1 El Dill	alles fein gehackt darüber streuen
2 El Roggenbrotkrümel	
1 El Olivenöl	anbraten
8 Anchovisfilets (in Öl)	in feine Streifen schneiden und darunter mischen, unmittelbar vor dem Servieren über dem „Carpaccio" verteilen.

im 12. Jahrhundert beruhte noch auf den Kenntnissen der Antike, doch kamen unter dem Einfluss von Albertus Magnus allmählich eigene Beobachtungen hinzu. Um 1500 tauchten erste neue Pflanzen aus Übersee auf, und in der Renaissance waren Gemüse schließlich nicht nur dank Katharina von Medici „mega-in". Französischer Adel und wohlhabendes Bürgertum sammelten voller Begeisterung Arten und Gattungen. Das diente nur zum Teil nahrungstechnischen Zwecken – noch heute sind die Gärten des Louvre auch mit dekorativen Gemüsepflanzen wie Roter Bete, Fenchel und Mangold bestückt.

In Deutschland verbreiteten sich die neuen Einflüsse nur langsam, gleichwohl erlebt der Gemüseanbau Ende des 19. Jahrhunderts auch bei uns seine große Blütezeit. Gerichte wie das verschwenderisch üppige Leipziger Allerlei entstanden, das in seiner Originalfassung einzeln zubereitete Spargel, Erbsen, Karotten, Kohlrabi, Blumenkohl, Morcheln und Krebse in einer Buttersauce vereint.

Als ich jedoch vierzig Jahre nach dem Schwarzweißfoto wieder mal am Möhrenknabbern bin, fühle ich mich nicht nur daran erinnert, dass Arten- und Sortenreichtum im Laufe des 20. Jahrhunderts erheblich zurückgegangen sind. Der wissenschaftliche Fortschritt hat uns auch die Erkenntnis beschert, dass Pflanzen auf künstlichem Substrat wachsen können. Ausgerechnet bei einer Rotweinprobe kommen holländische Möhrchen auf den Tisch, kalt, verzehrfertig geschält direkt aus der Plastiktüte, eines wie das andere. „So gesund und praktisch", sagen die Gastgeber. So vollkommen langweilig und geschmacklos, denke ich. Welten entfernt von den nahezu schwärmerischen Worten von Gastrosoph Rumohr: „Ein sehr schmackhaftes und zuträgliches Gemüse . . . vornehmlich sind die jungen Möhren äußerst zart und von einer Süßigkeit, die nicht abschmeckend, sondern gewürzhaft ist." Geschmack und Charakter der Rotweine wurden gepriesen, bei den Möhren hingegen gab man sich mit hygienisch-steriler DIN-Normung zufrieden . . . junge, gute Mohrrüben brauchen die Prise Zucker nicht, die in vielen Rezepten angegeben wird, profitieren von einem Stich Butter, vertragen sich bestens mit Kräutern wie Petersilie, Kerbel oder Koriander und passen zur Taubenbrust ebenso gut wie zum Tafelspitz – selbstverständlich mit charaktervollem Rotwein!

Petersilienwurzeln sind deutlich kräftiger und schmecken eher sellerieartig. Wenn ein Petersilienwurzelpüree zum Rinderfilet, begleitet von Rotweinbutter und fritierter Blattpetersilie kein grandioses Erlebnis ist, dann liegt eine Verwechselung vor, die selbst in Öko-Gärtnerkreisen und guten Gemüsegeschäften immer wieder vorkommt. Pastinaken sind im Aussehen sehr leicht mit der wurzeligen Petersilie zu verwechseln, schmecken aber wesentlich

Sellerieküchlein

für 6 Personen als Beilage

Knollensellerie ist so kräftig, dass sein Aroma auch im Brandteig noch gut zur Geltung kommt. Die kleinen Küchlein lassen sich im Ofen warm halten oder wiedererwärmen. Sie gefallen mir vor allem zu dunklem Fleisch wie Hirsch oder Rind.

70 ml Wasser	
50 g Butter	
Meersalz	aufkochen
100 g gesiebtes Mehl	auf einmal dazugeben und unter kräftigem Rühren zu einem Kloß abbrennen, in eine Schüssel geben
2 Eier	nacheinander darunter rühren
200 g Knollensellerie (geputzt, in Würfeln)	in Salzwasser bissfest blanchieren, abgießen
100 ml Sahne	stattdessen dazu geben und ganz weich kochen
Meersalz	
frisch gemahlener schwarzer Pfeffer	
Muskatnuss	würzen, mit dem Stabmixer pürieren und passieren; abkühlen lassen und unter den Brandteig mischen. Von dieser Masse mit einem Teelöffel Nocken abstechen und im heißen Traubenkernöl ausbacken.

sanfter und sind gehaltvoller. Früher wurden sie deshalb auch Speckmöhre genannt. In England gehören sie zum Roastbeef wie bei uns das Kartoffelpüree zur Kalbsleber Berliner Art, hierzulande gewinnen sie erst langsam wieder an Terrain. Der süßliche Geschmack wird nach dem ersten Frost noch feiner, erinnert aber in pürierter Form eher an Babykost. Wie beim Sellerie hatte mein Mann auch hier den richtigen Tipp: in dicken Stäbchen langsam in Olivenöl gebraten werden daraus Edel-Pommes.

Radieschen, die in Frankreich mit Butter und Salz zum Apéritif gereicht werden, sind im Vergleich zu den Pastinaken, die bereits bei den Germanen, Slawen und Kelten auf den Tisch kamen, ein wirklich junges Gemüse aus dem 18. Jahrhundert, dem bei uns selten mehr als ein traurig-dekoratives Dasein zugestanden wird. Noch düsterer sieht heute das Schicksal der Schwarzwurzel aus, vor deren erdbehaftetem Äußeren und leicht klebrigem weißen Saft gewarnt wird, als seien Gummihandschuhe in der Küche unter Strafandrohung verboten. Noch einfacher ist es, die Wurzeln ungeschält wie Pellkartoffeln zu kochen – Rezept siehe unten. Für den „Winterspargel" werden allgemein spargelähnliche Zubereitungsarten empfohlen, doch wie beim Spargel intensiviert sich ihr Geschmack, wenn statt des Kochens in viel Wasser langsam in Butter gebraten wird. Käme die im südeuropäischen Raum beheimatete *Scorzonera hispanica* heute als Entdeckung in exklusive Feinkostläden – ich bin mir sicher: die nussig schmeckenden Stangen wären der volle Erfolg.

Für den aus Nordamerika stammenden mit Sonnenblumen verwandten

Schwarzwurzelpüree mit Meerrettich

für 4 Personen als Beilage

Eine ungewöhnliche Variante – im Gegensatz zum echten Spargel lassen sich Schwarzwurzeln nämlich sehr gut pürieren. Der Meerrettich verleiht ihnen einen tollen Kick. Passt prima zu richtig guten Thüringer oder Nürnberger Bratwürsten oder auch zu einem gekochten Tafelspitz.

1 kg Schwarzwurzeln	waschen und abbürsten, in reichlich Salzwasser gut weich kochen und gründlich mit kaltem Wasser abschrecken, die Schale abziehen, die Wurzeln in Stücke schneiden
gut 0,1 l Sahne *25 g Butter*	mit den Wurzeln pürieren, nach Belieben durch ein Sieb streichen
Meersalz *frisch gemahlener schwarzer Pfeffer*	abschmecken
frisch geriebener Meerrettich	kurz vor dem Servieren nach Geschmack darunter ziehen.

Topinambur, auch Jerusalem-Artischocke genannt, wird in der Ökoszene ebenfalls Pionierarbeit geleistet. In Süddeutschland brennt man daraus zwar recht gewöhnungsbedürftigen Schnaps, und in Frankreich ereilte diese Wurzel im zweiten Weltkrieg ein ähnlich ungerechtes Schicksal sozio-historischer Verkettungen wie die Kohlrübe in Deutschland. Doch die knackigen, angenehm an Artischocken erinnernden Knollen sind bereits auf dem besten Weg, die Spitzenküche zu erobern – Anfang eines Trends zurück zur Wurzelvielfalt. Kerbelrüben, Knollenziest, goldgelbe Bete. Das mutet heute extravagant an und war doch vor 100 Jahren vergleichsweise weit verbreitet. *Back to the roots!*

Die überlistete Kohlfamilie

Als mein Mann und ich Anfang der 1990er Jahre beschlossen, nach Berlin zu ziehen, waren die Wohnungen in der wiedervereinigten Stadt gerade knapp, jedenfalls die erschwinglichen. Wir kampierten also zuerst bei Freunden und Bekannten und vorübergehend auch im Hotel. Im Nachhinein mag das spannend klingen, und ich muss zugeben, dass ich mich spätestens seit dieser Zeit blitzschnell in fremden Küchen zurechtfinde, instinktiv die richtigen Schubladen herausziehe und keine Schwierigkeiten mit unbekannten Öfen habe, ob Gas oder Elektro. Doch auf die Dauer war das Gastkochen unbefriedigend. Da die uns versprochene Wohnung im Wedding noch unsicher schien, setzten wir alle möglichen Hebel in Bewegung und aktivierten jeden möglichen Kontakt. Wir rannten von Pontius zu Pilatus und vor allem von einem Besichtigungstermin zum nächsten. Das war größtenteils zeitaufwendig, nervig, frustrierend – aber auch spannend: wann sieht man schon so viele fremde Wohnungen?

Am eindruckvollsten war eine große alte Wohnung im ersten Hinterhof irgendwo in Schöneberg. Eine faszinierende, funktionstüchtige Kochmaschine in der großen Küche, mindestens sieben Schichten Tapeten an allen nicht gefliesten Wänden, vor allem aber: ein nahezu atemberaubender Geruch im Hausflur, der stärker wurde, je tiefer man von der Straße durchs Vorderhaus in die hinteren Gefilde vordrang . . . das war nicht der Kohl von heute oder gestern, sondern auch schon von vor- und vorvorgestern, seit Heinrich Zilles Zeiten gekocht und aufgewärmt und nochmals warm gemacht. Obwohl mich die Küche reizte, ging die Wohnung schließlich an einen anderen Interessenten, und wir zogen wie ursprünglich geplant in den Weddinger Neubau, der nach feuchtem Beton statt Kohl roch.

Warum kann Kohl so penetrant stinken? Die Antwort heißt Biowaffen: Du willst mich fressen? Das wird dir aber stinken! Die weitverzweigte Kohlfami-

Blumenkohlsalat

für 4 Personen als Vorspeise

Schmeckt lauwarm am besten, sowohl solo als auch zu allen Arten Fleisch, Fisch und Meeresgetier. Jahrelang sah es übrigens aus, als ob es vollkommen überholt sei, Blumenkohl nach dem Putzen, das heißt dem Entfernen der Blätter, kopfüber zwanzig Minuten in kaltes Salzwasser zu legen, wie es mir noch in der Berufsschule eingebläut wurde. Inzwischen gibt es durchaus wieder gelegentlich Raupen des Kohlweißlings und Kohlfliegen im Kohl, die so zum Auszug bewegt werden. Das mag mancher als Rückschritt empfinden – ich sehe dieses „tierische Eiweiß" als durchaus positiv: Gemüse wächst als Teil des großen, komplexen Gebildes Natur und nicht in einem sterilen Raum.

1 mittlerer Blumenkohl	in Röschen zerteilen und dämpfen, so dass sie noch etwas knackig sind
1 Knoblauchzehe *Meersalz*	mit dem Messerrücken zu einer Paste verreiben
4 Anchovisfilets in Öl *2 El Kapern*	fein hacken und unter die Knoblauchpaste mischen
1 El Zitronensaft *frisch gemahlener schwarzer Pfeffer* *4 El Olivenöl*	alles zu einem Dressing verrühren; mit dem noch warmen Blumenkohl mischen
2 El glatte Petersilie	hacken und unter den Salat heben.

lie stammt gänzlich von zwei eher kümmerlichen Urformen ab, respektive von der Mittelmeerküste und aus Mittelasien; Blatt-, Knospen- und Stielkohl gehören zum engeren Kreis, aber auch Rettich, Radieschen und Rüben müssen bei Familientreffen eingeladen werden, nicht zu vergessen Senf und Raps, außerdem die chinesischen Verwandten wie Pak Choi und Mizuna – und zu ganz hohen Feiertagen Kapern und Papaya, aber das sind schon viele, viele Ecken, und so genau wissen die beiden nicht, was sie bei dem ganzen Kohl verloren haben.

Jedes Familienmitglied hat so seine ganz persönliche chemische Kombination ausgetüftelt, um sich gegen Belästigungen zur Wehr zu setzen. Glucosinolate spielen dabei die Hauptrolle, und das Verteidigungssystem funktioniert wie bei den Zwiebeln: Wird die Zellstruktur verletzt – der Biss eines gefräßigen Tieres, die Klinge eines Küchenmessers – entstehen durch die Vermischung mit Enzymen schwefelhaltige Aromaverbindungen – der aufdringliche Geruch gehackter Zwiebeln! Beim Kohl werden außerdem Isothiocyanate freigesetzt, von denen das Senföl am einprägsamsten ist und menschliche Chemiewaffenfabriken zu der zynischen Grausamkeit des Senfgases inspiriert hat.

Rosenkohl-Pralinen

Sind nicht nur eine köstliche Beilage, sondern begleiten leicht abgekühlt auch bestens ein Glas Wein oder Sherry zum Aperitif.

Besonders kleine feste Rosenköhlchen putzen und in viel kochendem Salzwasser mit einer angedrückten Knoblauchzehe gut bissfest blanchieren. Abtropfen lassen, mit einem guten Stück bester Butter und etwas Meersalz auf einem Auflaufblech im Ofen bei 160°C unter mehrmaligem Rütteln und Schwenken rösten, bis die Röschen langsam goldbraun karamellisieren.

Doch zurück zum Kohl. Die schlechte Nachricht lautet, dass die Grundstoffe, aus denen die stinkende Verteidigung gebildet wird, in den jungen Blättern am konzentriertesten sind, beim Kopfkohl also in den Herzen. Die gute Nachricht ist jedoch, dass die Schwefelverbindungen, durch die der Geruchswall besonders lange in der Luft hängt, sich erst bei langem und wiederholtem Kochen so richtig entfalten und gerade diese Blätter besonders zart sind. Das bedeutet: je behutsamer die Köpfe, Knospen, Blüten und Sprossen in der Küche behandelt werden – je weniger verletzte Zellen – und je kürzer die Garzeit, desto weniger Hinterhausatmosphäre verbreitet sich. Die alten Griechen, bei denen der Kohl hoch angesehen war, erklären seine speziellen aromatischen Eigenschaften übrigens folgendermaßen: Göttervater Zeus sei bei dem angestrengten Versuch, zwei widersprüchliche Prophezeiungen zu erklären, ins Schwitzen geraten, und aus seinen Schweißtropfen entsprang der Kohl.

Diese Sage passt zum schlechten Ruf, den er bei uns genießt – während unsere französischen Nachbarn anscheinend weniger geruchsempfindlich sind: sie titulieren besonders liebe Mitmenschen zärtlich als *mon petit chou*, mein

Wirsingtarte

für 6 Personen als Vorspeise
Ideal vorzubereitende herbstliche Vorspeise: Teig vorbacken, Wirsing blanchieren und Speckzwiebeln anschwitzen kann alles am Vortag geschehen – und nicht vergessen, eine Flasche trockenen Silvaner in den Kühlschrank zu legen, zum Beispiel aus Rheinhessen von Daniel Wagner (Weingut Wagner-Stempel) oder Johannes Geil-Bierschenk (Weingut Geil I Erben).

140 g Mehl	mit je einer guten Prise Salz und Zucker sowie
80 g kalte Butter in Würfeln	verreiben und schnell mit 2 bis 3 El kaltem Wasser zum Mürbteig verkneten. Mindestens 30 min kaltstellen, dann eine Spring-oder Tarteform von 26 cm Ø (Rand!) auslegen und im vorgeheizten Ofen bei 180°C 15 min vorbacken
500 g geputzter Wirsing	in halbzentimeterbreite Streifen schneiden, in kochendem Salzwasser 3 min kochen und in kaltem Wasser abschrecken, gut abtropfen lassen
100 g durchwachsener Speck	in Streifen schneiden, mit
2 Zwiebeln, fein gewürfelt	
1 El Butter	anschwitzen
1 El Kümmel	dazugeben und alles zusammen unter den Wirsing mischen und auf dem Teigboden verteilen
150 ml Sahne	
1 Ei	verquirlen
100 g Stilton oder	
Bleu d'Auvergne	würfeln und darunter mischen
Meersalz	
frisch gemahlener	
schwarzer Pfeffer	kräftig abschmecken und über den Wirsing verteilen, die Tarte bei 160°C 15 min fertig backen.

kleiner Kohl, und lassen ihre Kinder nicht vom Storch bringen, sondern im Kohlkopf wachsen. Unsere Geringschätzung hat aber auch mit einer rein sprachlichen Verwechslung zu tun: wenn wir jemandem vorwerfen, das sei doch alles Kohl, er rede Kappes, oder ihn gar verkohlen, dann leitet sich dies etymologisch nicht von den Brassica-Gewächsen ab, nämlich dem lateinischen *caulis/colis* bzw. dem griechischen *kaulos*, sondern dem jiddischen *chaulem/cholem*: unnutzes, wertloses, sinnloses Zeug. Und auch mittelalterliche Anschauungen spielen vielleicht immer noch eine Rolle. Zusammen mit Lauch, Zwiebeln und Hülsenfrüchten war damals besonders auch Kohl wesentlicher Bestandteil der bäuerlichen Ernährung und stand wie alles Pflanz-

Chili-Weißkohl mit Salbei-Kalbsleber

für 4 Personen

Diese alles andere als klassische Kombination ist ganz zufällig entstanden; ich hatte spontan Kalbsleber gekauft, aber nicht viel mehr, die anderen Zutaten fanden sich im Kühlschrank bzw. im Kräuterkasten auf dem Balkon. Ich war selber überrascht über diese Zufallsharmonie. Die Leber sollte innen auf alle Fälle noch rosa und somit butterzart sein.

1 kleiner Weißkohlkopf	putzen, in Achtel schneiden und den Strunk nur so weit entfernen, dass die Blätter nicht auseinanderfallen
2 El Butter	in einer Pfanne zerlassen und die Weißkohlachtel darin von beiden Seiten langsam anbraten, so dass sie etwas Farbe annehmen
Meersalz *scharfe Chilischoten nach Geschmack, entkernt und fein gehackt*	würzen und knapp fingerhoch Wasser angießen, den Kohl knapp weich kochen, dabei evtl. einmal wenden (idealerweise ist das Wasser zum Schluss ganz verkocht). Währenddessen
2 Zwiebeln	in Streifen schneiden
2 El Butter	mit wenig Farbe anschwitzen
frische Salbeiblätter	in Streifen schneiden und dazugeben
450 g Kalbsleber in kleinen, dünnen Scheibchen	dazugeben und kurz gar ziehen lassen
Meersalz *frisch gemahlener schwarzer Pfeffer*	würzen und zum Weißkohl servieren.

Broccoli mit Penne und Pesto

für 4 Personen	
400 g Penne-Nudeln	in reichlich Salzwasser bissfest kochen
500 g Brokkoli	putzen und in kleine Röschen teilen, evtl. längs halbieren (die geschälten Stiele ergeben zum Beispiel eine gute Suppe)
2 bis 3 El Olivenöl	in einer großen, schweren Pfanne die Röschen bei eher schwacher Hitze langsam braten; wenn sie beginnen, weich zu werden
100 g durchwachsener Speck in Streifen	dazugeben und mitbraten. Wenn der Brokkoli eine angenehme Konsistenz erreicht hat,
100 g Pesto	mit den abgetropften Nudeln untermischen
Meersalz	abschmecken und mit
frisch gemahlener schwarzer Pfeffer	bestreut servieren.

liche, das im oder am Boden wuchs, aus der Sicht der damaligen Ärzte nicht besonders hoch im Kurs. Von den besseren Kreisen wurde solch niedrig Gewachsenes verschmäht. In ihrer Grundform sehr einfache Eintopfgerichte vom Irish Stew über die portugiesische Caldo Verde bis hin zu slawischem Borschtsch zeugen in vielen Landesküchen heute noch vom Mittelalter.

Die Wildkohl-Urahnen grauer Vorzeiten waren kopflos. Am Mittelmeer trotzten sie Sonnenhitze und Salzwasser mit dickfleischigen, wachsigen Blättern an langen, stabilen Stielen, zeigten sich aber, als sie in bereits domestizierter Form mit den Römern nach Norden wanderten, durchaus anpassungsfähig ans raue, kalte Klima. Für die Römer gehörte Kohl zu den ausgesprochenen Lieblingsgemüsen, von dem viele Arten gezüchtet wurden. Während *kaulos* und *caulis* Stiel bedeuten, leitet sich das englische *cabbage* bereits vom lateinischen *caput* für Kopf ab. Der Wirsing verdankt seinen Namen dem lateinischen *viridis* für grün, und englischsprachig als *Savoy cabbage* dem

Umstand, dass Savoyen 121 v. Chr. von Rom unterworfen wurde. Heute noch beinahe ausschließlich in Italien verbreitet sind der *Cavolo nero*, der zwar nicht wirklich schwarze, aber blaugraue Palmkohl mit seinen aufrecht wachsenden, elegant geschwungenen Blättern und *Cime di Rapa*, Stängelkohl. Letzterer sieht aus wie ein dünner, aufgeschossener Brokkoli und kann einfach komplett mit Stängel, Blüte und Blättern in breite Streifen geschnitten mit Knoblauch in Olivenöl kurz angedünstet werden – herb und erfrischend und perfekt zu einer geschmorten Lammschulter!

Eng verwandt mit dem „echten" Brokkoli ist er allerdings nicht, auch wenn der wahrscheinlich ebenfalls aus Italien stammt. Aus ihm hat sich der Blumenkohl entwickelt, der mir immer als sehr „deutsch" galt, während der „Spargelkohl" Ende der 1970er, Anfang der 1980er als exotische neue Kohlart beim

Spitzkohl-Knoblauch-Nudeln

für 3 Personen als Hauptgang
Durch die Kohlstreifen ist dies ein richtig leicht wirkendes Pastagericht.

1 kleiner Spitzkohl	vom spitzen Ende her ungefähr 300 g in feine Streifen schneiden (den Rest für eine Suppe verwenden), knackig dämpfen oder ganz kurz blanchieren, abtropfen lassen
3 El Olivenöl	in einem großen Topf erwärmen
2 frische Knoblauchzehen (oder auch mehr)	in dünnen Scheibchen
	darin kurz garen, dann den Kohl zugeben
250 g Taglierini oder ähnliche schmale Eierbandnudeln	
	in reichlich Salzwasser bissfest kochen (das geht sehr schnell), zum Kohl geben und alles mischen
Meersalz	
frisch gemahlener schwarzer Pfeffer	würzen
reichlich frisch geriebener Parmesan	bestreuen.

Kohlrabi-Som-Tam – thailändischer Salat in europäisierter Version

für 4 Personen als Vorspeise

Wie schon bei den Roten Beten angemerkt: die Einleitung des Films „Eat drink man woman" ist eine Spitzenvorführung optimierter Schneidetechnik. Als Nicht-Asiate muss man sich einfach geduldig und sorgfältig voranarbeiten. Kleiner Trost: die grüne Papaya des Originalrezepts ist wesentlich härter als Kohlrabi! Die exotischeren Zutaten für diesen Salat gibt es im Asia-Laden.

4 mittlere Kohlrabi	schälen, halbieren und zuerst in möglichst dünne Scheiben und diese dann wiederum in möglichst dünne Streifen schneiden, in eine Schüssel geben
100 g thailändische Longbeans oder grüne Bohnen	putzen, in 3 bis 4 cm lange Stücke schneiden und in kochendem Salzwasser sehr knackig kochen, in kaltem Wasser schnell abschrecken, zu den Kohlrabi geben
4 bis 6 kleine Tomaten	vierteln und ebenfalls dazugeben
1 Knoblauchzehe *1 Stück frischer Ingwer, gut kirschgroß* *1 Stück frischer Galgant, gut kirschgroß*	jeweils schälen und grob hacken
1 kleine scharfe rote Chilischote	entkernen und grob hacken, zusammen mit Knoblauch, Ingwer und Galgant im Mörser zerreiben
2 El ungesalzene, ungeröstete Erdnüsse ohne Haut *1 El getrocknete Shrimps*	dazugeben und ebenfalls zerkleinern; diese Würzmasse schließlich mit
1 Tl Palm- oder brauner Zucker *2 El Fischsauce* *2 El Zitronensaft*	vermengen und alles über den Salat geben. Gut vermischen und leicht mit dem Stößel bearbeiten oder mit den Händen etwas kneten; eine Stunde durchziehen lassen
frische Korianderblätter	vor dem Servieren über den Salat streuen.

Gemüsehändler Einzug hielt und Teil des Umschwungs von der französischen zur italienischen Küche als Megatrend zu sein schien. Wieder ein Beweis für die Kurzlebigkeit von „Tradition“: deutsche Künstler und Gelehrte wie Winckelmann und Heinse lernten den „Procculi“ Ende des 18. Jahrhunderts auf ihren Italienreisen kennen, und seitdem scheint er sich auch in Deutschland verbreitet zu haben, ist aber nach dem Ersten Weltkrieg wieder nahezu voll-

Gebratener Rotkohl mit Balsamessig

für 4 Personen als Beilage

Die rote Farbe des Rotkohls ist nicht besonders stabil – sobald man ihn länger kocht, vor allem in wässriger Flüssigkeit, wird klar, warum er mancherorts Blaukraut genannt wird. Säure fixiert das Rot, was wiederum Wein- oder Essigzugabe in traditionellen Rezepten erklärt. Eine andere Möglichkeit besteht darin, ihn gar nicht erst zu kochen, sondern zu braten. Ich habe diesen phänomenal köstlichen, tiefvioletten Rotkohl zum ersten Mal bei unserem Freund Karl-Heinz Wehrheim in Birkweiler in der Südpfalz gegessen, der nicht nur Spitzenweine macht, sondern auch am Herd eine ziemlich gute Figur abgibt und leidenschaftlicher Jäger ist (davon mehr im Wildkapitel Seite 181). Deswegen gehört dazu ein Stück Reh oder Hirsch und idealerweise ein Wehrheimscher Spätburgunder oder St. Laurent.

1 kg Rotkohl, nicht zu groß oder alt, damit er nicht zu derb ist	
	entblättern, die dicken Rippen heraus- und die Blätter in 2 cm breite Streifen schneiden (ergibt ca. 500 g), in einer großen schweren Pfanne in
2 El Olivenöl	bei nicht zu großer Hitze sehr langsam braten
Meersalz	würzen, nach ca. 10 min, wenn die Blätter beginnen, weich zu werden, mit
2 El Balsam- oder Apfelbalsamessig	ablöschen
1 Prise gemahlene Nelken *1 Prise gemahlener Piment* *frisch gemahlener schwarzer Pfeffer*	würzen und unter Rühren und Schwenken einkochen und karamellisieren lassen.

Grünkohlsalat

für 4 Personen als Vorspeise

Wie weiter unten bereits erwähnt, muss der Grünkohl dafür unbedingt einen ersten Nachtfrost hinter sich haben. Die zarten Herzblätter schmecken dann auch roh, die etwas dickeren mag ich lieber sehr kurz blanchiert wie Blattspinat. Zu dem leicht nussig schmeckenden Grünkohlsalat passt ein Stück gebratenes Karpfenfilet oder gebratene Blut- oder Leberwurstscheiben; er gibt aber auch einen prima Begleiter zu einem Steak ab, besonders in Kombination mit den Rote-Bete-Juliennes aus dem Wurzel-Kapitel. Mit verschiedenen Öl-, Essig- und Senfarten oder auch gebratenen Speckwürfeln sind viele Variationen möglich.

1 kg Grünkohl	gründlich waschen und von den Rippen abstreifen; evtl. blanchieren
1 Tl Dijonsenf *1 El Apfelbalsamessig* *Meersalz* *frisch gemahlener schwarzer Pfeffer* *2 El Olivenöl*	zu einer Vinaigrette rühren und über die Blätter geben, gut vermengen.

ständig in Vergessenheit geraten. Heute ist er hingegen quasi allgegenwärtig, und irgendeine geheimnisvolle Verbindung zur deutschen Kohl-Einstellung muss es wohl geben: *broccolo* wird in Italien ein Dummkopf genannt. Vielleicht geht das aber auch darauf zurück, dass sowohl Brokkoli als auch Blumenkohl (und ihr Cousin ersten Grades, der hellgrüne Romanesco) dadurch entstehen, dass die Pflanzen Blüten bilden, dabei aber in einem bestimmten Stadium „stecken bleiben", so dass es bei den Knospen bleibt. Deren Gewebe enthält relativ wenig Glucosinolate zur Geruchsverteidigung: je weniger man also von Stielen und Strunk mitkocht, desto dezenter das Aroma beim Kochen.

Im Treppenhaus hinauf zur Wohnung mit der Kochmaschine hatte sich zweifellos die urtümlichste aller deutschen Kohlvarianten verewigt, der Grünkohl, auch Braun- oder Krauskohl genannt. Er ist eigentlich durch hohen Vitamin B-, Kalzium- und Kaliumgehalt ernährungsphysiologisch besonders wertvoll, wird aber „traditionell" blanchiert, gehackt, lange gekocht und dann am liebsten nochmals aufgewärmt – bis er sämtliches Verteidigungspotential aktiviert hat und von wertvollen Inhaltsstoffen nicht mehr viel übrig ist. Dabei geht es viel friedlicher. Man muss nur grundsätzlich den ersten Frost abwarten, der einen Teil der Stärke in den Kohlblättern in Zucker umwandelt und sie zarter macht – das erübrigt sowohl das Blanchieren als auch den unter Grünkohlfreaks angeblich üblichen Griff zur Zuckerdose. Beschränkt man sich auf die jungen Blätter, ist Grünkohl sogar roh als Salat köstlich – dann aber vielleicht eher zum Karpfen als zur Grützwurst.

Rosenkohl hat meine Großmutter ebenfalls grundsätzlich nur nach dem ersten Frost gekauft. Der in seiner heutigen Form Ende des 18. Jahrhunderts in Belgien gezüchtete und daher im englischsprachigen Raum *Brussel Sprouts* genannte Rosenkohl ist oft als streng bis bitter schmeckend verschrien. Manche Köche – oder vielmehr ihre Lehrlinge – zerpflücken ihn deshalb mühselig in einzelne Blättchen, aber das scheint mir doch zu weit und am Sinn der Sache vorbei zu gehen. Sicher, die in der Mitte der Röschen besonders konzentriert vorkommenden, durchaus bitter schmeckenden Glucosinolate werden so beim Kochen ausgeschwemmt, aber Rosenkohl lebt wie gute Schokolade von der zartbitteren Komponente.

Kohlrabi hingegen ist scharf und frisch. Er ist kein Wurzelgemüse wie oft fälschlich angenommen, sondern ein verdickter Kohlstiel. In meiner Küche landet er selten im Kochtopf, sondern schlägt vielmehr den Bogen zum asiatischen Teil der Familie. Er „ersetzt" nämlich in meiner Version des erfrischenden thailändischen Som-Tam-Salats aus grüner Papaya aufs beste seine weitläufige Verwandte und verbreitet in dieser Form köstliche Aromen, die selbst Kohlgeruch aus Zilles Zeiten vertreiben.

Die Geschichte des Sauerkrauts

Geräucherte warme Leberwurst auf einem dampfenden Berg von wachsgelbem, glänzendem Sauerkraut. Ich atme den würzigen Duft mit vollen Zügen ein und habe schon vor dem ersten Bissen das Feinsäuerliche auf der Zunge, ausgeglichen von der zarten Süße des Kohls. Darüber liegt das fruchtige Aroma der Wacholderbeeren, die wie schwarze Perlen darin hervorblitzen und das Kraut akzentuieren wie ein gutes Parfüm, über das man nicht an sich nachdenkt, sondern das man unbewusst als Kennzeichen eines bestimmten Menschen speichert. „Alles in Ordnung?“, fragt mich Rainer Schulz, dessen Adleraugen nichts entgeht, auch nicht mein Innehalten. Ich nicke ihm zu, seufze innerlich nochmals vor Wohlbehagen und nehme schließlich den ersten Bissen. Mindestens zweimal im Monat zieht es mich hierher in die Kurpfalz-Weinstuben am Adenauerplatz, deren Interieur pfälzischer als jede Weinstube ist, die ich in der Pfalz kenne, deren Urigkeit ans Skurrile grenzt. Wirt Rainer Schulz steht den Stuben mit seinem trockenen Humor an Charakter in nichts nach. Vor gut zehn Jahren war ich zum ersten Mal bei ihm – und bin seitdem süchtig nach seinem Sauerkraut.

Er hat mich damit versöhnt, ein „Kraut“ zu sein. Als mir das bei meinem ersten USA-Besuch richtig bewusst wurde, fand ich es nämlich alles andere als erbaulich. Ich war nach dem Abitur im Herbst 1981 für drei Monate bei einer deutschen Familie in Washington DC als Aupairmädchen und lernte in der National Gallery eine junge Frau aus Philadelphia kennen. Patti lud mich spontan ein, Thanksgiving mit ihren Geschwistern und Eltern zu verbringen. Es waren unvergessliche Tage. Der Tisch bog sich förmlich unter dem Riesen-Truthahn, gratinierten Süßkartoffeln, Cranberry-Jelly und Pumpkin-Pie. Mittags spielten wir Football auf der Straße vor dem Haus, nachts brachten mir ihre Brüder die Grundregeln des Pokerns bei. Wir redeten über Gott und die Welt. Sie wollten alles über Berlin wissen, Ost, West, die Mauer. Dass das Gespräch von da sehr schnell aufs Dritte Reich kam, war für mich weder

Sauerkrautsalat mit Ananas und Koriander

für 4 Personen als Vorspeise oder Beilage

Das Kochteam einer anderen Weinstube in Berlin, dem Weinstein im Prenzlauer Berg, hat mich auf die besondere Affinität zwischen Sauerkraut und Koriandergrün gebracht. Das gilt nicht nur für gekochtes Weinkraut, sondern auch diese Salatvariante, die gut zu rosa gebratener Entenbrust oder -leber passt:

200 g rohes Sauerkraut	ausdrücken und locker zupfen
100 g frische Ananas	in kleine Würfel schneiden und untermischen
2 El Traubenkernöl	
1 El Apfelbalsamessig	verquirlen und mit
3 El grob gehackte Korianderblätter	
frisch gemahlener schwarzer Pfeffer	unter das Kraut mischen.

Schock noch Überraschung; es war (und ist) im Ausland einfach eines der mit Deutschland am meisten assoziierten Themen. Als ich ihnen von der Kochlehre erzählte, die ich nach meiner Rückkehr antreten würde, und merkte, dass Deutschland kulinarisch für sie mehr oder weniger gleichbedeutend mit Sauerkraut war, nagte die Enttäuschung hingegen lange an mir; die unvermutete Symbolik der sauren Kohlstreifen war so unmittelbar nach dem hochemotionalen Thanksgiving-Dinner eine eiskalte Dusche für mein bis dato unbekümmertes (da nicht sehr ausgeprägtes) Nationalbewusstsein.

Ist Sauerkraut wirklich so deutsch? Wer hat es erfunden? Ein Deutscher, behauptet der Dichter Ludwig Uhland in seinem Metzelsuppenlied. Vielleicht. Aber die Gärung ist eine der ältesten und einfachsten Methoden, um Lebensmittel haltbar zu machen. Milchsäurebakterien verwandeln Milch in Joghurt und Käse, zerkleinertes Fleisch in Würste und verschiedenste Gemüse- und Obstsorten in Vitaminquellen für die Winterzeit. Man braucht dazu keine Energiequelle, sondern nur einen Behälter und eventuell Salz. Eine ganze Periode der Bronzezeit ist nach den Erdgruben benannt, den Bothroi, in denen ein griechischer Stamm krautartige Pflanzen vergoren haben soll. Der römische Historiker Plinius berichtet in seiner „Naturgeschichte" im 1. Jahrhundert n. Chr., wie sich grüner Kohl in luftdicht abgeschlossenen Amphoren auf

Eisbein auf Sauerkrautsalat

für 4 Personen

Als die Zeitschrift „essen & trinken" vor vielen Jahren dieses Rezept von Siegfried Rockendorf abdruckte, lag der inzwischen leider tödlich verunglückte Berliner Spitzenkoch damit in punkto Regionalität bereits voll im Trend – auch wenn das Kürbiskernöl aus der Steiermark kommt.

1 gepökeltes Schinkeneisbein (ca. 1,5 kg)	
1/2 Bund Suppengrün	Gemüse grob zerkleinern, zusammen mit dem Eisbein mit kaltem Wasser bedecken, aufkochen und abschäumen, bei schwacher Hitze ohne Deckel 2 Stunden garen; Fleisch von Schwarten und Fett befreien, in der Brühe lauwarm halten
250 g Sauerkraut	ausdrücken und auseinander zupfen
2 El Traubenkernöl	
1 El Kürbiskernöl	mit dem Kraut mischen
Meersalz	
Zucker	
frisch gemahlener	
schwarzer Pfeffer	würzen
30 g magerer Speck	fein würfeln,
1 El Traubenkernöl	Speck ausbraten
1 roter Apfel	ungeschält in Würfel schneiden
2 Frühlingszwiebeln	in Ringe schneiden
3 El Weißweinessig	mit dem Speckfett und 100 ml Kochbrühe verquirlen, Apfel und Zwiebeln untermischen; Fleisch in Scheiben auf dem Sauerkraut anrichten, die Vinaigrette darüber verteilen
1 El frischer Meerrettich, gerieben	
1 El Kürbiskerne	mit den Speckwürfeln darüber streuen.

Sauerkraut-Kartoffel-Rösti

für 4 Personen	
200 g rohes Sauerkraut	ausdrücken und lockern
300 g rohe, geschälte Kartoffeln	auf der Bircherreibe reiben und unter das Sauerkraut mischen
Meersalz	
frisch gemahlener	
schwarzer Pfeffer	abschmecken
Butter	in einer Teflonpfanne erhitzen und bei mittlerer Hitze langsam kleine Rösti braten; sie lassen sich entweder im Ofen warm halten oder auch einige Stunden im voraus machen und dann im Ofen wieder erwärmen – und passen einfach zu allem, von Rinderrouladen über Wachteln bis zum Zander.

langen Seereisen hält. Die Asiaten vergären seit Jahrtausenden Chinakohl mit Chili, Knoblauch und Fischsauce zu Kim-Chi – und da soll der Weißkohl auf einen deutschen „Erfinder“ gewartet haben, um zum Sauerkraut zu werden? Das scheint mir doch eher weinseliges Wunschdenken eines Patrioten – eines echten „Krauts“!

Aber im deutschen Sprachraum fanden die Menschen anscheinend besonderen Gefallen am Sauerkrautmachen. Ich glaube nicht, dass es ihnen dabei nur ums Haltbarmachen ging – Weißkohlköpfe halten sich bei richtiger Lagerung im Keller monatelang. Sie hatten sicher auch Lust auf geschmackliche Abwechslung. Sie bohrten den Strunk aus den Kohlköpfen heraus, schnitten oder hobelten sie dann in feine Streifen und stampften diese mit Salz in irdenen Gefäßen oder Fässern. Wenn sich genügend Flüssigkeit gebildet hatte, damit die Lake das Ganze bedeckte und luftdicht abschloss, wurde das Kraut mit ganzen Kohlblättern abgedeckt und mit Steinen beschwert. Zwei bis drei Wochen ließ man es bei etwa 20°C stehen, dann kam es in den kühlen Keller, wo es reifte, um gut und aromatisch zu schmecken.

An diesem Prozess hat sich bis heute nicht viel geändert. Dank eines Herrn

Scheele ist seit 1780 bekannt, dass es sich dabei um eine Milchsäuregärung handelt, Louis Pasteur stellte 1857 erste Untersuchungen zur spezifischen Wirkung der Bakterien an, und zwanzig Jahre später wurden erstmals Milchsäurebakterien in Reinkultur gezüchtet. Wir wissen heute, dass sich nicht nur

Gratinierte Kraut-Austern

für 4 Personen als Vorspeise

In der klassischen Küche werden Austern auf Blattspinat gratiniert und heißen dann „Florentine". Mit Kraut wie in diesem Rezept nach Johannes King passen sie aber noch besser zu kräftigem Champagner wie dem Blanc de Blancs von Billecart-Salmon!

24 Austern	auslösen, dabei das Austernwasser auffangen, die unteren Schalen reinigen und trocknen lassen, das Wasser durch ein Sieb gießen
1 Schalotte in feinen Würfeln	
1 El Butter	glasig schwitzen
4 cl Noilly Prat	ablöschen und etwas reduzieren
100 ml Weißburgunder	
150 ml Sahne	zusammen mit dem Austernwasser zugeben und um ein Drittel einkochen
Meersalz	
frisch gemahlener schwarzer Pfeffer	
Cayenne	abschmecken
50 ml Sahne	
1 Eigelb	verquirlen und unter die Sauce ziehen, dann nicht mehr kochen!
100 g Sauerkraut	ausdrücken und lockern
1 Schalotte in feinen Würfeln	
2 El Butter	glasig schwitzen, das Sauerkraut dazugeben und erwärmen; in die Austerschalen verteilen und jeweils eine Auster darauf legen; mit der Sauce überziehen und unter dem gut vorgeheizten Grill überbacken, bis sie leicht golden sind.

Milch-, sondern auch andere Säurearten bilden, Hefen für die Aromabildung zuständig sind und Milchsäurebakterien bei 75°C absterben. Deshalb brauchen wir auch kein eigenes Krautfass im Keller, den die meisten von uns sowieso nicht mehr haben, sondern kaufen pasteurisiertes Sauerkraut in der Dose. Aber ansonsten essen wir immer noch mehr oder weniger genau das, was Marx Rumpolt, der erste deutsche Starkoch, in seinem „New Kochbuch" 1581 als Cumpost bezeichnet.

Auch das Wort Cumpost widerlegt Herrn Uhland. Darunter verstand man nämlich im Mittelalter nicht nur vergorenes Kraut. Die alten Römer nannten in Salzlake eingelegte Oliven – die wegen der Gerbstoffe, die sie enthalten, durch die Gärung überhaupt erst genießbar werden – *Compositum*, abgeleitet vom Verb *componere*, zusammenstellen/legen. Über die Jahrhunderte weitete sich das auf alle möglichen eingelegten Obst- und Gemüsearten aus, und das Kompott, das es bei meinen Großeltern zum Nachtisch gab, war sprachlich auch nichts anderes als in Zucker eingelegtes, haltbar gemachtes Obst (und der Komposthaufen in ihrem Garten ein „zusammengelegter Haufen von tierischen und pflanzlichen Abfällen").

Der große Moment des Sauerkrauts auf der internationalen Bühne kam Ende des 18. Jahrhunderts, als der britische Entdecker James Cook auf seiner zweiten Forschungsreise zum südlichen Polarkreis aus England nicht nur Pökelfleisch und Schiffszwieback, sondern auch Sauerkraut in rauen Mengen als Verpflegung mitnahm. Es hatte bereits vorher Hinweise gegeben, dass der eingelegte Kohl dem Skorbut entgegenwirkte, und angeblich verlor Kapitän Cook auf seiner über dreijährigen Reise nicht einen einzigen Mann durch die „Pest des Meeres". Man verlieh ihm die Copleysche Medaille, und Sauerkraut gehörte fortan zur Grundausrüstung von Entdeckungsreisen und Kriegsflotten.

Dass Cooks Matrosen keinen Skorbut bekamen, lag an dem hohen Vitamin-C-Gehalt von Weißkohl, der durch die Milchsäuregärung bestens konserviert wird. Manche Fachleute behaupten auch, es bilde sich dabei Vitamin B12, das ansonsten nur in tierischen Lebensmitteln vorkommt, wichtig für die roten Blutkörperchen ist und Sauerkraut für Veganer besonders interessant macht. Wenn ich es als Nicht-Veganer und Nicht-Langzeit-Segler aus

Sauerkrautroulade mit Blutwurst und Traminersenfsauce

für 4 Personen

Sauerkraut, Blutwurst und trockener (Gewürz-)Traminer haben für mich eine besondere Affinität. Zu meinen persönlichen Favoriten zählen dabei die Weine von Klaus Zimmerling, die auf der Rysselkuppe unweit von Schloss Pillnitz bei Dresden wachsen. Es ist aber eine große Überwindung, diese Aromawunder nicht direkt in den eigenen Schlund, sondern in den Kochtopf zu gießen – ich gebe zu, dass ich dafür auf einen einfacheren Südtiroler Gewürztraminer zurückgreife, zum Beispiel von der mehr als zuverlässigen Kellerei Tramin, und den Zimmerling ausschließlich zu den Rouladen trinke! Dieses Rezept lässt sich mit unterschiedlichen Senfarten variieren; wie etwa der lieblicheren „Moutarde Violette" von Denoix, die farblich die Blutwurst aufgreift.

4 große (oder entsprechend mehrere kleine) Weißkohlblätter	in Salzwasser blanchieren und auf einem Tuch ausbreiten und trocknen lassen
50 g durchwachsener Speck, fein gewürfelt *1 Zwiebel, fein gewürfelt* *1 reichlicher El Schweineschmalz oder Butter*	anschwitzen
250 g rohes Sauerkraut	ausdrücken, auflockern und die Hälfte der angeschwitzten Speckzwiebeln untermischen
Meersalz *frisch gemahlener schwarzer Pfeffer*	würzen und auf den Kohlblättern verteilen
2 Blutwürste	häuten, halbieren und auf das Sauerkraut legen, einrollen und eng nebeneinander in eine gebutterte Gratinform setzen
100 ml trockener Traminer	angießen, mit Alufolie abdecken und im vorgeheizten Ofen bei 160°C 1 Stunde dünsten, nach Belieben die Rouladen gegen Ende ohne die Alufolie und bei höherer Temperatur etwas Farbe annehmen lassen
½ Apfel fein gewürfelt	in den restlichen Speckzwiebeln weich dünsten
100 ml trockener Traminer	angießen und auf die Hälfte einkochen
150 ml Sahne	

1 El grober Senf, z. B. Moutarde de Meaux etwas frischer Thymian	dazugeben, 5 min weiterkochen
Meersalz frisch gemahlener schwarzer Pfeffer	abschmecken und nach Belieben mit dem Zauberstab pürieren und passieren, die Rouladen mit der Sauce anrichten – es sieht schön aus, wenn man sie vorsichtig quer halbiert und ein wenig öffnet.

gesundheitlicher Sicht betrachte, dann vor allem unter zwei Aspekten: Sauerkraut hat ausgesprochen wenig Kalorien, dafür aber jede Menge rechtsdrehender Milchsäurebakterien, die die Darmflora auf der Reihe halten. Allerdings nur, wenn man rohes, nicht erhitztes Sauerkraut isst, sozusagen frisch aus dem Fass. Und das sollte absolute Spitzenqualität sein, Säure und Salz fein ausgewogen, in der Konsistenz nicht hart, aber knackig. Man muss ein bisschen herumprobieren, viele Gartenbaubetriebe legen ihr eigenes Kraut ein. Im Gegensatz zur pasteurisierten Ware muss rohes Sauerkraut übrigens im Kühlschrank aufbewahrt und innerhalb weniger Tage genossen werden.

Wenn ich bei Rainer Schulz in den Kurpfalz-Weinstuben sitze, sind mir rechtsdrehende Milchsäuren und Vitamine herzlich egal, da geht es um puren Genuss, und der ist mindestens ebenso wichtig fürs allgemeine Wohlbefinden. Als Kind mochte ich kein Sauerkraut. Statt Eintopf kam es gelegentlich am Samstag mit Blut- und Leberwurst und den obligatorischen Salzkartoffeln auf den Mittagstisch; es war ein „billiges" Essen. Ich fand die Säure schlichtweg unerträglich, da halfen auch die Ananaswürfel nichts, mit denen meine Mutter meinen Brüdern und mir das Ganze schmackhaft zu machen versuchte. Bin ich mit den Jahren geschmacklich säureresistenter geworden?

Später am Abend, als es in den Kurpfalz-Weinstuben etwas ruhiger geworden ist und Rainer Schulz sich mit einem Glas zu mir gesetzt hat, traue ich mich nach all den Jahren endlich, ihn nach dem Geheimnis seines Sauerkrauts zu fragen. Man fragt Köche schließlich nicht einfach so nach ihren Rezepten. „Geheimnis?“, gluckst er jedoch, „da gibt es kein Geheimnis. Du brauchst nur gutes Schweineschmalz, schwitzt ordentlich gehackte Zwiebeln darin an und reichlich Wacholderbeeren, und gibst das Ganze über das Kraut – eine gute Markenqualität aus der Dose – das du vorher gründlich abtropfen lassen musst. Dann nicht zu wenig Salz und Pfeffer dazu und alles gründlich mit den Händen mischen und das Kraut dabei auflockern. Schließlich machst du es nur noch warm, denn wenn du es zu lange kochst, kriegt es eine schreckliche Farbe.“

Er schenkt uns beiden vom Saumagen-Riesling unseres Pfälzer Freundes Bernd Philippi nach, der genauso ausdrucksvoll und ausgewogen schmeckt wie das Schulzsche Sauerkraut. Der Wein widerlegt auf grandiose Weise die oft gehörte Behauptung, es passe eigentlich nur Bier zum Kraut. Es ist wie bei der Fisherman's Friends-Reklame: sind sie zu stark, bist du zu schwach. Wenn der Wein dem Kraut nicht standhält, dann war er zu schlank oder die Trauben nicht reif genug, was wie bei Tomaten besonders bei Cabernet-Sauvignon-geprägten Gewächsen ein Problem sein kann. Ob nun stoffiger trockener Riesling wie der von Philippi, Traminer oder Burgundersorten – auch südfranzösischen Rotwein habe ich schon mit größtem Vergnügen dazu getrunken. Ich kann mich nicht mehr erinnern, was wir damals in Philadelphia zum Truthahn getrunken haben, das war lange bevor ich mich mit Wein beschäftigt habe. Heute würde ich sicher zu einer solchen Einladung mit ein paar guten Flaschen aufkreuzen – und einer Schüssel Sauerkraut.

Der Respekt vor dem Wild

Die kurze Messerklinge setzt auf der braunbehaarten rosa Haut an, sticht hinein und fährt langsam und vorsichtig erst nach unten und dann nach oben. Spaltet das Brustbein. Schneidet Speise- und Luftröhre durch, trennt die hellfarbigen Lungen und das tiefrote, zerfetzte Herz aus dem Brustkorb. Glänzend quillt das hellviolette Geschlängel der Därme darunter hervor. In leuchtendem Dunkelrot läuft das Blut langsam aus der kleinen Wunde am Schenkel.

Ich bin mir über meine Reaktion in diesem Moment alles andere als sicher gewesen. Vor Jahren bin ich infolge einer kleinen Schnittwunde am Daumen ohnmächtig geworden und lag eine Woche mit einer Gehirnerschütterung im Krankenhaus. Nähert sich meinem Arm eine Spritze zum Impfen oder Blutabnehmen, drehe ich den Kopf in die andere Richtung. Doch angesichts des kleinen Wildschweins, das da breitbeinig auf dem Rücken vor mir auf dem Boden liegt, wird mir nicht im geringsten mulmig, ganz im Gegenteil, der Anblick hat mitsamt Blut und Innereien etwas beinahe überwältigend Ästhetisches.

Als ich später darüber nachdenke, wird mir klar, dass für mich in diesem Moment auch große Erleichterung mitschwang, endlich einer der grundlegenden, einfachen Wahrheiten im wahrsten Sinne des Wortes ins Auge geblickt zu haben. In 42 Jahren habe ich kein warmblütiges, blutendes Geschöpf sterben sehen, weder meine Großeltern, noch die Hühner, Schweine oder Lämmer, deren Fleisch ich zubereite und esse. Es mag wie ein küchenphilosophisches Klischee klingen, aber Tod und Töten gehören zum Leben.

Bei Hase, Wildschwein, Reh und Hirsch scheint das Verdrängen allerdings nicht ganz so einfach, und selbst wenn es bratfertig hergerichtet aus der Tiefkühltruhe in die Pfanne kommt, ist Wildfleisch vor allem in Deutschland kein „gewöhnliches“ Fleisch, sondern etwas Besonderes. Als Kind bin ich am ersten Weihnachtsfeiertag stets mit dem Geruch von Braten aufgewacht, und so sehr ich diese Schwaden vor dem Frühstück hasste, bedeuteten sie doch gleichzeitig, dass meine kleine Welt in ihren gewohnten Bahnen verlief. Auf die Aufregung der Bescherung am Heiligabend folgte nämlich das feierliche Mittagessen am 25., und auch ohne aufzustehen sah ich den gespickten Rehbraten vor mir, den meine Großmutter, die über die Feiertage zu Besuch war und voller Energie in der Küche die Regie übernommen hatte, bereits am Morgen in den Ofen geschoben hatte.

Heute ist die Welt auf unüberschaubare Größe gewachsen, und ich bin längst für die eigenen Küchendüfte verantwortlich. Spicken gilt inzwischen als überholt, aber Reh und Hirsch umgibt nach wie vor etwas Festliches.

Wild, Wald und der Jäger mit dem Schießgewehr sind in unseren Köpfen eng verbunden – deshalb bin ich zu Karl-Heinz Wehrheim in die Pfalz gefahren und habe ich mich eine Woche lang kurz nach fünf Uhr aus dem Bett gequält. Ich wollte Jagd selber erleben, und so stehe ich jetzt hier mit ihm und seinem Vater vor dem Wildschwein.

Für theoretische Grundlagen zum Thema hatte ich schon ziemlich ausführlich in der Bibliothek gesorgt – für alle Nichtjäger hier ein Schnelldurchlauf zur Geschichte der Jagd und unserer Beziehung zum grünen Tann.

Ob selbst jagend oder nicht – unsere Entwicklung zum modernen Menschen im Allgemeinen ist stark von der Jagd geprägt: Sozial- und Rechtsordnung sind aus ihrer Organisation und der anschließenden Verteilung der Beute entstanden. Nachdem wir von Jägern und Sammlern zu sesshaften Ackerbauern wurden, bedeutete die Jagd zusätzliche Fleischbeschaffung und Schutz vor wilden Tieren. Für die Herrschaftselite in den „Hochkulturen" ging es dabei allerdings mit der Zeit immer mehr um gesellschaftlichen Status. Das königliche Jagdrecht oder Jagdregal breitete sich aus, auch auf Grundeigentum anderer wurde der Wildbann verhängt. Das Jagdrecht wurde zum Privileg der Regierenden, von dem die Bauern immer stärker ausgegrenzt wurden. Ziel: Repräsentation, Sicherung von Territorialansprüchen, Übung für Kriegszeiten.

Als Gunstbeweis reichte der König das Jagdrecht, oft in Verbindung mit dem Gerichtsbann, an bedeutende Vasallen und Magnaten weiter – und diese ihrerseits an Untergebene. Die „hohe Jagd" behielt man sich dabei häufig selbst vor; so entstand, analog zu hohem und niederem Adel, die Einteilung in Hoch- und Niederwild. An der Spitze dieser Hierarchie standen der als überaus edel geltende Hirsch, das heißt Rot- und Damwild, und das heute beinahe als Plage empfundene Schwarzwild, also Wildschweine, die früher sehr gefährlich im Direktkampf erlegt werden mussten. Außerdem gehörten Bären, Elche, Steinbock, Gemsen, Auerwild und Fasane zum Hochwild. Zum Niederwild zählten vor allem Rehe, Hasen, Rebhühner, Füchse, Dachse, Marder und Enten. Die genaue Einteilung in Hoch- und Niederwild wurde jedoch offenbar von Fall zu Fall nach persönlichen Vorlieben und regionalen Gegebenheiten entschieden.

Je absolutistischer sich König und Adel im Laufe der Jahrhunderte gebärdeten, je mehr die Jagd zum Statussymbol und Prunkschauspiel wurde, desto stärker hatte die Landbevölkerung unter den Folgen und Begleiterscheinungen zu leiden. Sie durften oft nicht einmal Fallen stellen, und Wilderei wurde schärfstens bestraft. Bei Über-Land-Jagden hoch zu Pferd wurden nicht nur ihre Felder verwüstet, auch sämtliche wirksamen Mittel zur Verhütung von Wildschäden – die nicht ersetzt wurden – waren strengstens verboten. Ihre Hunde mussten entweder dicke Stöcke um den Hals tragen oder an den Vorderfüßen gelähmt werden, damit sie dem Wild nicht nachstellen konnten. Dazu kamen Frondienste bei der Vorbereitung und Durchführung von Jagden und der Unterbringung von Jagdgesellschaften.

Zweifellos gehörten diese Missstände mit zu den Auslösern der süd- und mitteldeutschen Bauernkriege Anfang des 16. Jahrhunderts. Doch erst mit der französischen Revolution war 1789 das Ende der exzessiven höfischen Jagd in Frankreich besiegelt und in Deutschland mit der teilweisen Einführung des *Code Napoléon* zumindest eingeläutet; 1848 kam es dann im Zuge der bürgerlichen Revolution zur allgemeinen Abschaffung der Feudaljagd.

Die vielfache Kritik der Vertreter der Aufklärung an der fürstlichen Jagd hinderte das Bürgertum in deutschen Landen im Allgemeinen nicht daran, genau nach diesem Vorrecht zu streben und sich so gleichzeitig von den Bauern zu distanzieren. Der Wildbraten ist in der bürgerlichen Küche der damaligen Zeit Symbol für das Emanzipationsstreben des Bürgertums. Dass das

Rehrücken

je nach Größe für 4 bis 6 Personen

Es sieht natürlich beeindruckend aus, wenn man den Rehrücken im Ganzen, also am Knochen brät, aber es ist schwieriger, dann wirklich den (rosa) Punkt zu treffen. So oder so kann man aber ganz gemütlich ausschlafen, ob Weihnachten oder nicht, weil das zarte Fleisch eben nicht stundenlang braucht. Es wird ganz blank pariert, also alle Häute säuberlich abgeschnitten (aus denen kann man, vielleicht mit ein paar zusätzlichen Knochen, eine Sauce kochen) und je nach Geschmack mit Kräutern und Gewürzen eingerieben. Lässt man es am Knochen, empfiehlt es sich, auf beiden Seiten entlang dem Rückgrat einzuschneiden, damit das Fleisch gleichmäßig gart. Den Ofen auf die höchste Stufe vorheizen, das Fleisch in eine feuerfeste Form legen, salzen und mit flüssiger Butter übergießen oder mit dünnen Butterscheibchen belegen. In den Ofen schieben, und diesen auf 200°C zurückschalten. Rückenfilets brauchen dann 10 Minuten oder ein klein wenig länger, ein ganzer Rücken eine halbe Stunde. Je elastischer das Fleisch sich anfühlt, wenn man mit dem Daumen darauf drückt, desto blutiger ist es noch. Die Form aus dem Ofen nehmen, das Fleisch mit Alufolie abdecken und an einem warmen Eckchen am Herd 10 Minuten ruhen lassen. Und dazu? Ganz klassisch sind Rotkraut (für eine moderne Version davon siehe Seite 169) und Spätzle und ein Spätburgunder. Sehr gut passt auch eine wirklich gute, mehrere Jahre gereifte, nicht trockene (!) Riesling-Auslese von der Mosel, zum Beispiel in Kombination mit den ersten Pfifferlingen und grünen Bohnen, oder Kürbispüree und gebratenen Steinpilzscheiben, oder Herbsttrompeten.

1848 eingeführte allgemeine Jagdrecht jedes Grundstücksbesitzers auf seinem eigenen Grund und Boden wegen der angeblich unhaltbaren, „wilden" Zustände ab 1850 sukzessive durch neue Regelungen mit der Einführung von Mindestgrößen des Grundeigentums ersetzt wurde, tat dieser Begehrlichkeit keinen Abbruch.

Daraus ergab sich ein interessantes Phänomen, dem selbst der vernunft- und wahrheitsbesessene Empiriker Karl von Rumohr verfiel, der folgendes Rezept aufführt: „Einen Hammelschlegel (Keule), aus dem man das ranzige Fett ausgelöst hat . . . beize man wie oben [‚einige Tage . . . in einen Aufguss von Essig auf allerlei Spezereien zu legen'] und nach den Umständen wohl auch um einige Tage länger. Alsdann klopfe und richte man sie so kurz als möglich, spicke sie und dünste sie wie oben. Man nennt dieses Gericht, welches auch kalt gegeben werden kann, einen falschen Rehschlegel." Ob man an Wild kam oder nicht, auf den Tisch musste es, davon zeugen ganze Reihen solcher Imitationsanleitungen, sei es bei Henriette Davidis, Mary Hahn oder in weniger bekannten Werken. Noch Ende der 1950er heißt es im Dr. Oetker Schulkochbuch am Ende des Rezepts für Hammelrücken: „Veränderung: Man kann alles Fett entfernen, das Fleisch einige Tage in Buttermilch legen und wie einen mageren Braten, mit Wacholderbeeren gewürzt, zubereiten. Verwendet man dann noch saure Sahne, erzielt man Rehbratengeschmack."

Zum gesellschaftspolitischen Aspekt kommt ab Ende des 18. Jahrhundert auch das von Rousseau begründete und in der Romantik weitergeführte neue Konzept von Natur. Der schweizerisch-französische Philosoph plädiert für den *retour à la nature*, idealisiert die Natur als ursprünglich und unverfälscht, das Gegenteil von menschlicher Zivilisation. Goethe, Heine und Marx knüpfen in Deutschland an diese Idee an, und die Bedeutung von Wald und Wild als Teil dieser unverfälschten, „guten" Natur liegt auf der Hand. Der deutsche Wald entwickelt sich zum beinahe sprichwörtlichen Begriff, steht für Natur, Zuflucht, Vorbild, wird aber im Zug der Romantik in Deutschland gleichzeitig auch zum Symbol innerer Ängste. In den Mondnächten bei Caspar David Friedrich oder im Tannhäuser etwa zeigen sich die dunklen Seiten der bei Rousseau noch durch und durch positiven Natur. Insgesamt ein hochkomplexes Thema, zu dem sich ein ganzes Buch schreiben ließe. Hier sei nur noch Elias Canetti mit seinem Werk „Masse und Macht" angeführt, für den Rousseaus *lieu sauvage* in den 1940ern das Massensymbol der Deutschen darstellt: „Das Massensymbol der Deutschen war das Heer. Aber das Heer war mehr als das Heer: es war der marschierende Wald. In keinem modernen Lande der Welt ist das Waldgefühl so lebendig geblieben wie in Deutschland. Das Rigide und Parallele der aufrecht stehenden Bäume, ihre Dichte und ihre Zahl erfüllt das Herz des Deutschen mit tiefer geheimnisvoller Freude . . . Man soll die Wirkung dieser frühen Waldromantik auf den Deutschen nicht unterschätzen. In hundert Liedern und Gedichten nahm er sie auf, und der Wald, der in ihnen vorkam, hieß oft ‚deutsch'."

Pochierte Hirschnuss mit ungewöhnlicher Sauce

für 4 Personen

Die Idee, den für mich in purer Form mehr als gewöhnungsbedürftigen norwegischen Gjetost-Käse aus karamelisierter Ziegenmilch für eine Wildsauce zu verwenden, stammt von der englischen Kochbuchautorin Jane Grigson, und sie funktioniert bestens. Dazu passen die Selleriekülchlein aus dem Wurzel-Kapitel (Seite 158). Der restliche Pochierfond ist eine gute Grundlage für eine superaromatische Wildsuppe, zum Beispiel mit den Morchelflädle aus dem Butter-Kapitel (Seite 30), oder auch einfach ein paar dünnen Scheibchen Hirschfilet und Champignons.

1 Nuss aus der Hirschkalbskeule, ca. 600 g	blank parieren, das heißt von allen Häuten und Sehnen befreien und mit Küchengarn binden; alles Abgeschnittene, küchendeutsch die „Parüren", mit
1 Flasche gehaltvoller, trockener Rotwein, z. B. aus Südfrankreich *5 cl halbtrockener Sherry* *5 Wacholderbeeren* *5 Pimentkörner* *2 Nelken* *1 Tl getrockneter oder frischer Thymian* *0,5 bis 0,75 l Wasser*	in einen Topf geben, einmal kräftig aufkochen und dann bei niedriger Temperatur ca. 1 Std. kochen.
Meersalz	kräftig abschmecken. Dann das Fleisch an einem über den Topf gelegten Kochlöffel in diesen leise siedenden Fond hängen, so dass es vollständig bedeckt ist. Nach 50 min herausnehmen und warm stellen. 0,4 l vom Fond passieren, auf die Hälfte reduzieren und mit
3 El gute Crème fraîche	verrühren
2 El kalt gerührte Preiselbeeren oder Johannisbeergelee *reichlich grob gemahlener schwarzer Pfeffer* *75 g fein gewürfelter norwegischer Gjetost-Käse*	abschmecken.

Und die Jäger im Wald? Organisieren sich. In der zweiten Hälfte des 19. Jahrhundert werden Vereine wie der „Allgemeine deutsche Jagdschutzverein" gegründet, und die Hege, die Pflege des Wildbestands unter allgemeinen naturschutzlichen Gesichtspunkten, taucht erstmals als Begriff auf. Die einzelnen Landesjagdgesetze werden vereinheitlicht, zuerst 1934 unter dem passionierten Jäger Hermann Göring zum Reichsjagdgesetz und schließlich 1952 zum Bundesjagdgesetz, mit einer neuen Fassung 1976. Inwiefern in diesen Gesetzen die alten feudalistischen Tendenzen wiederaufleben, wie archaisch, demokratisch und politisch Jagd sein kann oder darf – diese Fragen sind nach wie vor schwer umstritten.

Wer heute in Deutschland jagen will, muss eine Prüfung bestehen und damit einen Jagdschein erwerben. Er erwirbt damit das Recht zum Besitz bestimmter Waffen und darf auf eigenem Grund und Boden jagen, wenn das betreffende Grundstück mindestens 75 Hektar groß ist. Alternativ kann er ein Jagdrevier pachten. Er ist zur „Erhaltung eines den landschaftlichen und landeskulturellen Verhältnissen angepassten artreichen und gesunden Wildbestands sowie der Pflege und Sicherung seiner Lebensgrundlagen" angehalten.

Natürlich gibt es immer noch Sonntags-, Hobby-, Trophäenjäger, andererseits aber auch ökologisch orientierte Jagdvereine. Die Jäger scheinen sich zu wandeln, zumindest eine gewisse Gruppe, unter ihnen auffallend viele Winzer wie Karl-Heinz Wehrheim. Befragt nach seinen Gründen für die Jagd, nennt er vor allem den intensiven Kontakt zur Natur, zu dem „was da draußen passiert". Dieses Suchen nach der Nähe zur Natur hat nichts Verklärendes und ist das Gegenteil der oben angesprochenen Verdrängung von Töten und Tod. Für die meisten Jäger, mit denen ich gesprochen habe, ist der Moment des Tötens alles andere als ein Höhepunkt, aber unumgänglicher Teil von Natur und Leben.

Knapp zwei Stunden saß ich bereits mit Karl-Heinz' Vater Heinz auf einem Hochsitz im Pfälzer Wald. Es tat sich nicht viel, außer dem beeindruckend vielstimmigen Vogelkonzert, von dem ich Stadtkind lediglich Kuckuck und Tauben erkennen konnte. Ich hätte natürlich gern einen mächtigen Hirsch gesehen oder ein paar Rehe beobachtet. Beide wären wegen der noch andau-

Szegediner Gulasch vom Wildschwein

für 5 bis 6 Personen
Lässt sich bestens vorbereiten und schmeckt aufgewärmt am nächsten Tag sogar noch besser, z. B. zu einem Püree aus Petersilienwurzeln.

2 große Zwiebeln in Streifen	
2 Knoblauchzehen, halbiert	
100 g fetter Speck in Streifen	
2 El Schweineschmalz	anschwitzen
1 kg Wildschweinschulter in Würfel geschnitten	
1 geh. El edelsüßes Paprikapulver	dazugeben
0,5 l Wildfond, trockener Weißwein oder Brühe	ablöschen und zugedeckt auf kleiner Flamme dünsten
250 g Sauerkraut	
1 Tl Kümmel	
abgeriebene Schale einer halben Zitrone	
etwas Thymian	
1 El Tomatenmark	nach 10 min zugeben,
Meersalz	
frisch gemahlener schwarzer Pfeffer	würzen, evtl. mehr Fond angießen, weiterdünsten, bis das Fleisch nach 1 bis 1 ¼ Std. weich ist
3 El Schmand	vor dem Servieren unterrühren.

ernden Schonzeiten vor dem Wehrheimschen Schuss sicher gewesen. Die Schonzeiten sind nach Tierart, -alter, -geschlecht und noch dazu Bundesland unterschiedlich, als konsumierender Wildliebhaber ist vor allem interessant, dass der „Bock am ersten Mai aufgeht", es ab diesem Zeitpunkt also junges Rehfleisch gibt. Doch war es alles andere als langweilig, eher eine meditative Übung in Gelassenheit. Die Dämmerung setzte bereits ein, als sich eine Gruppe von Wildschweinen vom anderen Ende der Lichtung näherte, über die wir blickten. Heinz Wehrheim griff vorsichtig zum Gewehr – Wildschweine haben keine Schonzeit, man darf nur keine Frischlinge zu Halbwaisen machen. Ein Tier kam besonders nahe, sprang förmlich auf uns zu. Ein Schuss, es schlug ein paar Mal mit allen vieren aus, fiel zu Boden. Im Wald schien plötzlich Stille zu herrschen, während wir vom Hochsitz herunterkletterten und zu der Leiche hinübergingen. Ein sauberer Schuss. Es war ein eher kleines Schwein, wog vielleicht um die 25 Kilogramm, und war doch selbst zu zweit ganz schön schwer zum und ins Auto zu schaffen. Wir wuschen uns die Hände mit Wasser aus einer Plastikflasche, während es schnell ganz dunkel wurde. Doch schien uns auch der Schatten des kleinen Schweins zu umgeben, und als Heinz Wehrheim einen Flachmann aus der Tasche zog und wir einen Schluck Mirabellenbrand tranken, geschah das nicht in triumphierender Siegerstimmung, sondern aus innerem Respekt. Eine Viertelstunde später luden wir „unser" Schwein im Wehrheimschen Hof aus, und da war es für mich bereits vom Leichnam zur Nahrung geworden.

Der Naturschutzbund sagt, die einzige Legimitation für die Jagd auf wild lebende Tiere liege in ihrer Nutzung, also in der Bereitstellung natürlich gewachsener Produkte für den sinnvollen Gebrauch durch den Menschen – so wie ein Hausschwein oder ein Lamm geschlachtet wird, um als Nahrung zu dienen – und dem schließe ich mich voll und ganz an. Von Martin Luther stammt angeblich der Ausspruch: „Jagd ist dann gut und nutz, wenn der gut und nutz ist, der sie ausübt." Das gilt auch nach dem Schuss. Bei Wildschweinen müssen Fleischproben zur Untersuchung auf Trichinen und Schweinepest eingeschickt werden, bei Reh- und Hirschfleisch in nicht gewerblichem Umfang liegt es im Ermessen des Jägers, einen Fleischbeschauer zu Rate zu ziehen, wenn er Bedenken ob der Gesundheit und Genusstauglichkeit des erlegten Tieres hat.

„Unser" Schwein waschen wir schließlich aus und hängen es mit dem Fell, „in der Decke", in einem großen Kühlschrank auf. Das Abhängen ist essentiell, um das Fleisch reifen zu lassen, was nicht nur für Wild, sondern auch alle anderen Tierarten gilt. Die Dauer hängt von Art und Alter des Tieres sowie dem persönlichem Geschmack ab. Siebeck schreibt wehmütig vom „Haut-

Fasanenbrust à la Frédy Girardet

Ob ganz wild oder ausgewildert – die Hennen geben mit ihrem gedeckt braunen Federkleid zwar eine weniger schillernde Figur ab, haben aber fetteres und damit saftigeres Fleisch. Letzteres ist bei Wildgeflügel allerdings sehr relativ, und ich finde Fasan notorisch trocken. Besonders wenn die sehnenreichen Schenkel genießbar sind, ist die Brust längst purer Ballaststoff. Deshalb werden die Tiere in meiner Küche zerlegt und alles separat verarbeitet. Für die Brüste ist dieses Rezept des legendären Schweizer Spitzenkochs geradezu genial in seiner Schlichtheit. Ein sahniges Kartoffelgratin (vielleicht mit Trüffeln?!) macht Sauce überflüssig, ein gereifter weißer Burgunder vom Weingut Fürst aus Franken vollendet das Festmahl.

In einer ofenfesten Pfanne reichlich Butter aufschäumen lassen und pro Person eine Fasanenbrust (ohne Haut), mit Meersalz und frisch gemahlenem schwarzen Pfeffer gewürzt, hineingeben. In der Tür des geöffneten, sehr heißen Ofens gar ziehen lassen (sozusagen halb im Ofen) und dabei ständig mit Butter begießen. Nach 8 bis 10 min sind die Brüste gerade gar und wunderbar saftig.

gout" vergangener Zeiten, dem Geschmack lange gereiften Wildfleisches, der heute nicht mehr angesagt sei.

Was passiert beim Abhängen? Direkt nach dem Tod wird das Glykogen in den Muskelzellen in Milchsäure umgewandelt. Dadurch sinkt der pH-Wert, so dass das Fleisch vor bakteriellem Verderben weitgehend geschützt ist. Wenn alles Glykogen umgewandelt ist, was eine bis mehrere Stunden dauert, tritt die Totenstarre ein; bestimmte Eiweißstoffe der Muskelfasern ziehen sich zusammen. Nach ein bis drei Tagen werden dann fleischeigene Enzyme aktiv, die diese Proteine zersetzen. Das Fleisch wird wieder weicher und entwickelt langsam Eigengeschmack. Je jünger das Tier und je heller das Fleisch, desto schneller geht das alles. Wenn ein ausgewachsenes Reh oder Schwein jedoch viel durch den Wald geflitzt ist, kann es bis zu vier Wochen dauern. Wie beim Wein schlägt „reif" jedoch irgendwann in „verdorben" um. Wo man diesen Punkt ansetzt, hängt vom persönlichen Geschmack und dem Trend der Zeit ab. In Mary Hahns Kochbuch von 1912 wird explizit gewarnt: „Frisch geschossenes Wild muss mindestens 8 bis 14 Tage an der Luft hängen, doch darf es keinen üblen Geruch (Hautgout, das Zeichen beginnender

Fäulnis) annehmen." Sie empfiehlt, das Fleisch in mit Essig getränkte Tücher einzuhüllen. In England war das Einreiben mit gemahlenem schwarzen Pfeffer üblich, um das Fleisch vor der Zeit großer Kühlschränke beim Abhängen vor dem vorzeitigen Verderben zu schützen. Bei einem unmittelbar vor dem Tod gehetzten, gestressten Tier, ob im Wald oder bei der Massenabfertigung im Schlachthof, hilft allerdings das längste Abhängen nichts; es hat seine Glykogenreserven im letzten Moment aufgebraucht, so dass sich keine Milchsäure bilden kann – das Fleisch bleibt zäh und fest und ist leider verderblich.

Im Vergleich mit Schlachtfleisch ist Wildfleisch ausgesprochen fettarm und eiweißreich – und wird deshalb beim Kochen, Braten oder Schmoren auch schnell trocken. Das altmodische Spicken hilft dem meiner Ansicht nach nicht ab, allenfalls bereichert der Speck das Fleisch um eine geschmackliche Komponente. Eher wird aber die Fleischstruktur verletzt und das Ergebnis noch trockener. Sinnvoller ist das Begießen mit flüssiger Butter oder das Belegen mit Speckscheiben. Das Einlegen in eine Beize oder Marinade macht entgegen allen Annahmen nicht mürber, sondern durch die Flüssigkeitsaufnahme höchstens saftiger. Vor allem lassen sich Einzelstücke so mehrere Tage aufbewahren; eine andere Möglichkeit ist das gründliche Einreiben mit Traubenkern- oder Olivenöl und zerstoßenen, antibakteriell wirkenden Gewürzen wie Pfeffer und Wacholder.

Für meine Großmutter war es anscheinend selbstverständlich, jedes Stück Wild, ob jung oder alt, zart oder derb, zu marinieren, zu spicken und kräftig zu würzen. In meiner Erinnerung war sie der Meinung, dass ein Rehrücken mehrere Stunden braten musste. Also kam er morgens in den Ofen, schlug mir schon beim Aufwachen in die Nase und hatte dann mittags tranchiert auf dem Teller ob seiner Trockenheit eher symbolischen als genusstechnischen Wert. Erst Ende der 1970er, Anfang der 1980er Jahre, mit dem Einfluss der französischen Nouvelle Cuisine, war es auch in deutschen Küchen denkbar, die besten Stücke von Reh oder Hirsch ungebeizt und ungespickt wie Rind oder Lamm kurz zu braten und innen noch rosa und somit saftig zu servieren.

Jetzt höre ich schon den Einwand aus der einen oder anderen Ecke, auf den man auch in modernen Kochbüchern immer wieder stößt: Wildfleisch müsste durchgebraten sein! Das gesundheitliche Risiko! Abgesehen davon, dass Leben grundsätzlich Risiko ist (und ohne ziemlich fad), es keine hundertprozentige Absicherung gegen alle Gefahren und Bedrohungen geben kann und letztendlich natürlich jeder für sich selbst entscheiden muss, ist die Aufforderung, alles Wild grundsätzlich durchzubraten, meiner Meinung nach zu pauschal. Das Wildschwein ist wie das Hausschwein – und der Mensch – ein wirklicher Allesfresser, und man ist sicher nicht schlecht beraten, das Fleisch durchzugaren. Reh und Hirsch hingegen sind Vegetarier und noch dazu „Selektierer", wie Karl-Heinz Wehrheim sagt: Sie sind beim Fressen viel wählerischer als eine Kuh und nehmen beileibe nicht jedes Grün zu sich. Aber es bleibt wie so vieles auch eine Frage des Vertrauens in denjenigen, von dem ich das Fleisch bekomme, seine Erfahrung und Gewissenhaftigkeit. Alles, was über den Wildgroßhandel geht, muss grundsätzlich vom Fleischbeschauer begutachtet worden sein.

Nicht alles als „Wild" verkaufte Fleisch ist frei und ungebunden durch deutschen Tann gestreift. Nur ein gutes Drittel des in Deutschland verzehrten Wildfleischs ist auch hier in freier Wildbahn geschossen worden. Ein ähnlicher Anteil wird importiert und stammt zu großen Teilen aus gefarmten Beständen wie etwa Hirschfleisch aus Neuseeland. Und schließlich kommt auch deutsches Wildbret zunehmend aus Gehegen, vor allem Rot- und Damwild. Wilde Fasane haben Seltenheitswert, sie werden meist in Fasanerien gezüchtet und kurz vor der Jagd „ausgewildert". Wenn Bambi hinter Gittern auf den ersten Blick „unnatürlich" erscheinen mag, von Jägern meist als „Unwild" abgelehnt wird und frei lebende Tiere theoretisch und idealerweise vielleicht besseres Fleisch liefern – neu ist dies nicht. Seit der Wiedereinführung des Damwilds in Europa durch die Römer gab es „Thiergärten", unter anderem, um ohne die Unwägbarkeiten der Jagd kontinuierlich frisches Fleisch zur Verfügung zu haben.

Auf Gut Hirschaue in Birkholz bei Beeskow, eine Autostunde südöstlich von Berlin, züchtet Hartmut Staar auf 100 Hektar Weidefläche Damwild und Rothirsche sowie eine Kreuzung von Wild- und Sattelschwein, deren Fleisch im eigenen Betrieb zerlegt und verarbeitet wird. Für den gestandenen Landwirt ist dies eine Marktnische, die ihm erlaubt, nach Bioland-Richtlinien gesundes, naturgemäßes Fleisch zu produzieren, das sich im Gegensatz zu konventionellen Produkten zu guten Preisen verkaufen lässt. Damwild ist von Natur aus gesellig, und die Tiere machten auf mich einen positiven Eindruck. Es mag daran liegen, dass auf Hirschaue auch von Jägern angeliefertes, frei geschossenes Fleisch verarbeitet wird – mir haben sowohl der Hirschbraten im Staarschen Wildrestaurant als auch Wildsalami, -mettwurst und -speck im angrenzenden Hofladen gut geschmeckt.

Wie kommt man sonst an gutes Wildfleisch? Der Kontakt zu einem sympathischen jagenden Menschen, dem man vertraut, ist eine Möglichkeit. Auch ein guter Fleischer hat meist so seine Beziehungen, und nachfragen lohnt sich. Ans (jedenfalls beinahe) selbst geschossene Schwein kommt das natürlich alles nicht heran – schließlich sind die eigenen Kinder grundsätzlich immer die hübschesten und klügsten! Das wartet inzwischen zerlegt in der Wehrheimschen Tiefkühltruhe auf meinen nächsten Abstecher in die Pfalz. Und darauf, dass Karl-Heinz und ich uns einigen, wie wir es zuzubereiten, welche Flaschen entkorken.

Rumohrs falscher Rehschlegel lebt übrigens in der Form des Falschen Hasen weiter – aber an Wildersatz denken dabei wohl die wenigsten.

Die Verführung des Mohns

Ich sitze in meinem Lieblingscafé, hinterm Schloss Bellevue an der Spree. Es ist ein vollkommen unspektakuläres Café, die Einrichtung erinnert an das Wohnzimmer einer lieben alten Tante – altmodisch gemusterte Tapeten, darauf Aquarellbilder von Landschaften, vor den hohen Fenstern geraffte Rüschengardinen. Ich bin heilfroh über dieses Unspektakuläre, denn der Kuchen, der aus der Backstube gleich hinterm Wohnzimmer kommt, ist genau das Gegenteil, nämlich fantastisch – und ohne diese „Tarnung" wäre der Andrang hier vermutlich nicht auszuhalten. Auf dem Teller vor mir liegt ein Stück Mohnkuchen, und ich bin ganz versunken in der nussigen Süße der beinahe schwarzen, saftigen Masse unter den dicken Butterstreuseln. Plötzlich höre ich eine ältere männliche Stimme: „Mohn macht doof." Ich schrecke

Mohnpielen

für 6 bis 8 Personen

Die ursprüngliche Variante heißt schlesische Mohnklöße, obwohl das Ganze eher eine Art Schichtspeise ist. Die Berliner Mohnpielen, die meine Mutter genauso macht wie vor ihr ihre Mutter und wiederum deren Mutter, sind schlichter und etwas flüssiger. Eigentlich gibt es sie am 24. Dezember abends als Nachtisch, aber sie schmecken auch ohne Bescherung und besonders gut, wenn man sich portionsweise einen Schuss Rum darüber genehmigt.

200 g frisch gemahlenen blauen Mohn	
100 g Zucker	
200 g gute, große Rosinen	in eine große Schüssel geben
5 alte Schrippen	in Stücke schneiden
knapp 2 l Milch	aufkochen und heiß darüber gießen, alles gut vermischen und im Kühlschrank gut durchkühlen lassen.

Mohn-Birnentarte

Die moderne Version des Mohnkuchens.

150 g gut ausgepresster Quark	
6 El blaues Mohnöl	
6 El Milch	
75 g Zucker	verrühren
300 g Mehl	
1 1/2 Tl Backpulver	beides sieben und mit
50 g blauer Mohnsamen	unter die Quarkmasse rühren bzw. kneten. Eine gefettete Tarte- oder Springform von 26 cm Ø damit auslegen
Birnenspalten	
etwas Zitronensaft	Birnenspalten mit dem Zitronensaft beträufeln und den Teig damit sternförmig eng belegen
Puderzucker	darüber streuen und bei 180°C 20 min backen
Quittengelee	erwärmen und die Birnen damit bepinseln.

auf, blicke mich um – doch die drei alten Damen am Nebentisch sind mit Kaffee und Himbeersahnetorte beschäftigt. Habe ich Halluzinationen? Ich nehme den nächsten Bissen – und höre wieder die warnende Stimme. Schließlich dämmert es mir: es ist mein längst verstorbener Großvater, der sich da aus dem Jenseits zu Wort meldet.

Er aß genauso gerne Mohnkuchen wie der Rest der Familie und wollte uns mit seinem unvermeidlich vorgebrachten Kommentar nur ein bisschen ärgern. Weihnachten ohne Mohnpielen – unvorstellbar! Die mit viel Mohn, Rosinen und Milch vermengten altbackenen Brötchen gehörten zum Heiligen Abend wie die Würstchen mit Kartoffelsalat. Eigentlich stammt das zugegebenermaßen etwas gewöhnungsbedürftige Rezept aus Schlesien, ist aber allmählich ins Berliner Küchenrepertoire übergegangen, und meine Mutter macht heute noch Mohnpielen.

Der Mohn ist eine der ältesten Kulturpflanzen der Welt, seine Spuren lassen sich bis in die Jungsteinzeit zurückverfolgen. In Schlesien und bei den Sude-

Blumenkohl mit weißem Mohn

für 4 Personen als Beilage

Während man heute in den meisten westlichen Ländern Europas wie Großbritannien, Frankreich, Spanien oder Italien mit dem Mohn in der Küche so gut wie nichts anzufangen weiß (obwohl er in den USA oder Australien durch schlesische Einwanderer recht verbreitet ist), gehört er in Indien fest zum Repertoire, vielleicht bereits seit Alexander dem Großen, auf alle Fälle aber seit der Einführung durch die Araber im 7. und 8. Jahrhundert. Die hier stets weißen, kleineren Mohnsamen werden gemahlen zum Andicken verwendet und sind Bestandteil von Gewürzpulvermischungen. Dieses westbengalische Rezept stammt aus dem äußerst empfehlenswerten Buch von Madhur Jaffrey, „Flavour of India". Wie alle authentischen indischen Rezepte ist auch dieses relativ aufwendig, aber das lohnt sich. Schmeckt als fleischlose Vorspeise, aber auch bestens etwa zu geschmorten Entenkeulen.

3 getrocknete kleine scharfe rote Chilischoten	
5 El weißer Mohn	in einer sauberen Kaffeemühle fein mahlen, dann mit
6 El Wasser	verrühren
1 mittelgroßer Blumenkohl	in Röschen brechen, Stiele kurz schneiden
1/2 Tl gemahlene Kurkuma (Gelbwurz)	
1 Tl Meersalz	
1 Tl Zucker	mischen und die Röschen damit einreiben
4 El Traubenkernöl	in einer großen Pfanne (zu der es einen Deckel gibt!) erhitzen, den Blumenkohl goldbraun anbraten, mit einer Gabel oder Schaumkelle herausnehmen
3 El Traubenkernöl	zu dem verbleibenden Öl in die Pfanne geben
1/2 Tl Kalonji (schwarzer Zwiebelsamen)	
2 Lorbeerblätter	
3 getrocknete kleine scharfe rote Chilischoten	über mittlerer Hitze sehr kurz unter Rühren anbraten, dann die Gewürzpaste dazugeben und unter Rühren mitbraten, bis das Ganze rotbraun wird, den Blumenkohl darunter mischen

150 ml Wasser	unterrühren, und alles zum Kochen bringen. Bei milder Hitze mit Deckel gut 10 min köcheln lassen, bis die Röschen noch leicht knackig sind. Gelegentlich umrühren, wenn es zu trocken wird, einige Spritzer Wasser dazugeben, die Flüssigkeit sollte aber zum Schluss ganz verkocht und die Röschen gleichmäßig mit den Gewürzen überzogen sein.

tendeutschen, in Österreich und Ungarn ranken sich zahllose Mythen und Legenden um ihn. Mohn bringt Glück, Gesundheit und Geld, was zweifellos damit zu tun hat, dass keine andere Pflanze soviel Ertrag aus so wenig Saatgut liefert: in jeder ausgereiften Kapsel rasseln im Spätsommer mehrere hundert der winzigen nierenförmigen Körner. Hühner legen angeblich mehr Eier, wenn man ihnen Mohn gibt, und das Streuen von Rosendornen und Mohnsamen schützt vor Vampiren.

Aber es gibt natürlich auch Geschichten, wie auf dem Land den Kleinsten der Familie zur Beruhigung mit Zucker vermischter unreifer Mohnsamen gegeben wurde, und vielleicht ist mancher Dorftrottel als Kind besonders unruhig gewesen. Seit dem Altertum steht die Geschichte des Mohns zwischen Hell und Dunkel, Wonne und Wahn. Demeter, im alten Griechenland unter den Göttern zuständig für den Ackerbau und die Erde an sich, schenkt den Mohn nicht nur den Menschen, sondern auch ihrer Tochter Persephone, der Herrscherin der Unterwelt. In England sind die roten Blüten nicht nur am *Poppy Day* im November Symbol für die Toten des ersten Weltkriegs, das Blutvergießen auf den Schlachtfeldern Nordfrankreichs. Ein Dreivierteljahrhundert zuvor bekämpften sich England und China in den Opiumkriegen, weil die Chinesen die Einfuhr der Droge unterbinden wollten.

Mohnsamen zum Backen und der morphin- und codeinhaltige weiße Saft der unreifen Samen, Grundstoff für Opium und Heroin, entstammen derselben Pflanze, dem Schlafmohn – Klatsch- und Seidenmohn im Blumengeschäft sind zwar nahe, aber absolut harmlose Verwandte. Deshalb kommt der Mohn in meinem Stück Kuchen mit großer Wahrscheinlichkeit auch nicht aus deutschen Landen: seit 1978 in den alten bzw. 1992 auch in den neuen Bundesländern ist der Mohnanbau nach dem deutschen Betäubungsmittelrecht strengstens genehmigungspflichtig. Angeblich sind auch in den reifen Samen noch Morphinspuren, durch die ein Drogentest nach dem Mohnkuchen positiv ausfallen kann – habe ich meinen Großvater deshalb gehört?

Erst in den letzten Jahren ist in Deutschland wieder eine – morphinarme – Sorte Schlafmohn für den Anbau zugelassen worden, und es gibt Chancen für eine gewisse Renaissance des Mohnanbaus, dessen Tradition im Osten Deutschlands lange zurückreicht. In Österreich ist dies schon längst Wirklichkeit. Seit Anfang der 1980er Jahre haben sich Bauern im Waldviertel nördlich der Donau zwischen Zwettl und Krems auf alte Traditionen besonnen, und inzwischen gibt es dort um 500 Hektar rotwogende Mohnfelder. Während wir in Deutschland in der Küche bei Mohn grundsätzlich blau sehen, bauen die Waldviertler auch weiße und graue Varianten an, die sie – wie einst auch in Deutschland üblich – vor allem zu äußerst empfehlenswertem Öl verarbeiten. Rumohr empfiehlt frisches Mohnöl in Ermangelung „edlen Olivenöls" als „vortreffliche Tunke für kleine Vögel". Kalt gepresstes Mohnöl

Mohnparfait

für 10 bis 12 Personen

In Verbindung mit Aprikosen in jeglicher Form und einem Glas Scheurebe-Trockenbeerenauslese vom Neusiedlersee kommt so die österreichisch-ungarische Seite des Schlafmohns, *Papaver somniferum*, bestens zum Ausdruck.

4 Eigelb	
60 g Zucker	zuerst im Wasserbad warm und dann auf Eis kalt schlagen
1 Packung fertige Mohnmasse	
4 cl Rum	verrühren, die Eigelbmasse und dann
400 ml geschlagene Sahne	vorsichtig darunter ziehen, in eine mit Klarsichtfolie ausgelegte Terrinenform füllen und mindestens sechs Stunden, besser über Nacht tiefkühlen.

Petersilienwurzelstrudel mit Mohn

für 4 bis 6 Personen

Dazu passen geschmorte Kaninchenkeulen (und trockener Pfälzer Riesling) oder Lammnieren in einer Rotweinsauce (mit einem Rotwein aus dem südfranzösischen Roussillon).

300 g Mehl	
1 Prise Meersalz	
170 ml lauwarmes Wasser	
4 El blaues Mohnöl	zu einem Strudelteig verkneten, mit Öl einreiben und Klarsichtfolie abdecken, einige Stunden bei Zimmertemperatur ruhen lassen
1 kg Petersilienwurzeln	schälen und der Länge nach vierteln
25 g Butter	
etwas Brühe oder Wasser	gerade bissfest dünsten, erkalten lassen
Meersalz	
frisch gemahlener schwarzer Pfeffer	
geriebene Muskatnuss	kräftig abschmecken
100 g weißer Mohnsamen	darunter mischen; Strudelteig auf einem bemehlten Tuch ausziehen, mit
Semmelbrösel	bestreuen, und die Masse darauf geben und einrollen
zerlassene Butter	den Strudel bepinseln und bei 180°C ca. 20 min backen.

hat nichts mit dem heiß gepressten, dunkelgelben Öl gemeinsam, das in der Malerei verwendet wird. Aus den grauen Samen wirkt es elegant-mild, aus den weißen angenehm nussig, und am kräftigsten schmeckt man den Mohn beim Öl aus blauen Samen. Im Gegensatz zu Olivenöl, bei dem die einfach ungesättigte Ölsäure den höchsten Anteil darstellt, besteht Mohnöl vor allem aus zweifach ungesättigter, essentieller Linolsäure, die sich ausgesprochen günstig auf den Blutfettspiegel auswirkt. Ich gönne mir also von Zeit zu Zeit ein kleines Fläschchen aus dem Waldviertel oder von Bäcker Klann (Seite 12) und richte Feldsalat mit weißem Mohnöl, Zitronensaft und gerösteten weißen Mohnsamen an oder mariniere Rindercarpaccio auf diese Weise. Roh geraffelte Karotten haben mit blauem Mohnöl, Mohnsamen und frischem Ko-

Mohnfeigenbrioche mit Gorgonzola dolce, Pruneaux d'Agen und Blutorangen

für 4 Portionen

Ein Dessert zwischen süß und salzig, wunderbar mit einer sehr guten, gereiften Riesling-Auslese oder -Beerenauslese von der Mosel oder einem Pedro Ximenez-Sherry (für wahre Süßschnäbel).

3 Eier	
1 El Zucker	
1 Tl Meersalz	verquirlen
$1\frac{1}{2}$ Tl Trockenhefe	
2 El warmes Wasser	
1 El Zucker	anrühren
280 g Mehl	und das Hefegemisch unter die Eier mischen
225 g weiche Butter	behutsam unter den Teig kneten
300 g getrocknete, gehackte Feigen	
100 g blauer Mohnsamen	einarbeiten, mit Öl bestreichen und einem Tuch abdecken und zu doppeltem Volumen aufgehen lassen. Nochmals leicht kneten und in eine gefettete und gemehlte kleine Kastenform geben (10 x 22 cm), abgedeckt ca. 1 Std. gehen lassen. Bei 170°C ca. 40 min backen. Ausgekühlt in dicke Scheiben schneiden, unter dem Grill vorsichtig toasten
4 Scheiben Gorgonzola dolce	
12 Pruneaux d'Agen (Spitzen-Trockenpflaumen aus Südwestfrankreich)	
Blutorangenfilets	auf und um die getoasteten Briochescheiben anrichten und sofort servieren.

riander auch einen tollen optischen Kick, und Tagliatelle bzw. Bandnudeln mit Blaumohnöl und -samen passen hervorragend zu Wildgeflügel oder Hasenragout.

Mohnöl wird wie alle nicht raffinierten Ölen leicht ranzig und gehört deshalb in den Kühlschrank. Auch Mohnsamen ist wegen seines hohen Ölgehalts – bis zu über 45 Prozent – nur begrenzt haltbar, etwa bis zu einem Jahr. Um in Kuchen und Desserts sein Aroma voll entfalten zu können, muss er jedoch gemahlen werden (das macht auf Nachfrage zum Beispiel der Bäcker). Dann ist er äußerst oxidationsempfindlich und sollte unbedingt kalt gelagert und möglichst umgehend verbraucht werden, damit kein unangenehm ranziger, bitterer Geschmack entsteht. Ich packe immer einen kleinen Vorrat in den Tiefkühler. Das in vielen Rezepten angegebene „Überbrühen" des (ungemahlenen) Mohns mit heißem Wasser ist übrigens nur notwendig, wenn man ihn wie früher mit dem Mörser reibt, statt ihn zu mahlen – aber das ist eine langwierige Angelegenheit.

Für eine richtig nostalgisch-traditionelle Mohnmasse koche ich den gemahlenen Mohn mit Milch und Zucker, schmecke mit Rum, geriebener Zitronenschale und Zimt ab und mische Rosinen und Zitronat darunter. Wenn ich in Eile bin und meine Mohngelüste möglichst schnell stillen will, dann „schummele" ich mit fertiger Mohnbackmischung. Im Originalzustand ist die zwar meist ein wenig süß, doch lässt sich dem durch die Beigabe von bis zu der halben Menge gemahlenen Mohns abhelfen, und vielleicht finde ich ja auch noch ein Stück Orangeat, das ich selbst zerkleinere (schmeckt wesentlich aromatischer als der vorgehackte Kram im Plastikschälchen!) – dann wird daraus ganz schnell eine Mohnfülle der Sonderklasse, die auch meinem Großvater bestens gemundet hätte.

Es ist schön, hier so unverhofft mit ihm an der Spree zu „konditern". Im altmodischen schwarzen Anzug mit weißem Hemd und dunkelrot-gestreifter Krawatte gibt er mit dem silbrigweißen Haar eine sehr distinguierte Figur ab. Mohn macht nicht doof, sondern glücklich.

Der Zauber der Lebkuchen

Es ist kaum halb fünf, und die Welt versinkt bereits im Dämmergrau. Winterzeit. Chronischer Lichtmangel. Hang zur Depression. Doch vor mir auf dem Schreibtisch liegt griffbereit das Gegenmittel: eine kleine, kindlich naiv gestaltete braunweiße Papiertüte mit der Aufschrift „Staesz-Pfefferkuchen-Gewürz". Ich öffne sie und nehme mit geschlossenen Augen einige tiefe Atemzüge der „8 einzeln verpackten Gewürze für 1½ kg Mehl, die zur Pfefferkuchenbäckerei erforderlich sind". Natürlich haben sich die Düfte von Pomeranze und Zitronenschale, Zimt, Nelken, Sternanis, Ingwer, Muskat und Kardamom durch die Pergamenttütchen hindurch vermischt, selbstverständlich wären sie frisch gemahlen noch ausdrucksvoller . . . doch auch so entführt mich diese Aromatherapie in exotische, üppige, luxuriöse Gefilde. In flüssiger Form ergäben sie zweifellos ein ideales Winterparfüm, das vielleicht noch dazu gegen jahreszeitlich bedingte Niedergeschlagenheit, Erkältungen und ähnliches schützen würde. Seit alters her wurden diesen Gewürzen – wie auch Koriander, Macis und Piment – Heilwirkungen vielerlei Art zugeschrieben. Sie duften nach Nikolausstiefeln, Lametta, Tannenbaum – Lebkuchen.

Allerdings: so belebend die Wirkung dieser Gewürze auch ist – der Ausdruck Lebkuchen leitet sich nicht vom Leben oder Laben ab, sondern wahrscheinlich ganz profan vom lateinischen *Libum*, Fladen oder Opferkuchen. Unsere heutigen Lebkuchen gehen zurück auf den Honigkuchen, dessen Geschichte sich bis nach Mesopotamien zurückverfolgen lässt. In all seinen Spielarten stellte er immer eine süße, also eine Luxusvariante des profanen Alltagsbrots dar und war keineswegs auf bestimmte Feiertage oder Jahreszeiten beschränkt. Das Formen zu mehr oder weniger raffinierten Figuren, freihändig oder in Ton-, später Holz- und Steinmodeln verlieh den Backwerken jedoch besondere symbolische Bedeutung und machte sie zu Opfergaben und religiösen Festgebäcken, deren Genuss auch während der Fastenzeiten gestattet war. Im Mittelalter wurde die Honigkuchenbäckerei besonders in

Klöstern gepflegt. Aus den Klosterapotheken stammten die zugesetzten heilkräftigen Gewürze, die im Mittelalter allgemein unter dem Begriff Pfeffer zusammengefasst wurden, so dass der Honig- zum Pfefferkuchen wurde. In den Klöstern ging man auch dazu über, bestimmte Rezepturen zum Schutz vor dem Austrocknen auf Oblaten zu streichen.

Besonders Nürnberg entwickelte sich in der Renaissance durch den Zusammenfluss von Handelswegen und Gewürzstraßen zu einer wahren Hochburg der Lebkuchenbäckerei, die von den Zeidlern, den Bienenzüchtern, aus dem umliegenden Reichswald reichlich mit dem benötigten Honig versorgt wurde. Unter dem Einfluss der wohlhabenden Patrizierfamilien reicherten die 1643 als eigene Zunft anerkannten Lebküchnermeister die ursprünglich lediglich Honig, Mehl und Gewürze sowie als Triebmittel Pottasche und Hirschhornsalz umfassende Rezeptur mit Mandeln und Nüssen sowie Eiern an. Bis heute sind „Nürnberger Lebkuchen" ein fester Begriff und seit 1996 als geschützte geographische Angabe mit einem EU-Siegel versehen.

Doch wenn die mittlerweile von großen Firmen dominierte und ganz auf Weihnachten fixierte Branche bereits im Herbst Geschäfte und Kaufhäuser mit weitgehend automatisiert hergestellter Fabrikware überschwemmt und Eisdielen zu Lebkuchengeschäften umfunktioniert, ist von Zauber und Heilkraft der Gewürze vor kitschig aufdringlicher Süße meist nicht mehr viel zu spüren. In gebackener Form ist das berauschende Parfüm zum schnell verflogenen Allerweltsduft verkommen, und an grauen Wintertagen bleibt mir nur der Griff zu meiner Aromen-Schnüffel-Tüte, wenn ich mich nicht in der eigenen Küche als Lebküchnerin betätigen will.

Hat das Kulturphänomen Nürnberger Lebkuchen seinen Zenith einfach überschritten und befindet sich unwiederbringlich auf dem Abstieg in belanglose Austauschbarkeit? Es sieht ganz danach aus. Doch in meinem Innersten weigere ich mich, diesen Zustand als Fait accompli hinzunehmen. Irgendjemand muss doch Lebkuchen mit wahrem Charakter machen. Ich stelle meine Antennen ganz auf Empfang – und siehe da, die ersten Signale aus Nürnberg. Sie kommen von Martin Kössler, dem immer aktiven und enga-

Joseph und Gerd Klinger

gierten Weinhändler, der in seinem ausführlichen Katalog nicht nur gute Flaschen und die Winzer dahinter präsentiert, sondern Pasta, Öl, Zigarren und – eigentlich naheliegend bei diesem Standort – Lebkuchen. Als ich ihn daraufhin anrufe, klingt er wie immer begeistert. „Musst du einfach probieren", sagt er und verspricht, sofort Proben auf den Postweg zu bringen. Am nächsten Vormittag kommt das Paket, das vom Format eher nach sechs Flaschen Wein als ein paar Lebkuchen aussieht und in der Tat drei pizzagroße RIESEN-Lebkuchen mit den Aufklebern „gelb", „grün" und „braun" enthält.

Die Lebkuchen, die der Nürnberger Bäcker Stefan Mais zusammen mit den Sterneköchen Andree Köthe und Yves Ollech vom Nürnberger „Essigbrätlein" kreiert hat, sind zugleich Rückbesinnung auf vorindustrielle Qualität und Neuinterpretation: warum kleine Lebkuchen backen, wenn sich große besser frisch halten? Warum sich auf die althergebrachten „Pfeffer"-Gewürze beschränken, wenn uns längst andere bekannt und vertraut sind? Der mit „grün" bezeichnete Kuchen duftet überraschend frisch und anregend nach Kaffirlimette und gewinnt durch Kardamom, Thymian und Lorbeer zusätzliche Dimensionen. „Gelb" ist besonders exotisch von Curry und Chiliöl sowie Vanille geprägt. „Braun" schließlich verbindet mit dunklen Oliven, Fünf-Gewürzen und Schokolade dezente Süße und Pikantes in wohlig weicher Art wie ein großes Wollplaid. Dass auch alle sonstigen Zutaten wie etwa die Kuvertüre vom Feinsten sind, versteht sich sozusagen von selbst.

Mein grauer Tag hellt sich auf. Und meine Antennen registrieren weitere Signale. Ein „Nürnberger Lebkuchenversand" googelt mir über den Bildschirm. „Handwerkliche Herstellung", eine „Lebküchnerei als Familienbetrieb" wird da erwähnt. Ich strecke umgehend meine Fühler aus und labe mich binnen kurzem an Gerd Klingers wirklich köstlichen Elisen-, Walnuss- und Punschlebkuchen. Bis ich Zeit finde, nach Nürnberg zu fahren, wird es Anfang Oktober, und als ich schließlich nach einer kurzen Taxifahrt vom Hauptbahnhof in der Effeltricher Straße stehe, ist das unauffällige Reihenhaus, in dem sich der Nürnberger Lebkuchenversand verbirgt, in goldenes Herbstlicht getaucht.

Gerd Klinger – schlank, mittelgroß, mit kurzen, hellen Haaren und kleinem Bärtchen – öffnet mir in weißer Kochjacke und Bluejeans und führt mich gleich in den Keller, den er nach bescheidenen Anfängen in Haushaltsdimensionen zu einer kleinen Lebküchnerei ausgebaut hat. Die Lebkuchen liegen in der Familie: Vater Joseph, der mich unten begrüßt, während er Haselnüsse, Mandeln, Marzipan, Orangeat und Zitronat mit Eiern, Zucker und Gewürzen sowie einem Geringstanteil Mehl in den Kessel einer kleinen, aber professionellen Anschlagmaschine misst, hat das Lebküchnern von der Pike bzw. der Oblate auf gelernt und als Lebküchnermeister bis zu seiner Pensionierung vor zehn Jahren bei den großen Nürnberger Traditionsfirmen gearbeitet. Er erzählt, wie dort in den 1950er Jahren Automatisierung und Rationalisierung Einzug hielten und Rezepturen dementsprechend angepasst werden mussten. „Heute wird bei den großen Firmen kein Lebkuchen mehr mit der Hand angefasst", sagt er und führt vor, wie der Teig früher von (Frauen-) Hand auf jede einzelne Oblate aufgestrichen wurde. Im Klingerschen Keller geschieht dies mit einer sehr einfachen Maschine, die durch einen Trichter den Teig auf die Oblaten drückt und auf beiden Seiten ebenfalls zwei menschliche Hände erforderlich macht.

Mit der Handarbeit verschwand auch der Lehrberuf des Lebküchners; der 41-jährige Gerd Klinger hat ursprünglich Konditor gelernt und ist erst auf Umwegen in die Fußstapfen des Vaters getreten. Nach verschiedenen Stellen und dem Besuch der Hotelfachschule lockte ihn die große weite Welt und er begann, als Flugbegleiter zu arbeiten. Doch fehlte ihm irgendwann das Kreative, und so entstand die Lebkuchenversand-Idee. Die Klingers setzen dabei ganz auf bewährte, traditionelle Rezepte und backen vor allem Elisen-Lebkuchen: eine Spielart, die durch und durch nürnbergerisch ist und nach einer angeblich besonders hübschen Meistertochter benannt ist. Die runden Oblatenlebkuchen müssen zu mindestens 25 Prozent aus „Ölsamen", d. h. Mandeln und/oder Hasel- oder Walnüssen bestehen und dürfen maximal 10 Prozent Mehl enthalten. Moderne Varianten wie die Riesen-Lebkuchen interessieren sie nicht, zu ihren Neu-Entwicklungen gehören Punschlebkuchen mit verführerischem Rumaroma und Lebkuchenkonfekt.

Während Joseph Klinger dann jeden einzelnen Elisen-Lebkuchen mit fünf halben Mandeln „spickt" beziehungsweise belegt, erzählt er, dass ihm das Saisonale seines Berufs immer gefallen habe; intensiv arbeiten von August bis Dezember und dann vergleichsweise Ruhe in der ersten Hälfte des Jahres. Am 30. August hätten sie dieses Jahr zum ersten Mal gebacken, schlägt er in einem dicken roten Heft nach, in dem er Produktionsmengen und -zeiten festhält: „Es gibt immer ein paar frühe Kunden, die es gar nicht mehr erwarten können. Und Weihnachten – am 20. Dezember wird zum letzten Mal verschickt – ist man dann auch froh, wenn es wieder mal vorbei ist!" Die gespickten Elisen-Lebkuchen müssen über Nacht antrocknen, damit sie beim Backen nicht verlaufen oder aufreißen. Schließlich werden sie noch warm mit Zucker glasiert oder (ungespickt) abgekühlt mit Schokolade überzogen und von Joseph Klingers Schwester in Tüten und Dosen verpackt. Dass dann aufgrund des Lebensmittelgesetzes auf den kleinen Zutaten-Aufklebern das althergebrachte Triebmittel Hirschhornsalz als E 503 bezeichnet werden muss, bringt einen kühlen, technischen Touch ins Bild, der bei dieser handwerklichen und äußerst traditionsbewussten Herstellungsweise vollkommen fehl am Platz wirkt.

Doch nicht nur aus Nürnberg macht sich wahrer Lebkuchencharakter auf meinem Geschmacksradar bemerkbar, wenn auch ins ganz anderer Form. Pulsnitzer Pfefferkuchen sind das Gegenteil der barocken Nürnberger Opulenz, dabei aber von nicht weniger alten Traditionen geprägt. 1558 wurde den ersten Bäckern der beschaulichen Kleinstadt eine halbe Autostunde nordöstlich von Dresden, unweit der Bierstadt Radeberg, die herrschaftliche Genehmigung erteilt, auch Pfefferkuchen zu backen. Was anfänglich Nebenbeschäftigung war, entwickelte sich zum eigenständigen Handwerkszweig, dessen Traditionen bis heute von einer Handvoll von Familien geführten Pfefferküchlereien aufrecht erhalten werden. Die älteste von ihnen, Hermann Löschner, liegt in einer Seitenstraße, und bereits bevor Peter Kotzsch mir an einem erstaunlich milden Januartag die Tür öffnet, steigt mir der Duft des Winterparfüms in die Nase. „Ja, bei uns wird das ganze Jahr über gebacken, nicht nur an Weihnachten", bestätigt der kräftig gebaute, eher bedächtige Kotzsch, während seine Frau Kaffee einschenkt. 1813 sind die Löschners aus Dresden in das geduckte zweistöckige Haus nach Pulsnitz gezogen. Peter

Peter und Gabi Kotzsch

Kotzsch, dessen Großmutter eine geborene Löschner war, hat den Betrieb 2004 von seinem Vater übernommen und backt nun in der achten Generation Pfefferkuchen. „Meine Lehre habe ich bei Groschky gemacht [einem nur wenige Straßen weiter gelegenen, ähnlich strukturierten Betrieb], aber sonst war ich immer zu Hause. Und unser Sohn Martin mit seinen sieben Jahren ist jetzt schon fest entschlossen, Pfefferküchler zu werden."

Hier im sächsischen Westlausitzer Hügelland gab es keine reichen Patrizierfamilien wie in Nürnberg, und die klassischen Pulsnitzer Pfefferkuchen – in Nürnberg oft ein wenig verächtlich als „braune Ware" abgetan – sind den mittelalterlichen Rezepturen noch wesentlich näher. Für den an geschmackliche Overkills gewöhnten Wohlstandsgaumen der Gegenwart kann das Ergebnis anfangs nahezu schockierend asketisch erscheinen, die Textur vielleicht ein wenig zäh – beim zweiten und dritten Bissen jedoch tritt die bodenständige Geradlinigkeit zutage, die auch in größeren Mengen Genuss bereitet. Die Süße steht dabei eher im Hintergrund, während im Nachhall eine dezente, beinahe fruchtige Würze aufsteigt.

Zuckerrübensirup und/oder Invertzuckercreme werden erhitzt und mit Weizen- und Roggenmehl in einer sehr stabil wirkenden Maschine zu einem zähen Teig verknetet, der dann in Holzfässern über Wochen oder auch Monate kellerkühl gelagert wird. Dabei findet eine Milchsäuregärung statt, erklärt mir der 38-jährige Kotzsch, als wir nach einer ersten Kostprobe von konfitüregefüllten Schokospitzen hinten in der kleinen Backstube stehen: „Ich würde gern nur mit lange gelagerten Teigen arbeiten, sie backen und schmecken wesentlich besser. Früher hat ein Pfefferküchler bei der Geburt eines Sohnes einen Teig für dessen Hochzeit eingelagert. Aber in so einem alten Haus [von Mitte des 18. Jahrhunderts] ist der Platz eben etwas beschränkt." Er stäubt ein wenig Mehl aus dem Handgelenk auf die Tischplatte und malt mir darin auf, wie unkontrolliert ein nicht gelagerter Teig beim Backen in die Höhe schießt. Der ziemlich feste Lagerteig wird dann „gebrochen", was früher mit speziellen hölzernen „Brechen" geschah, wie sie heute in dem kleinen Pfefferkuchenmuseum im Haus des Gastes am Marktplatz zu sehen sind, während das heute ebenfalls von der „Doppelmuldenmisch- und Knetmaschine" erledigt wird. Dabei werden Teige verschiedenen Alters vermischt – „es ist ein Blend, wie beim Whisky“, erklärt Kotzsch. Auch die hauseigene Gewürzmischung wird zu diesem Zeitpunkt untergeknetet, unter anderem aus Zimt, Anis, Ingwer, Kardamom, Koriander, Macis, Nelke und Piment – „jeder von uns in Pulsnitz hat da so seine eigene Rezeptur“ – sowie Backpulver und etwas Apfelsinenschalenpaste, je nach Sorte auch Mandeln, Hasel- oder Walnüssen. Traditionelle Pulsnitzer Pfefferkuchen enthalten weder Eier noch Fett jeglicher Art. Auf einem langen Holztisch wird der Teig dann ausgerollt, zu Formen geschnitten oder ausgestochen, auf Bleche gesetzt und vier bis zehn Minuten bei 260 bis 290°C gebacken. „Früher gab es einen mit Holz direkt befeuerten, so genannten altdeutschen Ofen, das war natürlich aromamäßig schon ganz anders,“ sagt Kotzsch, ist aber heute froh über die gleichmäßigen Ergebnisse seines vierschubigen Elektroofens. „Nach der Wende mussten wir erst einmal unsere Maschinen ersetzen. Die stammten alle noch aus der Zeit zwischen den Kriegen und haben dank findiger Handwerker gerade so bis 1989 überlebt. Wir waren als Betrieb glücklicherweise so klein, dass wir wie die meisten anderen Pfefferküchler den Sozialismus unbehelligt überstanden haben. Aber Maschinen in unserer Größenordnung gab es damals einfach nicht.“

In einem Raum über der Backstube werden die Pfefferkuchen schließlich mit Konfitüre gefüllt, mit hellem oder braunem Zucker oder mit Kuvertüre überzogen und mit Nüssen belegt oder mit bunter Zuckerspritzglasur verziert. Neben den schlichten Pflastersteinen und Leckerle – „das sind die Urpfefferkuchen“, sagt Kotzsch, „Schokolade ist eigentlich schon Verfremdung“ – entstehen viele Variationen, die in dem winzigen Laden, der sich hinter einer Tür mit geschliffenem Glas im Hausflur verbirgt, kaum Platz finden. „Aber es funktioniert nur so“, sagt Gabi Kotzsch, die nebenbei Schokospitzen in goldgeränderte Zellophantüten verpackt, „wenn Laden, Backstube und Wohnung nicht im selben Haus wären, würden wir das nicht schaffen.“ Dann erzählt sie begeistert von einer Fernsehsendung über eine Slow-Food-Veranstaltung, den „Salone del Gusto“ in Turin, der mich bei meinem Besuch gleichermaßen beeindruckt hat, und ich denke, wie sehr die beiden unbewusst den Slow-Food-Gedanken verkörpern. Peter Kotzsch kauft sein Mehl in der Haselbach-Mühle, nur wenige Kilometer von Pulsnitz – „sonst gibt es den

Müller irgendwann nämlich nicht mehr" – und trotz aller pragmatischen Modernisierung –„bei den Meisterprüfungen wollten sie jetzt einen Kollegen Kuvertüre von Hand temperieren lassen, das ist einfach wirklichkeitsfremd!" – hält er unbeirrbar an den wesentlichen überlieferten Traditionen fest, „damit alles so bleibt, wie es war". Natürlich hat er mit der Lebensmittelaufsicht lange diskutieren müssen, der jegliches Holz ein Dorn im Auge ist; „aber Holzfässer zur Lagerung müssen sein, sonst kann der Teig nicht atmen".

Pulsnitzer Pfefferkuchen – nenne nie einen Pulsnitzer „Lebkuchen", das verbittet man sich hier ausdrücklich, wie man auf die Verwendung von Oblaten verzichtet, „die brauchen wir bei unseren Rezepturen einfach nicht" – dürfen wie ihre Nürnberger Verwandten nur innerhalb der Stadtgrenzen gebacken werden. Ihr Charakter, das Wintergrau vertreibende Parfüm wird jedoch durch die Lebküchner und Pfefferküchler selbst bewahrt, durch Menschen wie Joseph und Gerd Klinger, wie Peter und Gabi Kotzsch.

Adressen

der im Buch erwähnten Erzeuger und Anbieter

Brot

PETER KLANN/SOLUNA	Gneisenaustraße 58 10961 Berlin Tel: (0 30) 50 59 84 05 info@brotundoel.de
HEINZ UND MUCKE WEICHARDT	Mehlitzstraße 7 10715 Berlin Tel. (0 30) 8 73 80 99 www.weichardt.de
GUDRUN STAHL	Winzerhof Stahl Lange Dorfstraße 21 97215 Auernhofen Tel. (0 98 48) 9 68 96 www.winzerhof-stahl.de
HOFPFISTEREI	Kreittmayrstraße 5 80335 München Tel. (0 89) 5 20 20 www.hofpfisterei.de
POILÂNE	8 rue du Cherche Midi 75006 Paris Tel. (00 33) 1 44 39 20 94 www.poilane.fr

DEGUSTIBUS	53 Carter Lane London EC4 www.degustibus.co.uk
BOUCHON BAKERY	6528 Washington Street Yountville/California Tel. (0 01) 7 07 9 44 22 53
WILD FLOUR BREAD	140 Bohemian Highway Freestone/California Tel. (0 01) 7 07 8 74 29 38
PAUL	Covent Garden 29 Bedford Street London WC2E 9ED Tel. (00 44) 20 78 36 33 04 www.paul.fr

Butter

MOLKEREI GRAFSCHAFT HOYA	Raiffeisenstraße 11 27330 Asendorf Tel. (0 42 53) 14 46 MolkereiGrafschaftHoya@t-online.de
KUHRT-MILCH	An der Bundesstraße 8 23619 Mönkhagen Tel. (0 45 06) 7 44 www.Kuhrt-Milch.de

Käse

RALPH UND SANDRA SCHNEIDER	Käserei 37194 Bodenfelde Tel. (0 55 72) 92 18 20 schneiderskaese@aol.com
HOF DANNWISCH	Dannwisch 1 25358 Horst Tel. (0 41 26) 14 56 www.hofdannwisch.de
MARIA POTT	Untere Mauerstraße 32 33039 Nieheim Tel. (0 52 74) 3 36

Rhabarber

FAMILIE BREITBARTH	Buchholzer Kelterei Triftstraße 6 13127 Berlin-Buchholz Tel. (0 30) 47 47 17 60

Schinken

MARKUS DIRR	Metzgerei und Wursterei Königschaffhauser Straße 17 79346 Endingen Tel. (0 76 42) 16 27

TORSTEN KRAMER	Lübecker Fleisch-Manufaktur Niendorfer Straße 4 23560 Lübeck Tel. (04 51) 60 11 15
ALBRECHT STAHL	Winzerhof Stahl, s. S. 55

Erdbeeren, Kirschen und Äpfel/Apfelwein

ANDREAS SCHNEIDER	Obsthof am Steinberg Am Steinberg 24 60437 Niedererlenbach Tel. (0 61 01) 4 15 22

Saure Gurken

RAINER BELASCHK	Firma Rabe Calauer Straße 2 03222 Boblitz/Spreewald Tel. (0 35 42) 89 33 45 www.rabe-gmbh.de

Räucherfisch

BERND KRUSE	Rehbehn & Kruse Jungfernstieg 19 24340 Eckernförde Tel. (0 43 51) 28 14 www.rehbehn-kruse.de

RAINER BÖTTCHER
Fischer am Stechlinsee
16775 Neuglobsow
Tel. (03 30 82) 7 04 22

Tomaten und Wurzeln

AXEL SZILLEWEIT
Gartenbaubetrieb
Ruhlsdorfer Straße 74
(0 33 28) 47 48 43

Concentré de Tomates au Basilic von „Oh! Légumes Oubliés"
Bezugsquellen über Ruth Bohl GmbH,
Tel. (0 67 01) 79 76

Äpfel/Apfelsaft/Apfelwein

UWE ENGELMANN
Mosterei
Freudenthalstraße 44
27389 Fintel
Tel. (0 42 65) 7 03
www.engelmost.de

Sauerkraut

RAINER SCHULZ
Kurpfalz-Weinstuben
Wilmersdorfer Straße 93
10629 Berlin
Tel. (0 30) 8 83 66 64

Wild

HARTMUT STAAR	Gut Hirschaue An der Hirschaue 2 15848 Birkholz bei Beeskow Tel. (0 33 66) 2 60 37 www.gut-hirschaue.de

Lebkuchen

GERD UND JOSEPH KLINGER	Lebkuchenversand Effeltricher Straße 52 90411 Nürnberg Tel. (09 11) 4 79 92 24 www.lebkuchenversand.de
PETER UND GABI KOTZSCH	Pfefferküchlerei H. Löschner Großröhrsdorfer Straße 30 01896 Pulsnitz Tel. (03 59 55) 7 26 70 www.loeschner.de

Rezeptverzeichnis